영한대조
회계용어사전

영한대조

회계용어사전

DICTIONARY OF ACCOUNTING TERMS

조승제 · 신춘우 · 조유근

신영사

••• 머리말

2011년도부터 전면적으로 시행된 한국채택국제회계기준은 기업의 회계보고시스템에 큰 지각변동을 가져오게 하였습니다. 또한 인공지능, 빅데이터, 스마트 팩토리, 클라우드 등 급격한 기업 회계환경의 변화로 회계학은 새로운 패러다임에 접하게 되었습니다. 이러한 세계경제의 변화 속에서 회계용어사전을 통하여 여러분의 일상생활과 학습 및 실무 능력의 향상에 도움이 되기를 바라면서 본 사전을 간행하게 되었습니다.

변화의 흐름에 적절하게 반응하는 기업과 수동적으로 눈치만 보는 기업의 성장 발전에 대한 결과는 미루어 짐작할 수 있을 것입니다. 기업의 다양한 이해관계자들에게 유용한 재무정보를 제공해주어야 할 기업의 책무가 제대로 이행될 때에 기업에 대한 신뢰도가 높아질 것이며 이는 기업의 지속적인 성장과 직결될 것이기 때문입니다.

기업의 실무가뿐만 아니라 회계학을 공부하는 학생들, 회계학에 관심을 가지는 많은 일반인들이 급격히 변화하는 회계환경을 이해할 수 있기 위해서는 회계용어에 대한 기본적인 지식의 습득이 필수적이라 할 수 있을 것입니다. 이러한 관점에서 다양한 회계용어사전에 대한 필요성에 따라 새로운 IFRS의 개념들과 용어들을 정리하고자 하였습니다.

본 회계용어사전은 한국회계기준원에서 발간한 한국채택국제회계기준에 제시된 관련 용어들을 기본적으로 인용하여 수록하였습니다. 백과사전식 설명이 아닌 각 용어에 따른 간략한 설명을 덧붙이는 형태는 유지하면서도 한영 색인을 작성하여 회계용어사전을 이용하는 분들의 편의를 고려하였습니다.

국내외의 많은 교재와 사전에서 표현되는 다양한 용어들을 최대한 수록하려는 욕심과 독자들에게 불필요한 용어들을 제거하려는 두 마리의 토끼를 잡기가 결코 쉽지 않음을 느끼면서도 욕심을 내어 계속 이 용어사전의 개정을 이어가고자 합니다. 이 책과 관련된 오류들에 대한 지적과 좋은 제안들을 주시면 다음의 개정작업에 반영하도록 하겠습니다.

본 사전의 간행을 쾌히 허락하여 주신 신영사의 권영섭 사장님, 색인 편집의 좋은 제안을 해주신 권오석 상무님, 많은 오류를 발견하여 주시고 힘든 편집을 하여 주신 신영사의 편집부 관계자님들께 감사를 드리지 않을 수가 없습니다. 이분들의 노고가 있었기에 옥동자를 낳는 기쁨으로 본 회계용어사전을 여러분들 앞에 내놓게 되었습니다.

저자들이 봉직하는 조선대학교와 광주대학교의 모든 교수님들을 비롯하여 저자들에게 항상 많은 관심과 격려를 아낌없이 주시는 주변의 많은 교수님들, 학회에서 많은 격려와 사랑을 주시는 여러 교수님들께도 이 글을 빌려 감사의 마음을 표시하고 싶습니다.

또한 항상 저자들에게 많은 용기와 사랑을 담아주시는 가족들의 환한 웃음이 있기에 저자들의 존재가 있음을 생각하면서 이 글을 통하여 이들에 대한 저자들의 사랑과 감사를 함께 표시합니다.

2021년 1월
눈꽃이 만발한 무등산을 바라보며 연구실에서
저자 일동

차례

A

a priori theories of accounting 연역적 회계이론

경험에서보다는 가정에서 도출되어 발전되는 회계이론

A shares 무의결권 보통주

의결권을 부여하지 않는 보통주

A Statement of Basic Accounting Theory(ASOBAT) 기초적 회계 이론에 관한 보고서

1966년 AAA에서 발간한 보고서

AAA 미국회계학회

☞ American Accounting Association

AAPA 공인공공회계사협회

☞ Association of Authorized Public Accountants

AAT 회계전문가협회

☞ Association of Accounting Technicians

Abacus 아바쿠스

호주 시드니 대학교에서 출판하는 회계연구잡지

abandonment 폐기, 제각, 포기

고정자산의 처분이나 사업의 포기

abandonment analysis 폐기분석, 포기분석

고정자산, 제품이나 사업계획을 지속하는 것과 중단하는 것 중 어느 것이 더 이익이 되는가를 결정하는 과정

abatement 경감, 감액

과세액의 인하나 취소

ABB 활동기준예산편성

☞ activity based budgeting

A

abbreviated accounts 약식계정

소기업에서 사용하는 단순화된 기록방식으로 완전한 재무제표가 아닌 요약된 보고서와 계정

ABC 활동기준원가계산

☞ activity based costing

ABCM 활동기준원가관리

☞ activity based cost management

ability to control 통제가능성

원가항목에 대한 경영자의 사용재량 권한의 정도

ability to pay 지급능력, 변제능력

부채를 상환할 수 있는 능력

ability to pay taxation 조세부담능력

납세자의 지불능력의 기준에 근거하여 세금이 부과되는 조세형태

ABM 활동기준관리

☞ activity based management

abnormal loss 비통상공손, 이상공손

☞ abnormal spoilage

abnormal shrinkage 이상감손, 이상공손

☞ abnormal spoilage

abnormal spoilage 비통상공손, 이상공손

통상의 제품생산과정에 있어서 합격품의 생산을 위하여 불가피하게 발생하는 감손 또는 공손을 초과하여 발생하는 것

abnormal waste 비통상작업폐물, 이상작업폐물

허용가능한 범위를 초과하는 작업폐물

aboriginal cost 원시원가, 취득원가

☞ original cost

above par 액면초과

유가증권의 가격이 액면금액보다 높게 책정되어 발행되는 경우

above the line 범위 내, 기준선 상단부분

손익계산서의 이익과 손실을 나타내는 윗부분

abridged accounts 요약계정, 약식계정

☞ abbreviated accounts

absorbed overhead 흡수간접비, 제조간접비 배부액

간접비 배부액을 말하며 당해 기간의 실제생산량에 배부율을 곱하여 계산함

absorption account 흡수계정

생산으로 흡수된 간접비를 나타내기 위하여 개설되는 계정

absorption costing 흡수원가계산제도

모든 제조원가가 완제품제조원가에 포함되며 판매될 때까지는 자산으로 취급되어 완제품재고자산 속에 남아 있는 형태로 계산되는 원가계산방식

absorption costing approach 흡수원가법

☞ absorption costing

absorption rate 흡수율, 배부율

간접비를 부과하기 위하여 흡수원가 계산시스템에서 계산되는 배부율

AC financial asset 상각후원가측정금융자산

☞ amortized cost financial asset

ACA 영국칙허회계사협회

☞ Associate of the Institute of Chartered Accountants in England and Wales

ACCA 영국공인회계사회

☞ Association of Chartered Certified Accountants

A

accelerated cost recovery system(ACRS) 가속원가 회수제도

투자를 자극하기 위하여 미국에서 도입한 법정내용연수에 따라서 조기에 유형자산의 원가를 회수할 수 있도록 가속감가상각을 허용한 제도

accelerated depreciation method 가속감가상각법

내용연수의 초기에 감가상각비를 많이 인식하고 후반기에 적게 인식하는 방법으로 체감상각이라고도 하며 연수합계법, 이중체감법, 정률법이 해당됨

acceleration 채무독촉

채무자의 채무불이행시 조기상환을 요구하는 채권자의 행위

acceptability 수용성

기준의 범위 안에 적용되어 받아들여질 수 있는 상태

acceptable goods 합격품

설계사양에 적합하게 생산된 제품

acceptable practice 채택가능한 실무

기본적인 개념과 큰 차이를 보이지 않는 실무

acceptable quality level(AQL) 합격품질수준

검사절차에서 품질이 높은 비율로 합격하여 만족할 만한 수준

acceptance 어음인수, 인수

어음의 지급을 약속하는 것

acceptance for honor 부도어음 인수

부도어음을 인수하는 행위

acceptance letter of credit 인수신용장

신용장에 의해 발행된 어음이 기한부인 신용장

acceptance supra protest 부도어음 인수

☞ acceptance for honor

accommodation bill 융통어음, 금융어음

☞ accommodation note

accommodation note 융통어음, 금융어음

자금을 융통하기 위하여 금융목적으로 발행되는 어음으로 대여 또는 차입에서처럼 자금만 주고받는 과정에서 발행되는 어음

accommodation party 융통어음의 당사자

융통어음상의 배서인, 인수인, 발행인 등을 말함

accord and satisfaction 계약이행 면제조항

계약상 상대방이 만족할 만한 대체의무를 수행하고 상대방의 승인하에 원래의 계약의무를 회피할 수 있는 방법

account 계정

특정 자산, 부채, 자본, 수익, 비용을 각 항목별로 독립적으로 설정하고 해당 항목의 증감을 가져오는 거래들을 집합적으로 기록하는 장소

account analysis method 계정분석법, 계정분류법

담당자의 전문적인 판단에 전적으로 의존하여 고정원가, 변동원가 및 혼합원가를 결정하는 방법

account classification method 계정분류법

☞ account analysis method

account code 계정과목 코드

계정과목 일람표에서 각 계정과목에 대하여 부여된 일련의 번호

account current 상호계정

☞ two way account

account form 계정식

자산을 왼편에 기록하고 부채와 자본을 오른편에 기록하는 방법

account payee only 수취인 지정, 수취인 지정수표

배서 및 양도가 금지되는 수취인 지정의 표시 또는 양도가 불가능하게 수취인이 지정되어 있는 수표

account stated 확정계정

채무자가 묵시적으로 정당한 것으로 승인한 계정

A

accountability 회계책임

경영자가 주주에게 재무제표를 작성하여 보고할 책임

accountancy 회계, 회계인

회계의 이론 및 실무과정 또는 회계사의 활동을 규제하는 회계사조직의 전문가

accountancy bodies 회계사단체, 회계사조직

공인회계사나 칙허회계사 등의 명칭을 사용하는 전문회계사들을 규제하는 조직

accountant 회계사

회계업무에 종사하는 전문인 또는 회계사시험에 합격한 사람

accountant's lien 회계적 우선권, 선취득권, 점유권

재화의 점유자에 대한 채무변제 때까지 재화에 대한 점유를 주장하는 권리

accounting 회계

기업의 경제적 활동에 관한 정보를 기업 내부 및 외부정보이용자에게 전달하는 정보시스템으로 정보이용자들의 합리적이고 경제적인 의사결정에 도움을 주는 것을 목적으로 하는 학문분야

accounting alternative 대체적 회계처리방법

선택적으로 허용되는 회계처리방법

accounting assumptions 회계가정, 회계공준

☞ accounting postulates

accounting bases 회계기초

재무제표의 작정에 있어서 재무적 거래 및 항목에 대하여 기본적으로 회계학적 개념을 적용시키는 방법

accounting book 회계장부

거래를 조직적 · 계속적으로 기록하고 계산하기 위하여 만들어진 장부

accounting change 회계변경

회계정책을 변경하는 것

accounting code 계정부호

전산처리를 위하여 각 계정별로 주어진 계정과목을 참조하는 체계적인 숫자의 조합

accounting concepts 회계개념

재무제표에 적용되는 기본적인 원칙

accounting control 회계통제

회계자료의 신뢰성을 확보하기 위한 통제절차

accounting conventions 회계관습

회계실무에서 일반적으로 존중되고 받아들여지고 있는 실무규칙

accounting cushion 회계완충

비용을 특정연도에 많이 계상하여 미래에 이 비용을 최소화하는 실무방식으로 당기의 이익은 과소계상되며 이후의 이익은 과대계상됨

accounting cycle 회계순환과정, 회계주기

회계거래가 발생하면서 이를 회계장부에 기록하고 분류 요약하여 최종 회계보고서가 작성되는 일련의 절차를 매 회계기간마다 반복하는 과정

accounting entity 회계실체

재무제표를 작성하고 기록이 관리되는 회계단위

accounting equation 회계등식

대차대조표등식이라고도 하며 자산은 부채와 자본을 합한 금액과 항상 일치된다는 "자산=부채+자본"의 등식

accounting estimates 회계추정, 회계추정치

미래에 발생할 불확실한 항목에 대하여 정확한 측정수단이 없는 경우 추정하는 것 또는 추정금액

accounting event 회계사상, 회계적 사건

회계처리 및 보고의 대상이 되는 현상

accounting evidence 회계증거

회계기록의 증거가 되는 사실

A

accounting exposure 회계적 노출

☞ translation exposure

accounting hypothesis 회계공준, 회계가정

☞ accounting postulates

accounting income 회계이익

법인세비용 차감 전 회계기간의 손익

accounting information 회계정보

정보이용자의 의사결정에 사용되는 회계의 순환과정을 통하여 도출되는 각종 재무정보

accounting information processing 회계정보과정, 회계주기

☞ accounting cycle

accounting information risk 회계정보위험

부정이나 오류 등에 의한 왜곡된 재무제표에 의하여 정보이용자가 잘못된 판단을 내릴 가능성

accounting information system(AIS) 회계정보시스템

회계거래를 체계적으로 수집 · 기록 · 정리하여 의사결정에 필요한 회계정보를 산출하여 보고하는 시스템

accounting lag 회계의 지연, 회계의 낙후 또는 퇴보

회계정보가 의사결정에 시의적절한 정보를 제공하지 못하고 과거의 정보를 제공한다는 측면에서 제기되는 문제점

accounting manual 회계편람, 회계규정집

기업의 회계방침과 절차 등을 상세하게 규정하고 있는 서류

accounting period 회계기간

결산일 다음날부터 다음 결산일까지의 기간으로 일반적으로 1년을 1회계기간으로 설정함

accounting plan 회계계획

프랑스, 스페인과 같은 유럽의 여러 나라에서 제공되는 세부적인 회계지침

accounting policy 회계정책

기업이 재무제표를 작성·표시하기 위하여 적용하는 구체적인 원칙, 근거, 관행, 규칙 및 실무

accounting postulates 회계공준

회계의 기본적 개념적 틀을 형성하기 위한 전제조건

accounting principles 회계원칙

회계행위를 할 때 준수해야 할 지침으로 기업의 회계실무를 이끌어가는 기본원리

Accounting Principles Board(APB) 회계원칙심의회

미국공인회계사회(AICPA) 내에서 1959~1973년 사이에 설치되어 회계기준의 설정과 발전을 위하여 있었던 기구

accounting procedure 회계절차

회계행위의 순서나 회계방법을 의미하는 것으로 회계기준 적용의 구체적인 절차

accounting process 회계과정

☞ accounting cycle

accounting profession 전문회계사

공인회계사 자격증을 보유하면서 회계법인에 종사하는 회계사

accounting profit 회계적 이익

일반적으로 인정된 회계원칙에 의하여 계산된 이익

accounting rate of return 회계적 이익률

☞ average rate of return

accounting rate of return method 회계적 이익률법

특정투자안의 회계적 이익률이 사전에 설정해 놓은 최저 이익률을 초과하면 그 투자안을 채택하는 모형

accounting receivable-other 미수금

일반적인 상거래 이외에서 발생하는 미수채권

accounting receivables 외상매출금

순수신용판매에 의해 발생하는 매출채권

accounting records 회계기록

원장, 분개장, 송장 및 회계 관련 각종의 서류를 포함한 각종의 회계장부

accounting reference date 회계참조일, 회계기말

회계참조기간의 말일로 일반적으로 회계기말을 의미함

accounting reference period 회계참조기간

영국의 회사등록법에 고지된 기업의 재무(회계)연도

accounting regulation 회계법규, 회계규제, 회계규정

회계 관련 제반법률이나 규정 또는 제약내용

accounting reports 회계보고서

회계상 작성되는 모든 보고서로 재무제표를 포함하는 폭넓은 개념의 보고서

Accounting Research Bulletin(ARB) 회계연구공보

1939년에서 1959년까지 미국공인회계사회에서 권장하는 회계원칙과 절차를 발표한 보고서

Accounting Series Releases(ASR) 회계연속통첩

미국증권거래위원회(SEC)의 회계처리, 공시, 감사에 관한 공식견해

accounting standards 회계기준

재무제표를 작성할 때 준수해야 하는 회계원칙 및 기준

Accounting Standards Board(ASB) 회계기준심의회

ASC를 대체하여 1990년 영국의 회계기준의 설정을 위하여 조직된 기구

Accounting Standards Committee(ASC) 회계기준위원회

1976년에서 1990년까지 활동한 영국의 회계기준위원회

Accounting Standards Steering Committee(ASSC) 회계기준실무위원회

1970년 영국의 칙허회계사에 의해 형성된 회계기준실무위원회로 ASC의 전신

A

accounting system 회계시스템

기업의 경제적 활동을 측정하고 체계적으로 처리한 다음 이해관계자에게 전달하기 위한 회계의 총괄적인 시스템

Accounting Terminology Bulletin(ATB) 회계용어공보

AICPA에서 회계용어를 정의하기 위하여 펴낸 간행물

accounting theory 회계이론

회계에 관련된 체계적인 개념과 절차를 다루는 학문

accounting transaction 회계거래

기업의 재무상태에 영향을 미치는 측정가능한 경제적 사건

Accounting Trends and Techniques(AT&T) 회계추세 및 기법서

AICPA에서 매년 발행하는 기업의 연간보고서의 분석결과에 관한 간행물

accounting unit 회계단위

회계처리를 대상으로 하는 사업의 범위

accounting valuation 회계평가

회계원칙에 기준하여 이루어지는 측정

accounts 계정, 계정계좌

체계화된 회계상의 기록 및 계산단위로 부채, 자본, 수익, 비용의 각 항목별로 증가와 감소에 대한 거래를 기록하는 회계과목

accounts payable(A/P) 외상매입금

일반적인 상거래에서 발생한 매입채무

accounts payable-nontrade 미지급금

☞ accounts payable-other

accounts payable-other 미지급금

일반적 상거래 이외에서 발생한 미지급채무

accounts receivable(A/R) 외상매출금

일반적인 상거래에서 발생한 매출채권

A

accounts receivable aging method 외상매출금 연령법

기말의 외상매출금계정 잔액을 신용의 경과기간별로 분류한 다음 각각 상이한 대손추정률을 적용하여 대손예상액을 결정하는 방법

accounts receivable collection period 외상매출금 회수기간

고객에게 부여된 외상매출 기간

accounts receivable method 외상매출금잔액법

기말의 외상매출금계정 잔액에 일정한 비율을 적용하여 대손예상액을 결정하는 방법

accounts receivable-other 미수금

일반적 상거래 이외에서 발생한 미수채권

accounts receivable turnover ratio 매출채권회전율, 외상매출금회전율

매출채권이 현금화되는 속도 또는 매출채권에 대한 투자효율성을 나타내는 지표로 매출액을 평균매출채권으로 나누어 계산된 비율

accretion 가치의 자연증가

작물이나 가축의 성장과 같이 물리적인 변화에 따라서 자산의 가치가 증가하는 현상

accrual accounting 발생회계

☞ accrual basis accounting

accrual basis 발생기준

거래나 그 밖의 사건에 대한 영향을 현금 또는 현금성자산의 수취나 지급하는 시점이 아니라 발생한 기간에 인식하며 해당 기간의 장부에 기록하고 재무제표에 표시하는 원리

accrual basis accounting 발생주의회계

장래에 현금의 수입이나 지출이 있을 것이라는 것을 합리적으로 예측 가능한 거래가 발생할 때 수익과 비용을 인식하는 회계원칙

accrual basis method 발생기준법

충당부채에 대한 인식방법의 하나로 실제로는 현금지출이 없지만 발생한 것으로 추정하여 수익이 인식된 기간에 이와 관련된 비용을 추정하

여 반영하는 방법

accrual concept 발생주의 개념

☞ accrual basis accounting

accrual principle 발생주의원칙

☞ accrual basis accounting

accruals 발생분개

당기에 실현 또는 발생은 했으나 현금수취나 현금지출이 미래에 이루어지기 때문에 아직 기록되지 않은 수익이나 비용을 당기에 인식하기 위한 수정분개

accruals method 발생기준법

☞ accrual basis method

accrued benefits 미수수익

☞ accrued income

accrued expenses 미지급비용

영업기간중에 발생한 비용으로 지급하지 않은 채무

accrued income 미수수익

현금의 수취는 없지만 영업기간중에 실현된 수익으로 자산계정으로 처리함

accrued income receivable 미수수익

☞ accrued income

accrued interest 미지급이자, 발생이자, 경과이자

회계기말의 조정사항으로 회계기말까지의 채무의 발생이자에 대한 금액을 계산하여 부채계정으로 처리하는 항목

accrued items 발생항목

미지급비용과 같이 발생주의회계를 채택하면서 발생하는 비용과 관련된 항목으로 기말 수정분개 사항으로 조정되는 항목

accrued liabilities 미지급비용

☞ accrued expenses

accrued revenues 미수수익, 발생수익

☞ accrued income

accrued salary 미지급급여

발생한 급여 중 지급되지 않은 급여상의 채무

accumulated amortization 상각누계액

무형자산이나 이연자산의 취득시점부터 당해 연도말까지의 상각비 누계액

accumulated depreciation 감가상각누계액

유형자산의 취득시점부터 당해 연도말까지의 감가상각비 누계액으로 이전의 감가상각충당금에 해당되는 용어

accumulated dividend 누적배당금

누적적 우선주의 소유주에게 아직 지불되지 않고 차기로 이월되는 배당액으로 기업의 부채로 취급됨

accumulated earnings 누적이익

차기로 이월되는 이익액의 누계액

accumulated loss 결손금

차기로 이월되는 손실액의 누계액

accumulated other comprehensive income 기타포괄손익누계액

대차대조표일 현재의 기타포괄손익 잔액

accumulating compensated absences 누적유급휴가

당기에 사용되지 않은 경우 이월되어 차기 이후에 사용될 수 있는 유급휴가

accumulating shares 이식주

배당금 대신 보통주주에게 발행되는 보통주

A

accumulation method 누적법, 적립법

채권의 취득가액과 액면가액의 차액에 대한 상각방법

accuracy 정확성

기대치에 대한 근접의 정도를 나타내는 정보가치의 결정을 표현하는 정보속성

achieved audit risk 달성감사위험

감사를 완료한 후 재무제표에 포함되어 있는 부정이나 오류를 발견하지 못하여 부적절한 감사의견을 표명할 감사위험

acid test ratio 당좌비율

☞ quick ratio

acquisition 인수

한 기업이 다른 기업의 주식 전부 또는 일부를 매입하여 지배력을 확보하여 단일한 경제적 실체를 형성하는 기업결합

acquisition cost 취득원가

자산의 구입당시의 원가로 운반비를 포함하여 구입에 소요되는 부대비용을 가산하여 계산됨

acquisition date 취득일

취득자가 피취득자에 대한 지배력을 유효하게 획득한 날

ACRS 가속원가 회수제도

☞ accelerated cost recovery system

actions 행동대안

의사결정자가 취할 수 있는 가능한 행동들

active market 활성거래시장

거래되는 항목이 동질적이며 일반적으로 거래의사가 있는 구매자들과 판매자들을 언제든지 찾을 수 있고 가격이 공개되어 이용가능한 시장

active stocks 활동주식

특정기간 또는 특정의 주식거래에 대하여 자주 거래되는 증권

A

activity 활동

원가의 발생을 야기하며 기업내부에서 발생하는 업무영역의 개념

activity accounting 활동회계

기업의 중요한 활동들에 관한 재무, 운영상의 성과에 관한 정보를 다루는 회계분야

activity analysis 활동분석

원가와 성과에 관한 세밀한 분석을 위하여 기업을 관리가능한 영역으로 세분하는 작업

activity base usage quantity 활동기준사용량

각 제품과 관련하여 사용하는 활동의 총사용량

activity based budgeting(ABB) 활동기준예산편성

활동기준원가계산제도를 이용하여 변동예산의 기준을 활동분석에 의한 다양한 활동기준을 적용하여 예산편성을 하는 것

activity based cost management(ABCM) 활동기준원가관리

활동기준원가계산을 이용한 관리기법

activity based costing(ABC) 활동기준원가계산

원가가 발생하는 원인을 규명하고 체계적인 활동분석을 통해서 정확한 원가산정에 필요한 정보를 제공하는 제도

activity based management(ABM) 활동기준관리

☞ activity based cost management

activity bases 활동기준

제조간접비의 배부 또는 원가의 행태가 변화하는 기준

activity center 활동중심점

별도의 활동원가보고를 필요로 하는 생산공정 또는 조직 내의 부문

activity cost 활동원가

각 활동단위에 대하여 계산된 원가

activity cost pools 활동원가집단

특정의 활동으로 구분된 영역

activity dictionary 활동사전

기업에 의해서 수행된 기능에 의거하여 제시한 일반적인 활동들의 열거목록

activity drivers 활동동인, 활동기준

☞ activity bases

activity management 활동관리

기업활동들의 효과적이고 일관성 있는 조직화

activity measure 활동측정치

활동수준의 대용치로 선별된 계량적 측정단위

activity rate 활동비율

각 활동에 대하여 제조간접비를 배부하는 비율

activity ratios 활동성비율

기업이 얼마나 능률적으로 자산을 활용했는가에 관한 정보를 제공해주는 비율

activity unit 활동단위

관련된 활동들을 각각 구분하는 집단

activity variance 활동차이

☞ volume variance

actual cost 실제원가

제품을 완성한 뒤에 집계한 해당 제품의 제조를 위하여 실제로 소비한 원가

actual fixed costs 간접비 실제발생액, 고정비 실제발생액

실제로 발생한 간접비 또는 고정제조간접비

actual hours 실제작업시간

제품의 생산에 적용된 실제 작업시간

actuarial assumptions 보험수리적 가정

퇴직급여의 궁극적인 원가를 결정하는 인구통계적 · 재무적 변수들에 대한 최선의 추정을 반영하는 것으로서 편의가 없고 서로 양립가능한 것

actuarial gains and losses 보험수리적 손익

보험수리적 가정과 실제로 발생한 결과의 차이 또는 보험수리적 가정의 변경으로 인해 발생하는 손익

actuarial method 보험수리법

리스회계와 연금회계에서 복리이자율로 계산되는 임차료 및 연금비용을 할당하는 방법

actuarial present value of promised retirement benefits 약정퇴직급여의 보험수리적 현재가치

퇴직급여제도에 의거하여 현직 및 전직 종업원에게 이미 제공한 근무용역에 대해 지급할 예상퇴직급여의 현재가치

added value statement 부가가치계산서

☞ value added statement

additional markup 인상

최초판매가격에 추가로 판매가격을 인상시킨 부분

additional paid in capital 자본잉여금

자본거래로부터 발행한 잉여금으로 크게 자본준비금과 재평가적립금으로 분류됨

additional processing costs 추가가공원가

결합제품이 분리점에서 개별제품으로 분리된 이후에 추가가공이 이루어지는 경우 추가가공과 관련하여 발생하는 원가

additional voluntary contribution(AVC) 자발적 추가분담금

퇴직에 따른 연금에서 획득가능한 효익을 증가시키기 위해서 선택적으로 종업원들이 추가적으로 납부하는 부담금

additions 증설

기존설비에 새롭고 독립적인 자산을 부가하거나 기존의 설비를 확장

또는 확대하여 자산의 미래효익을 증가시키는 것

adequate disclosure 적정공시

회계정보가 정보이용자를 오도하지 않도록 최소한도의 범위 내에서 공시를 하는 것

adjudication 판결, 파산선고

법원의 결정에 의하여 파산이 확정되는 단계

adjunct account 부가계정

사채할증발행차금과 같이 자산이나 부채의 계상금액에 가산하는 계정

adjusted gross income 조정총소득

납세자의 총소득과 조정소득 간의 차이

adjusted trial balance 수정후시산표

수정분개가 전기된 후 계정잔액의 정확성을 검증하고 재무제표를 작성하는 데에 필요한 모든 정보를 담고 있는 시산표

adjusting entries 수정분개

발생주의의 회계처리로 인하여 회계기말에 수정을 행하는 분개

adjusting events 조정사건

대차대조표일과 재무제표의 승인일 사이에 발생한 사건

adjusting journal entry(AJE) 수정분개

☞ adjusting entries

adjustments 수정분개

☞ adjusting entries

administrative control 관리통제

부정이나 오류가 없이 효율적인 업무처리를 위하여 이루어지는 통제절차

administrative costs 관리비

조직을 운영하고 인력을 유지하기 위해 소요되는 비용

A

administrative expense 관리비

☞ administrative costs

advance 지불, 선불금

선급금이나 선수금

advance payments 선급금

미래에 재화나 서비스를 제공받기로 하고 대금의 전부 또는 일부를 미리 지불한 금액으로 자산으로 분류함

advance receipts 선수금

미래에 재화나 서비스를 제공하기로 하고 대금의 전부 또는 일부를 미리 받은 금액으로 부채로 분류함

advanced manufacturing technology(AMT) 진보적 제조기술

생산에 따른 국제경쟁력을 유지하기 위해서 사용되는 다양한 각종의 첨단생산기술이나 기법

advances received from customers 선수금

☞ advance receipt

adverse opinion 부적정의견

회계정책에 대한 감사인과 경영자의 의견차이가 중대하여 재무제표 전체를 오도할 가능성이 있다고 판단될 때 재무제표가 기업회계기준에 따라 적정하게 표시되지 못하고 있음을 감사보고서에 표현하는 의견

adverse selection 역선택, 이기적 선택

품질이나 특성에 대한 정보부족으로 품질이 낮은 재화나 서비스가 거래되고 양질의 재화나 서비스가 시장에서 사라지는 현상

adverse variance 불리한 차이

☞ unfavourable variance

advice note 안내장

일반적으로 상품의 배달 전에 발송되는 상품을 발송했다는 내용을 고객에게 알려주는 공급자가 발행한 문서

A

affiliate 계열회사, 관계회사

☞ affiliated company

affiliated company 관계회사

기업계열화의 결과 어떤 관계를 맺게 된 기업

affinity card 기부카드

클럽이나 대학 등과 같은 동일집단의 구성원들에 대하여 발급되는 신용카드의 일종으로 카드 사용금액의 일부를 소속된 집단에 대하여 기부하도록 연결되어 있는 경우가 많음

after date 특정일 이후

어음상에 지불약정일을 기재하는 방법으로 특정일 기준으로 "~"일 후라고 쓰는 용어

after sight 일람후

어음의 지급시 어음소지인에 어음을 제시하면 바로 지급하도록 되어 있는 양식에서 사용하는 용어

agency costs 대리비용

경영자(대리인)가 주주(위임자)의 부를 희생시키면서 경영자 자신의 부를 극대화하고자 할 때 발생하는 회사비용의 증가액

agency theory 대리이론

조직의 효율적 운영을 위해 의사결정권을 위임하는 위임자와 이를 수임받는 대리인이 서로 자신의 이익만을 추구함으로써 발생하는 이해관계의 상충문제를 체계적으로 설명하는 이론

agent de change 공인중매인

프랑스의 증권거래소에서 거래를 중개하는 증권브로커

aggregate basis 총액기준

☞ total inventory basis

aggregation 통합

활동들을 기능으로 결합시키는 과정 또는 특성을 공유하는 자산, 부채, 자본, 수익 또는 비용을 합하여 동일한 분류로 포함시키는 과정

aggregation problem 총계의 문제

총자산의 청산가치는 개별자산의 청산가치들의 총계와 다를 수도 있다는 주장

aging 연령조사, 연수조사

외상매출금의 발생일자별로 분류하여 기간경과일수를 조사하는 것

aging method 연령분석법

☞ aging schedule method

aging of accounts receivable method 연령분석법

☞ aging schedule method

aging process 연령과정

☞ aging

aging schedule 기간경과분석표, 연령분석표

매출채권을 만기일 경과기간에 따라 정리한 표

aging schedule method 기간경과분석법, 연령분석법

연령분석표를 이용하여 각각의 매출채권에 대한 경과일수에 따른 집단으로 분류하고 각 집단에 대하여 서로 다른 대손율을 추정하여 대손액을 추산하는 방법

agio 환전차익, 수수료

외환거래에 있어서 매입환율과 매도환율의 차이

agreement date 합의일

결합당사자간에 실질적 계약이 이루어진 날

agricultural activity 농림어업활동

판매하거나 수확물을 얻거나 혹은 추가적인 생물자산을 얻기 위하여 생물자산에 생물적 변환을 가하는 관리활동

agricultural produce 수확물

생물자산에서 수확한 생산물

AICPA 미국공인회계사회

☞ American Institute of Certified Public Accountants

AJE 수정분개

☞ adjusting journal entry

algebraic method 대수적 방법

계량관리회계의 모형설정을 간단한 대수적 예로 제시하려는 방법

alienation of assets 자산의 전용

대출과 관련하여 채무자가 특정의 자산을 처분할 수 없도록 약정한 자산을 처분하는 행위

aligning recorded items 기록된 항목의 조정

이연항목에 대한 수정분개

all financial resources concept 총재무자원개념

기업의 재무 및 투자 활동에 관련되는 화폐액으로 표시할 수 있는 기업의 모든 자원을 보고해야 한다는 개념

all inclusive concept 포괄주의

☞ all inclusive income concept

all inclusive income concept 포괄주의

당기의 통상적인 영업활동의 결과뿐만이 아니라 비통상적이며 비반복적으로 발생되는 특별항목과 회계변경 누적효과 등이 모두 손익계산서에 포함된다는 개념

all publicly available information 이용가능한 모든 공시정보

준강형 효율적 시장가설에서 사용되는 정보의 정도로 주식가격에 반영되어 있다고 보는 공개적으로 이용가능한 모든 정보

all purpose financial statements 총체적 목적의 재무제표

이해관계자 집단의 전체에 대하여 포괄적으로 필요한 정보를 제공해야 된다는 목적으로 재무제표가 작성되어야 한다는 주장에 의한 일반적 목적의 재무제표

A

allocation 배부

특정금액을 활동 또는 배부기준에 따라서 할당하는 행위

allocation of costs 취득원가의 배분

취득원가를 내용연수에 걸쳐 배분하는 감가상각의 개념

allotment 배당, 할당, 배부

☞ allocation

allowance 에누리

규격에 맞지 않거나 손상된 상품에 대하여 청구가격에서 할인을 해주는 금액

allowance for bad debts 대손충당금

☞ allowance for doubtful accounts

allowance for construction warranties 공사보증충당금

건설공사에 관련한 공사하자나 보수공사에 발생할 채무에 대한 충당금

allowance for depreciation 감가상각충당금

☞ accumulated depreciation

allowance for doubtful accounts 대손충당금

기말 매출채권 중 회수불가능한 것으로 추정되는 금액

allowance for repairs 수선충당금

장래 큰 수선이 예상되는 유형자산에 대한 수선비를 지급하기 위하여 설정하는 충당금

allowance for retirement liability 퇴직급여충당금

회계기말에 모든 종업원이 퇴직했을 경우에 지급해야 할 퇴직금에 상당하는 금액으로 퇴직금을 예상하여 설정하는 준비금으로 부채로 분류됨

allowance for severance pay 퇴직급여충당금

☞ allowance for retirement liability

allowance for uncollectible accounts 대손충당금

☞ allowance for doubtful accounts

A

allowance method 충당금설정법

매출채권 중 회수가 불가능한 금액을 추산하여 대손상각비와 대손충당금으로 재무제표에 반영하는 방법

allowance of a liability nature 부채성충당금

통상 집단적이고 반복적으로 나타나는 거래로 당기에 지출되지는 않았으나 미래에 확실히 지출될 것으로 예측되는 일종의 추정부채

ALM 자산부채종합관리

☞ asset liability management

alpha risk and beta risk 알파 및 베타 위험

감사인에 의해서 수행되는 표본추출절차에서 발생하는 위험으로 채택되었어야 할 것을 모집단으로 거절하는 경우를 알파위험, 거부되었어야 할 것을 채택하는 경우를 베타위험이라고 함

alternative budgets 대체예산

채택된 예산 이외에 경영진에 의해 고려되는 제2의 예산

amalgamation 합병

두 개 이상의 기업이 결합하는 것

American Accounting Association(AAA) 미국회계학회

회계학의 교육과 연구에 관심을 가지고 있는 사람들로 1916년에 구성된 미국의 민간조직

American Institute of Certified Public Accountant(AICPA) 미국공인회계사회

1887년 American Association of Public Accountants에서 시작되어 1917년 American Institute of Accountants로 명칭을 변경하고 현재의 명칭은 1957년부터 사용하고 있는 미국공인회계사 또는 이들로 구성된 협회

American option 미주식 옵션

만기일 이전의 어느 시점에서나 행사할 수 있는 옵션

amortization 상각

자산의 상각대상금액을 그 자산의 내용연수 동안 체계적으로 배분하는 것

A

amortization expense 무형자산상각

무형자산의 감가상각비

amortized cost 상각후원가

취득원가로 기록한 후 자산이나 부채의 기간경과에 따라 조정된 금액

amortized cost financial asset 상각후원가측정금융자산

원리금지급만으로 구성되어 있는 현금흐름이 발생하고, 계약상 현금흐름 수취목적의 사업모형기준을 모두 충족하는 금융자산

amortized cost of a financial asset or financial liability 금융자산 또는 금융부채의 상각후원가

금융자산이나 금융부채의 최초인식시점의 측정금액에서 상환된 원금을 차감하고, 최초인식금액과 만기금액의 차액에 유효이자율법을 적용하여 계산된 상각누계액을 가감한 금액

amortizing loan 상각형 대출, 분할상환형 대출

대출금이 2회 이상으로 나누어 상환되는 형태의 대출

AMT 진보적 제조기술

☞ advanced manufacturing technology

analysis of joint costs 결합원가분석

결합제품원가 또는 연산품원가에 관한 분석

analysis of variance(ANOVA) 분산분석

두 개 이상의 집단을 비교할 때 집단 내의 분산, 총평균과 각 집단의 평균차이로 발생한 집단간 분산의 비교를 통해 가설검증을 하는 통계기법

analytical auditing 분석적 감사

나타난 현상에 대한 합리성 여부를 결정하기 위하여 수치들을 내부나 외부의 다른 재무 및 비재무적 자료와 비교하는 분석적 기법

analytical models 분석모형

시스템 안에 존재하는 여러 요인들 사이의 상호관계의 형태를 정의하는 데 초점을 맞춘 모형

analytical procedures 분석적 절차

관련 있는 재무비율 및 추세에 대한 분석

annual financial statements 연차재무제표

회계연도말에 작성되는 재무제표

annualized financial statements 일년 환산재무제표

반기나 분기재무제표를 통하여 연간으로 추정 환산하여 작성하는 재무제표

annuity 연금

미래에 일정기간 동안 일정금액의 현금을 연속해서 받거나 주는 것

annuity due 선불연금, 이상연금, 기초연금

현금흐름이 매 기간의 초에 이루어지는 연금의 형태

annuity in advance 선불연금

☞ annuity due

annuity in arrears 통상연금

☞ ordinary annuity

annuity method 연금법

감가상각비를 투자원금회수와 일정한 이익의 획득을 가능케 하는 현금흐름으로 보고 내용연수에 걸친 원리금의 분할회수로 취급하는 방법

ANOVA 분산분석

☞ analysis of variance

antidilutive 반희석효과

전환금융상품이 전환되거나 옵션 또는 주식매입권이 행사되거나 또는 특정조건이 충족되어 보통주가 발행된다고 가정하는 경우 주당이익이 증가하거나 주당손실이 감소하는 효과

antidilutive securities 반희석화 증권

주당순이익의 증가를 초래하는 증권으로 기본적 주당순이익이나 완전희석화 주당순이익의 계산에 포함되지 않음

A

APB 회계원칙심의회

☞ Accounting Principles Board

APEC 아시아태평양경제협력체

☞ Asia Pacific Economic Cooperation

application controls 응용통제

회계시스템의 거래 및 자료에 관련된 통제

applied factory overhead 간접비의 예정배부

제조간접비의 배부율을 일정기간 사용할 수 있도록 사전에 미리 결정해두고 제품이 완성될 때 제조간접비를 배부하여 원가를 결정하는 것

applied manufacturing overhead 배부제조간접비

☞ absorbed overhead

applied overhead 간접비 배부액

☞ absorbed overhead

appraisal costs 평가원가

고객의 욕구에 맞추어 제품이나 절차들이 이루어졌는지를 식별, 측정, 평가, 검사하는 활동에 소요되는 비용

approved profit sharing(APS) 승인된 이익공유

영국에서 1978년 법령으로 도입한 기법으로 기업이 신탁회사를 만들어 정기적으로 신탁회사에 기금을 제공하면 신탁회사는 해당 기업의 주식을 매입하고 이들 주식을 개별 종업원에게 배부하고 이들 주식을 일정기간 이상 보유하게 되면 세금을 감면받는 기법

approximate cost table 개략적 원가계산표

소수의 중요한 원가동인의 파악을 주목적으로 하여 신제품의 기획 및 기초설계과정에서 이용되는 개괄적인 원가계산표

APS 승인된 이익공유

☞ approved profit sharing

AQL 합격품질수준

☞ acceptable quality level

A/R 외상매출금

☞ accounts receivable

ARB 회계연구공보

☞ Accounting Research Bulletin

arbitrage 중재거래, 재정거래

두 시장간의 이자율이나 환율 또는 상품가격간의 차이를 활용하여 한 시장에서 다른 시장으로 자금을 이전시키는 행위

archive 문서보관소

자주 사용하지 않는 문서, 테이프, 디스크 등을 보관하는 장소

arm's length transaction 공정거래, 독립된 당사자간의 거래

이해관계가 없는 당사자들이 공정한 시장가치에 근거하여 가격을 부과하거나 지불함에 있어서 자신들에게 최상의 이익을 추구하는 목적으로 이루어지는 거래

arrears 연체

만기일까지 지불되지 않고 있는 부채

article of association 회사정관

☞ article of incorporation

article of incorporation 회사정관

기업의 존재에 대한 세부사항과 운영내용을 제시하고 있는 공식 서류

articulated accounts 명료한 보고서

손익계산서의 이익잉여금은 대차대조표상의 순자산의 증가분과 동일한 수치를 나타내는 복식부기 시스템으로 작성된 보고서

articulation 상호관련성

재무제표의 계정 · 금액 · 표를 다양하게 표현함으로써 이들간의 관계를 연결시키고 전체적으로 조화를 이루는 관계

A

as per advice 통지한 바와 같이

어음 또는 문서에 특정내용을 표현하는 용어

ASB 회계기준심의회

☞ Accounting Standards Board

ASC 회계기준위원회

☞ Accounting Standards Committee

ASEAN 동남아시아국가연합

☞ Association of Southeast Asian Nations

Asia Pacific Economic Cooperation(APEC) 아시아태평양경제협력체

1989년 호주 호크 총리의 제의에 의해 경제협력을 목표로 창설한 아시아태평양경제협력체로 현재 회원국은 21개국

ASOBAT 기초적 회계이론에 관한 보고서

☞ A Statement of Basic Accounting Theory

ASR 회계연속통첩

☞ Accounting Series Releases

ASSC 회계기준실무위원회

☞ Accounting Standards Steering Committee

assented stock 공개매입 동의주

보통주의 일종으로 주주가 주식의 공개매입의 조건에 동의한 증권

asset 자산

과거사건의 결과로 기업이 통제하고 있고 미래경제적 효익이 유입될 것으로 기대되는 자원

asset backed fund 자산지지형 기금

토지나 주식과 같은 기업자산에 투자되는 기금으로 인플레이션에 따라서 증가됨

asset cover 자산담보

부채를 부담할 수 있는 순자산의 규모

asset coverage 자산담보율

부채의 상환능력을 나타내는 지표로 순자산을 부채로 나누어 계산된 값

asset deficiency 자산결핍

부채가 자산을 초과하는 경우

asset efficiency ratio 자산효율성비율

자산의 효율적 운용여부를 측정하는 비율

asset liability management(ALM) 자산부채관리

기관투자가 및 기업이 보유하는 자산과 부채를 리스크의 관점에서 합리적으로 관리하는 것

asset-linked bonds 상품연계사채

☞ commodity-backed bonds

asset revaluation 자산재평가

유형자산의 가치상승분을 인식하여 장부금액을 상향조정하는 것

asset stripping 자산박탈

자산의 가치 이하로 평가된 기업에 대한 매수를 말하며 매수 후 기업의 가치 있는 자산들을 처분하여 많은 이익을 남기는 기업매수의 한 방법

asset turnover ratio 총자산회전율, 총자본회전율

보유하고 있는 총자산이 얼마나 효율적으로 운영되고 있는지를 평가하는 지표로 매출액을 평균자산총액으로 나눈 값

asset valuation 자산평가

기업의 자산, 특히 유형자산에 대한 가치를 측정하는 것

assets from operating activities 영업활동으로 인한 자산

영업활동과 관련하여 매출채권, 재고자산, 선급비용 등으로 나타나는 자산

assets held by a long-term employee benefit fund 장기종업원급여기금이 보유하고 있는 자산

보고기업과 법적으로 별개이고, 오로지 종업원급여를 지급하기 위하여 또는 종업원급여 기금적립을 위해서만 존재하는 실체(기금)가 보유하

A

고 있는 자산

assignment of accounts receivable 외상매출금의 양도

양도인인 기업이 양수인으로부터 현금을 차입하고 외상매출금을 회수하는 즉시 우선적으로 차입금을 상환하기로 약속하는 것

associate 관계기업

파트너십과 같이 법인격이 없는 실체를 포함한 기업으로, 투자자가 당해 기업에 대하여 중대한 영향력이 있는 기업

Association of Chartered Certified Accountants(ACCA) 영국공인회계사회

1904년 설립된 회계사단체로 1974년 칙허받은 영국의 회계사 조직체

Associate of the Institute of Chartered Accountants in England and Wales(ACA) 영국칙허회계사협회

영국의 칙허회계사들을 회원으로 하여 구성된 강력한 회계사조직으로 The Account라는 주간지를 발행함

Association of Accounting Technicians(AAT) 회계전문가협회

영국 런던에 본부를 두고 있는 회계전문인으로서의 일정한 시험을 통과하고 경력을 갖춘 회계전문인들의 국제조직

Association of Southeast Asian Nations(ASEAN) 동남아시아국가연합

1967년 동남아시아 지역의 평화와 안전을 추진하며 경제성장 및 사회문화발전을 가속시키기 위하여 설립된 지역협력체제의 국제기구

asymmetry of information 정보의 비대칭성

정보획득의 차별화에 따라 나타나는 정보이용자별로 획득되는 정보의 양과 질에 대한 정보의 불균형현상

at sight 일람불

제시되었을 때 즉시 지급되는 형태의 수표나 어음

AT&T 회계추세 및 기법서

☞ Accounting Trends and Techniques

A

ATB 회계용어공보

☞ Accounting Terminology Bulletin

attainable high efficiency level 달성가능 고능률수준

통상적인 노력과 주의로써 달성가능하고 양호한 능률수준

attainable standard cost 달성가능 표준원가

통상적인 노력과 주의로써 달성가능한 것으로 판단하여 기업이 예정한 원가

attributes 속성

기록과 분석을 위하여 고려될 수 있는 질적인 자료

auction 경매

다수의 매도측과 매수측이 상호경쟁에 의하여 매매를 성립시키는 방법

audit 감사

☞ auditing

audit committee 감사위원회

기업의 경영진에 대한 직무집행을 감사하고 영업에 대한 보고를 요구하거나 조사를 할 수 있는 권한을 가지는 상법상 일정규모 이상의 기업에 대하여 3인 이상으로 설치된 위원회

audit engagement letter 감사계약서

회계감사의 위촉에 관해 의뢰인과 감사인이 합의한 업무조건을 일정형식을 갖춘 서류 형태로 작성한 계약문서

audit evidence 감사증거

감사인이 감사의견의 근거가 되는 결론에 도달하기 위해 이용한 정보로 재무제표의 기초가 되는 회계기록에 포함되어 있는 모든 정보

audit expectations gap 감사기대차이

감사에 의해 인지되는 감사로서의 역할과 재무제표 사용자들의 기대치의 차이

A

audit failure 감사실패

감사인이 감사기준이나 관련 법규를 준수하지 못하여 잘못된 감사의견을 표명할 때 발생

audit fee 감사수수료

감사인의 감사행위에 대한 급부

audit guidelines 감사지침서

감사를 진행해나가는 절차에 대한 안내서

audit opinion 감사의견

감사보고서상에 표명된 재무제표 작성의 공정성에 대한 전문직업인으로서의 의견

audit program 세부감사계획

전반적 감사계획을 실행하기 위하여 세부적인 개별 계정과목들에 대한 구체적인 감사절차, 시기, 범위를 결정하는 감사계획

audit quality 감사품질

감사보고서에 표명되는 감사의견의 적절성

audit report 감사보고서

공인회계사 또는 감사법인의 감사가 완료된 후 감사 자료를 정리하여 감사결과를 기재한 보고서

audit review 감리

외부감사의 공정성과 신뢰성을 제고하기 위해 독립된 제3자가 재무제표, 감사보고서 및 감사인 조직운영에 관한 사항 등 감사업무 전반에 관한 평가의견을 표명하는 절차

audit risk 감사위험

재무제표가 중요하게 왜곡표시되어 있음에도 불구하고 감사인이 부적합한 감사의견을 표명할 위험

audit sampling 표본감사

표본을 추출하여 검증하는 감사절차

audit standards 감사기준

재무제표감사의 수행과정에서 감사인이 직업적인 책임을 완수할 수 있도록 지도해 주는 일반적인 지침

audit strategy 감사전략

감사인이 총괄적인 입장에서 감사계획을 수립할 때 해당 감사를 효과적인 방법으로 수행하기 위해 사전에 채택하는 전략

auditing 감사, 회계감사

재무제표가 기업회계기준에 의하여 적정하게 작성되었는지의 여부를 검증하는 행위

auditor 감사인

주식회사의 회계감사 및 업무감사를 임무로 하는 필수적인 상설기관 또는 외부의 독립된 전문회계감사인

auditor's opinion 감사의견

회사의 재무제표가 재무상태와 경영성과를 정확하게 반영하고 있는지를 공인회계사가 객관적으로 감사하여 그 의견을 표시하는 것으로 적정의견, 한정의견, 부적정의견, 의견거절의 4가지가 있음

authorized capital stock 수권자본

정관에서 규정하고 있는 이사회가 발행할 수 있는 자본의 한도액

authorized capital system 수권자본제도

주식회사가 발행할 주식총수를 미리 정하고 이 범위 내에서 발행권한을 이사회에 위임하여 이사회의 결의만으로 신주를 발행할 수 있는 제도

authorized stock 수권자본

☞ authorized capital stock

autocorrelation 자기상관

특정시간에서의 추정오차가 그 이전의 관찰된 값에 의하여 영향을 받는 상태

A

automated scanner 자동판독기

바코드와 같은 특별한 부호나 숫자를 자동으로 인식하여 기록 처리하는 장치

automatic self proving function 자기검증기능

복식부기의 주 기능의 하나로 차변과 대변의 합이 일치되는 원리를 이용하여 금액이 일치되지 않는 경우 오류를 찾을 수 있는 기능

autonomous control of defects 불량품의 자율적 관리

불량품에 대한 기업내부에서 정한 관리절차

autonomy 자율성

특정사업부에 관련된 의사결정에 대하여 해당사업부의 경영자에게 의사결정권을 위임하는 것

auxiliary book 보조장부

주요장부에서 지정한 계정에 관한 거래를 상세하게 기록하는 장부로 주요장부의 부족한 점을 보충하여 기록하는 장부

auxiliary department 보조부문

☞ service department

auxiliary ledger 보조원장

☞ subsidiary ledger

available-for-sale financial assets 매도가능금융자산

매도가능항목으로 지정한 비파생금융자산 또는 대여금 및 수취채권, 만기보유금융자산, 당기손익인식금융자산으로 분류되지 않는 비파생금융자산

AVC 자발적 추가분담금, 단위당 변동비

☞ additional voluntary contribution, average variable cost per unit

average capacity level 평균조업수준

판매에 예상되는 계절적 및 경기변동 등의 영향에 따른 생산량의 증감을 장래의 수년간에 걸쳐 평균한 조업수준

average collection period 매출채권 평균회수기간

매출채권을 회수하는 데 소요되는 기간을 파악하여 신용판매관리의 효율성을 측정하는 기법으로 1년을 매출채권회전율로 나누어 계산

average cost method 평균원가법

기말재고자산의 원가와 매출원가가 해당 기간 동안에 발생한 모든 재고자산의 원가를 반영할 수 있도록 기초재고액과 당기매입액의 평균원가로 매출원가와 기말재고를 평가하는 방법

average cost retail inventory method 평균원가매출가격환원법

기초재고와 당기매입이 평균적으로 판매된다고 가정하고 판매가격의 변동이 판매가능재고액에 미치는 영향도 평균적으로 동일한 것으로 보고 매출원가를 계산하는 방법

average exchange rate 평균환율

일정기간의 환율을 평균하여 구한 값

average number of day's for inventory 평균재고기간

판매되기까지 재고자산을 소유하고 있는 평균기간으로 365일을 재고자산회전율로 나누어 계산한 값

average rate of change 평균변화율

일정기간의 변화율을 평균한 값

average rate of return 평균수익률, 회계적 수익률

현금의 시간적 가치를 고려하지 않고 고정자산의 평균투자액에 대한 연간 평균이익의 비율로 표현되는 수익률

average revenue 평균수익

일정기간의 수익을 평균한 값

average turnover period 재고자산 평균회전기간

재고자산의 유동성을 평가하는 방법으로 365일을 재고자산회전율로 나누어서 계산된 값

average variable cost per unit(AVC) 단위당 변동비

총변동비를 총조업도로 나눈 값

A

avoidability 회피가능성

다른 안의 선택에 따라 비용이 발생하지 않을 수도 있을 기대치

avoidable costs 회피가능원가

제조운영 환경이 변하거나 제거된다면 발생되지 않을 원가

awareness letter 주의서한

발생할 가능성이 있는 사실에 대하여 사전에 관련자에게 알려줌으로써 주의고지 의무를 대신하는 문서

axiomatic approach 공리적 접근법

회계학의 정의, 가정, 개념 등과 관련하여 이론적인 구조를 설정하는 연역적 접근법의 한 방법

B

B

B1, B2 fund 유동성조절자금

한국은행이 일시적으로 자금사정이 좋지 않은 은행들에 지원하는 유동성조절자금의 종류

back bill 미지급청구서

미지급부분에 대하여 청구를 요청하는 서류

back order 미납품주문, 적체주문

고객의 미충족 수요에 대하여 회사가 납품약속을 하고 재고가 확보되면 그 수요에 응하는 경우와 같이 특정시점에서 납품약속만을 해놓고 있는 상태의 주문

back salary 미지급급여

☞ accrued salary

backflush accounting 역산회계

재고품의 최저수준을 유지하려는 경영철학에 근거하여 제품원가를 계산하는 방법으로 실제원가가 결정된 후 수익성을 결정하기 위해서 재고품과 매출원가에 대하여 배부되는 역방향으로 처리되는 원가계산시스템

backflush costing 역류원가계산시스템

☞ backflush accounting

backing 배서

유가증권의 양도시 증권의 뒷면에 모든 권리를 이전한다는 뜻을 기재하고 기명날인하는 행위 또는 이러한 행위로 유가증권을 양도하는 것

backlog 주문잔고

기말현재 주문을 다 충족시키지 못하고 적체되어 있는 주문액

backup inventory 여유재고

예상되지 못한 부품의 부족현상으로 인한 작업중단을 방지하기 위하여 부품의 재고를 여유 있게 보관하는 일종의 안전장치

B

bad debt expense 대손상각비, 대손비용

회계기말에 회수불가능한 채권을 추정하여 당기의 비용으로 처리할 때 차변에 분개하는 계정항목

bad debts charge 대손상각

☞ bad debt expense

bad debts written off 대손상각

☞ bad debt expense

bad stock 불량품

☞ defective work

badwill 부의 영업권

☞ negative goodwill

bailout payback period 긴급회수기간

연간 증분현금흐름액과 특별한 연도말에 처분가치를 합한 금액이 투자소요액과 동일해지는 기간

balance 대차균형, 대차일치, 잔액

계정의 차변과 대변이 일치되는 것 또는 차변이나 대변 금액의 차액

balance at bank 은행예금잔액

예금의 인출가능액

balance between benefits and costs 효익과 비용 간의 균형

특정정보에서 기대되는 효익은 해당 정보를 제공하기 위해 소요되는 비용을 초과해야 한다는 개념

balance brought forward 전기이월액

전기에서 이월받은 계정의 잔액

balance carried over 차기이월액

차기로 이월하는 계정의 잔액

balance form 잔액식

계정의 형식 중 차변과 대변의 항목을 적는 난 이외에 세 번째로 잔액

의 난을 설치한 형태

balance of current account 경상수지

한 국가의 대외거래상태를 나타내는 지표 중의 하나로서 무역수지, 무역외수지, 이전수지를 합한 것

balance sheet 대차대조표

회계기말에 있어서 자산, 부채 및 자본을 대조표시하고 특정시점의 기업의 재무상태를 명백하게 표시하는 재무제표의 한 종류로 재무상태표라고도 함

balance sheet accounts 대차대조표계정

기업의 재무상태를 표시하는 계정으로 자산, 부채, 자본 계정으로 구성됨

balance sheet approach 대차대조표 접근법

과거경험에서 구한 기말 대차대조표상 매출채권잔액과 대손발생액의 관계를 기초로 하여 평균대손을 구하여 대손가능액을 추산하는 방법

balance sheet equation 대차대조표등식

☞ accounting equation, balance sheet formula

balance sheet formula 대차대조표등식

☞ accounting equation

balanced scorecard(BSC) 균형성과기록표

기업이 추구하는 목표나 주요 성공요인을 재무적 관점뿐만이 아닌 고객의 관점, 학습의 관점 및 내부절차의 관점과 같이 다양한 관점에서 평가하도록 함으로써 기업의 성과를 제대로 이해하고 현재 진행중인 사업에 대해서 종합적인 시각을 갖게끔 하는 성과평가의 기법

bank charges 은행수수료

은행의 제반 시스템을 이용하고 지불하는 비용

bank interest 은행이자

은행의 예금이나 차입금에 대하여 일정한 이자율에 의해 계산된 이자

B

Bank of International Settlements(BIS) 국제결제은행

제1차 세계대전 직후 연합국이 스위스 바젤에 만든 전쟁배상금 결제 전담기구로 제2차 세계대전 이후 세계 각국의 중앙은행간 협력증진, 국제금융질서유지 등을 위한 기관으로 발전함

bank overdraft 당좌차월

거래은행과의 미리 약정된 한도 내에서 당좌예금의 잔액을 초과하여 발행된 당좌수표의 인출액

bank reconciliation statement 은행계정조정표

정기적으로 기업의 장부상 당좌예금계정에 관한 기록과 은행이 독립적으로 유지하고 있는 해당 기업에 대한 당좌예금 잔액과의 일치여부를 확인하기 위하여 작성하는 표

bank statement 예금잔액증명서

기업의 요청에 따라 은행이 발행하는 예금의 거래내역과 예금잔액을 명시한 증명서

bankrupt 파산

채권자로부터 지급불능의 채무자를 보호하는 법률상태

bar code 바코드

상품의 입고와 출고정보를 전산으로 자동입력시키기 위하여 상품에 표시되는 식별부호

bargain purchase option 염가구매선택권

리스이용자가 염가구매선택의 행사일 현재의 리스자산의 공정시장가치보다 상당히 낮은 가격으로 리스자산을 취득할 수 있는 권리

bargain purchase rights 염가구매권

☞ bargain purchase option

bargain renewal option 염가갱신선택권

리스이용자가 리스계약 만료일 현재의 리스료의 공정시장가격보다 낮은 가격으로 리스계약을 갱신할 수 있는 권리

B

barter trade 구상무역

☞ compensation trade

base stock 기준재고

통상적인 영업활동을 수행하기 위한 최소한의 재고량

base year 기준연도

비교의 대상이 되는 특정 연도

base year price 기준연도가격

화폐가치의 시간적 비교를 위하여 동일한 측정단위로 설정하는 특정의 연도를 기준으로 한 가격

Bayes' theorem 베이즈 정리

사전에 제시된 확률정보를 수정하여 사후확률을 계산하여 의사결정과정에 적용하는 확률법칙

bearer bonds 무기명사채

사채권자를 명부에 기록하지 않으며 사채를 소유하고 있는 채권자에게 이자와 원금을 지급하는 형식의 사채

benchmarking 기준설정, 벤치마킹

특정 제품이나 절차 등에 있어서 추구하고자 하는 수준을 설정하기 위하여 우수한 사례에 대한 체계적 조사행위

benefits 효익

자산의 운용으로 발생하는 수익이나 가치증대에 대한 기대치

BEP 손익분기점

☞ break even point

best alternative action 최적행동대안

선택가능한 여러 가지 대안 중에서 최적의 대안

BET 손익분기시간

☞ break even time

B

bias 편의, 편향

측정된 값이 변수의 참값으로부터 한 방향으로 체계적으로 다른 것

Big 4 세계 4대 회계법인

세계적인 회계법인으로 피감사업체인 기업들의 대형화·국제화 추세에 대비하여 규모경제의 이점을 살리기 위하여 지속적으로 회계법인간의 합병이 이루어져 감사수수료수익기준에 의한 4개의 국제적 초대형 회계법인으로 KPMG, Deloitte, Ernst&Young, PricewaterhouseCoopers의 4개 법인이 해당됨

big bang 금융혁신, 금융규제완화

1966년 영국에서 이루어진 증권시장에 대한 대개혁에서 시작된 개념으로 최근에는 대형은행들과 증권회사의 결합으로 금융자본의 집중화현상을 의미

bill of activities(BOA) 활동명세서

제품의 제조에 요구되는 활동의 열거 목록

bill of exchange 환어음

발행인이 지명인에게 일정한 기일에 일정금액을 수취인에게 지급하도록 위탁한 증서

bill of lading 선적서, 선하증권

적송일, 물품내역, 수량 등 고객에게 물품을 선적한 내역을 기록한 서류

bill of material(BOM) 재료명세서

사용재료의 규격, 품질, 단가 등 세부적 사항을 기재한 문서

billings on construction in process 공사청구금

건설공사의 진행에 따른 공사비의 청구금액

binding constrain 구속적 제안

최적해에 영향을 미치는 제약을 뜻함

biological asset 생물자산

살아 있는 동물이나 식물

biological transformation 생물적 변환

생물자산에 질적 또는 양적 변화를 일으키는 성장, 퇴화, 생산, 생식 과정

BIS 국제결제은행

☞ Bank of International Settlements

BIS ratio BIS기준 자기자본비율

국제결제은행에서 정한 금융기관의 안정성을 나타내는 지표로 보완자본을 더한 자기자본을 위험가중치로 계산된 자산으로 나누어 나타내는 비율

BIS regulation BIS 규제

BIS(국제결제은행)가 규정한 국제업무를 수행하는 민간은행의 자기자본비율에 관한 규제

blanket rate 총괄배부율

공장 전체의 제조간접원가를 기계작업시간 또는 직접작업시간 등 어느 하나의 배부기준으로 배부

block sampling 구획추출법

모집단 내의 연속된 항목에서 하나 또는 복수의 구획을 선택하여 선택된 구획에서는 모든 거래를 추출하는 방법

BMF 채권관리형 기금

☞ bond management fund

BOA 활동명세서

☞ bill of activities

BOM 재료명세서

☞ bill of material

bond discount 사채할인발행차금, 사채할인

유효이자율이 사채이자율보다 높기 때문에 발행가격이 액면가격보다 낮아 발생하는 차액을 처리하는 계정과목

B

bond indenture 사채계약서

사채의 발행조건이 상세히 명시되어 있는 문서

bond interest expense 사채이자

사채발행시의 약정에 의해 일정한 이자율에 따라서 지급되는 이자

bond investment trust 공사채형 투자신탁

고객이 예탁한 신탁재산을 투자신탁회사가 주식 이외의 유가증권, 특히 원리금이 보장된 채권을 주로 편입하여 운용하는 상품

bond issue cost 사채발행비

수수료, 광고비, 인쇄비, 보증비용 등 사채발행에 소요된 비용

bond management fund(BMF) 채권관리형 기금

증권회사가 정부로부터 매입한 통화조절용 채권을 투신사에 설정된 통화채권펀드에 현물로 납입시키고 그 대가로 교부받은 수익증권

bond market 공사채시장

국채, 지방채, 및 회사채 등을 매매하는 채권시장

bond sinking fund 감채기금

고정부채의 상환을 위하여 예치한 기금

bonding 자기규제행위

경영자가 스스로 자신의 행위에 대한 제약을 가하는 행위로 재무제표의 보고나 외부감사인에 대하여 감사를 의뢰하는 것과 같이 경영자가 부당하게 외부주주나 채권자의 부를 감소시키는 행위를 규제하는 제도

bonds 사채, 회사채

기업이 장기간 사용할 자금을 조달하기 위해 일반 대중들로부터 자금을 빌리고 그 증거로 발행하는 만기가 장기인 채무증서 또는 증서상의 채무액

bonds outstanding method 미상환잔액비례법, 액면가액비례법

연속상환사채의 사채할인(할증)발생차금에 대한 상각법의 하나로 기초미상환잔액을 상환기간 전체의 기초미상환잔액합계로 나눈 비율만큼 당해 연도에 상각하는 것

bonds payable 사채

주식회사가 장기자금을 조달하기 위하여 계약에 따라 일정한 이자를 지급하며 일정한 시기에 원금을 상환할 것을 약속하고 차입한 채무를 나타내는 계정과목

bonds with stock warrants 신주인수권부사채

사채보유자에게 미리 정한 가격에 신주를 인수할 수 있는 권리를 부여한 사채

bonus 상여수당

종업원에 대하여 지급되는 상여 및 근무시간에 직접적으로 관계없는 각종 형태의 수당

book inventory 장부재고

계속기록 체계에 의해 산출되는 장부상의 재고자산

book of original entry 원시기입장

거래가 최초로 기록되는 회계장부인 분개장에 대한 다른 명칭

book value 장부가액

관련자산과 부채의 총액에서 차감항목을 제외한 후의 잔액

book value method 장부가액법

사채전환손익을 인식하지 않고 전환사채의 전환으로 발행되는 보통주를 전환시점 전환사채의 장부금액으로 기록하는 방법

book value per share(BPS) 주당장부가액

기업의 청산시 각 주식이 받을 수 있는 금액을 의미하며 순자산을 해당 주식의 유통주식수로 나눈 값

bookkeeping 부기

회계거래를 장부에 기록하는 행위

books of accounts 회계장부

☞ accounting records

borrowing at a discount 할인차입

수수료와 함께 이자를 선급하고 금융기관으로부터 받는 단기차입

borrowing cost 차입원가

자금의 차입과 관련하여 발생하는 이자 및 기타 이와 유사한 원가

borrowing transaction 차입거래

매출채권의 양도가 실질적인 권리의 양도가 아닌 금융자산의 담보거래에 해당되는 매출채권의 거래형태

bottleneck 병목현상

제조공정상 작업시간의 지연 또는 제약요인으로 인하여 작업흐름이 방해를 받는 부분

bottom line 당기순이익, 총자산

일반적으로 손익계산서의 최종항목을 의미하는 것으로 당기순이익을 지칭하며 때로는 재무상태표의 총자산의 합을 의미하기도 함

bottom up 하의상달식

하부층의 의견을 수렴하여 상부층으로 전달하는 의사전달의 한 방법

bought day book 매입장

기업에서 매입한 모든 항목들에 대한 세부사항을 제공하는 매입장의 일종

BPS 주당장부가액

☞ book value per share

branch 지점

영업소, 대리점, 분점, 사무소 등으로 불리는 별도의 영업근거지에 대한 회계적 명칭

branch accounting 본지점회계

별도의 영업근거지가 법적 실체로 독립되어 있지 않을 경우 행하는 회계처리

break even chart 손익분기도표

판매량(조업도)의 변동에 따른 수익 · 원가 · 이익항목의 변동을 그림으

로 그린 것

break even isoprofit 손익분기 등이익선

총공헌이익을 고정원가와 일치시켜 놓고 총공헌이익에 대한 극댓값을 계산한 다음에 이 점들을 연결하는 선

break even point(BEP) 손익분기점

총수익과 총원가가 일치하여 이익이 영이 되는 판매량(매출액) 또는 총공헌이익이 총고정원가와 같아지는 판매량(매출액)

break even time(BET) 분기시간

프로젝트의 시작시점에서 프로젝트로부터 실현되는 현금유입액의 누적현재가치가 현금유출액의 누적현재가치와 일치되는 기간

bridge financing 매출채권 담보대출

은행이 기업의 매출채권을 담보로 잡고 자금을 빌려주는 대출제도로 물건을 납품하고 어음이 발행될 때까지의 공백기간에 자금을 지원하며 기업은 추후 교부된 어음을 할인하여 대출금을 상환하도록 하는 제도

B/S 대차대조표

☞ balance sheet

BSC 균형성과기록표

☞ balanced scorecard

budget 예산

미래에 대한 공식적인 계획을 화폐가치로 계량화하여 표현한 것

budget performance report 예산성과보고서

부서의 예산과 실적의 차이를 요약하여 나타내는 표

budget variance 예산차이

기업이 원래 계획되어 있던 예산과 실적의 차이가 나는 금액

budgetary control 예산통제

기업목표로서 일정한 이익을 획득하기 위해서 예산을 이용하여 일정기간 경영활동을 관리하는 제도

budgetary slack 예산여유, 예산슬랙

의도적으로 달성가능한 목표치를 낮춤으로써 나타나는 예산표준치의 여유분

B

budgeted average contribution margin 예산평균공헌이익

특정기업이 생산하고 있는 제품들의 예산공헌이익을 그 기업이 속한 산업내의 매출종합비율로 가중평균하여 계산한 것

budgeted balance sheet 예산대차대조표

예산기간말에 재무상태에 관한 정보를 얻기 위한 목적으로 예산기간초의 재무상태의 추정치와 예산기간 동안의 영업결과에 대한 추정치 및 자산 및 부채 항목의 변동치를 결합하여 작성하는 대차대조표

budgeted cost 예산원가

미래의 재무상황과 관련하여 경영자의 의견을 반영하는 원가

budgeted income statement 예산손익계산서

예산설정과정에 있어서 핵심적인 요소의 하나로서 기업이 예산기간 동안 얼마의 이익을 달성할 것인가를 나타내는 표

budgeting 예산편성

조직이 수행하고자 하는 계획을 화폐금액으로 계량화하는 것

budgeting cycle 예산순환과정

매출예산에서 제조예산을 거쳐 현금예산을 창출하기까지의 예산편성의 반복적인 과정

build 구축

단기적으로는 이익과 현금흐름을 희생하고서라도 시장점유율을 증가시킬 목적을 추구하는 전략적 임무의 한 방법

bull market 강세

시세가 상승하는 경향이 있거나 앞으로 상승할 것으로 예측되는 장세

business 사업

투자자에게 수익을 제공할 목적이나 보험계약자나 참여자에게 직접적이고 비례적으로 원가를 감소시키거나 그 밖의 경제적 효익을 제공할

목적으로 수행되고 관리되는 활동과 그 자산의 총체적 집합

business analysis 경영분석

재무제표나 기타 경영자료를 분석·검토하여 기업의 재정상태와 경영성과를 파악하려는 방법

business combination 사업결합

별개의 기업들 또는 사업들을 하나의 보고기업으로 통합하는 것

business combination involving entities or businesses under common control 동일지배하 사업결합

동일 당사자가 모든 결합참여기업들 또는 사업들을 사업결합 이전뿐만 아니라 이후에도 궁극적으로 지배하고 이러한 지배가 일시적이지 않은 경우의 사업결합

business combinations 기업합병

두 개 이상의 기업이 결합하는 것

business commence expense 개업비

개업준비비라고도 하며 회사성립 후 영업개시에 이르기까지의 시기에 지출된 금액으로 개업준비를 위하여 필요한 비용

business cycle 경기순환

한 나라 또는 세계경기가 일정한 수준에 머무르는 것이 아니라 변동하고 주기적으로 상승과 하강을 순환하는 과정

business cycle policy 경기정책

경기순환의 변동을 완화시키는 정책

business entity 기업실체

☞ entity

business forecasting 경기예측

경제전체의 동향을 나타내는 여러 가지 통계를 이용하여 장래에 경기가 어떠할 것인가를 현재시점에서 미리 파악하고자 하는 것

B

business process 업무과정

특정의 목적을 달성하기 위한 하나의 규정들에서 운영되는 활동들의 순서 배치 또는 교환의 대상인 산출물을 통해 상호 관련을 맺는 활동과정

business risk 경영위험

기업의 투자의사결정과 관련하여 발생하는 위험

buying a bull 공매수

시세차익을 목적으로 타인으로부터 자금을 차입하여 주식을 매수하는 행위

buying unit 구매부서

재화나 용역을 이전시키는 경우 이를 수취하는 사업부

by product 부산물, 부산품

결합제품 중 주산품으로 분류되지 않는 부수적 생산품으로 상대적인 총판매가치가 낮으며 판매하기 위하여 추가가공을 할 수 있는 것

bypass method 우회법

통제불가능한 환경의 변화가 영업활동의 성과에 미치는 영향을 손익반영에서 제거하기 위하여 일부 항목을 손익계산서를 우회하여 재무상태표에 반영하는 방법

C

CAD 컴퓨터지원설계

☞ computer assisted design

calendar year 태양력

태양력의 달력을 기준으로 하는 1월 1일부터 12월 31일까지의 1년

call option 콜옵션

만기일에 행사가격으로 일정한 상품이나 증권을 매입할 수 있는 권리

call trading 격탁매매

증권시장의 입회장에서 집단경쟁매매를 할 때 매도측과 매수측을 집합시켜 놓고 개개의 거래원이 자유스러운 가격으로 매매거래에 참가하여 매도・매수의 가격 및 수량이 합치된 순간 탁자를 두드려 그 가격을 약정가격으로 성립시키는 매매방법

callable bonds 콜옵션부 사채, 수시상환사채, 조기상환가능사채

발행회사가 만기일 이전에 원금을 조기에 상환할 수 있는 선택권을 가지고 있는 사채

callable preferred stock 상환우선주

발행회사가 일정한 요건하에서 정해진 가격으로 상환할 수 있는 우선주

capacity 용량, 생산능력

일정에 맞추는 데에 필요한 작업량이나 기계시간 등으로 생산하기 위하여 측정된 능력

capacity costs 설비원가

순수고정원가와 같은 개념으로 현재의 조업도수준을 유지하는 수준으로 가동시키는 데에서 발생하는 고정원가

capacity variance 조업도차이

☞ volume variance

capital 자본

기업의 자산에서 모든 부채를 차감한 잔여지분

capital adjustments 자본조정

항목의 성격상 자본거래에 해당되지만 최종납입된 자본으로 볼 수 없거나 자본의 차감성격의 항목으로 자본금이나 자본잉여금으로 분류할 수 없는 항목

C

capital arrangement 고정성배열법

☞ fixed first order of arrangement

capital budgeting 자본예산

자금이 제한되어 있고 여러 투자대상이 존재하는 상황에서 기업의 장기적 수익성을 극대화시켜주는 가장 바람직한 투자안을 심사·선택하는 일련의 체계적인 분석과정

capital budgeting model 자본예산모형

투자안이 현금흐름이나 수익에 미치는 영향을 평가하는 데 사용되는 장기적 투자분석기법

capital contributions in kind 자산수증이익

경영부진의 책임을 지고 임원 또는 주주가 개인의 재산을 회사에 제공하여 재무구조를 개선하거나 결손을 보전하는 경우 증여받은 자산

capital expenditure budget 자본지출예산

고정자산의 구입과 관련된 장기간의 지출을 나타내는 예산서

capital expenditures 자본적 지출

유형자산과 관련하여 지출된 원가가 당해 유형자산의 장부가액을 증가시키는 지출

capital formula 자본등식

"자산－부채＝자본"으로 나타내는 등식

capital in excess of par 주식발행초과금

☞ additional paid in capital

capital in excess of stated value 법정자본발행초과금

☞ additional paid in capital

capital increase by public offering 공모증자

신규로 주식을 발행함에 있어서 일반대중으로부터 발행유가증권의 응모를 받는 증자

capital investment analysis 자본투자분석

☞ capital budgeting

capital lease 자본리스, 금융리스

법적으로는 자산의 소유권이 이전되지 않지만 경제적 실질측면에서 자산의 소유와 관련된 대부분의 효익과 위험이 리스이용자에게 이전된 것으로 보아 리스이용자가 리스대상인 물건을 리스이용자의 자산으로 처리하여 자본화하는 리스

capital maintenance approach 자본유지접근방법

기초와 기말의 자본을 비교하여 이익과 손실을 계산하는 방법

capital maintenance concept 자본유지개념

투자액의 반환과 투자이익을 구분하는 개념으로서 기업의 기초자본이 기말자본과 같다면 해당 기업은 자본을 유지한다는 개념으로 기업실체의 이익측정의 기준을 제공해주는 개념

capital rationing 자본할당

경쟁적 자본투자계획들에 대하여 경영자가 자금을 배부하는 과정

capital reserves 자본준비금

자본거래로 발생한 잉여금으로 상법상 법정준비금으로 적립이 강제되는 준비금

capital stock 자본금

채권자를 보호하기 위해 기업이 보유해야 할 최소한의 재산으로 발행주식의 액면가에 발생주식의 수를 곱하여 계산되는 금액

capital surplus 자본잉여금

☞ additional paid-in capital

capital transactions 자본거래

주식의 납입이나 환급 또는 자본의 수정 등을 통하여 발생하는 자본계정과 관련된 거래

capitalizing the new cost 자산화법

자본적 지출에 해당되는 개선과 교체에 대한 회계처리에 있어서 대체를 위하여 지출한 원가를 기존 자산의 취득원가에 가산시키는 방법

C

carrying amount 장부가액

감가상각누계액과 손상차손누계액을 차감한 후 인식되는 자산금액 또는 자산, 부채 및 자본이 재무상태표에 표시되는 금액

carrying costs 재고유지원가

구입한 재고자산을 유지하고 창고에 보관하는 것과 관련하여 발생하는 일체의 원가

carrying value 장부가액

☞ book value

CASB 원가회계기준위원회

☞ Cost Accounting Standards Board

cash 현금

보유 현금과 요구불예금

cash basis accounting 현금기준회계

수익은 현금이 유입되는 시점에 인식하고 비용은 현금이 유출되는 시점에 인식하는 회계원칙

cash book 현금장부

현금의 수입과 지출을 기록하는 장부

cash budget 현금예산

기업이 지불능력이 있는지의 여부를 확인하거나 현행 및 미래영업활동에 필요한 현금을 충분히 창출할 수 있는지의 여부를 파악하기 위하여 예상되는 현금유입항목과 현금유출항목에 대한 예산

cash collection method 현금회수법

☞ installment method

cash disbursement journal 현금지출장

현금의 지출을 수반하는 모든 거래를 기록하는 특수분개장

cash discounts 현금할인

외상대금의 회수를 촉진하기 위하여 할인기간 내에 대금지급이 이루어지는 경우 일정률을 할인하여 주는 것

cash dividends 현금배당

배당을 현금으로 지급하는 것

cash equivalent value 현금등가액

현금등가물의 가액

cash equivalents 현금성자산

유동성이 매우 높은 단기 투자자산으로서 확정된 금액의 현금으로 전환이 용이하고 가치변동의 위험이 중요하지 않은 자산

cash flow 현금흐름

현금 및 현금성자산의 유입과 유출

cash flow per share 주당현금흐름

당기순이익과 비현금비용의 합계액을 보통주식수로 나눈 값

cash flow statement 현금흐름표

☞ statement of cash flow

cash flows from financing activities 재무활동으로 인한 현금흐름

차입금의 차입과 상환, 주식발행과 같이 기업의 부채와 자본에 영향을 미치는 거래에서 발생하는 현금흐름

cash flows from investing activities 투자활동으로 인한 현금흐름

유형자산의 취득이나 처분과 같은 투자활동에 영향을 미치는 거래에서 발생하는 현금흐름

C

cash flows from operating activities 영업활동으로 인한 현금흐름

상품의 매매와 같이 영업활동으로 순이익에 영향을 미치는 거래에서 발생하는 현금의 유입과 유출

cash generating unit 현금창출단위

다른 자산이나 자산집단에서의 현금유입과는 거의 독립적인 현금유입을 창출하는 식별가능한 최소자산집단

cash in banks 은행에 있는 현금, 요구불예금

당좌예금이나 보통예금 등과 같이 현금으로 전환하는 데 제약이 없는 예금

cash inflow 현금유입

기업의 각 활동에 따른 현금의 수입

cash management account(CMA) 어음관리계좌

고객이 맡긴 예금을 투자금융회사가 단기국공채나 기업어음, 양도성예금증서 등에 투자해 얻은 수익을 고객에게 돌려주는 금융상품

cash management service(CMS) 현금관리서비스

은행의 컴퓨터와 거래처의 컴퓨터나 단말기를 통신회선으로 연결하여 거래처에 금융거래정보의 제공, 자금의 효율적 관리, 자금대체 등의 서비스를 행하는 것

cash on demand 요구불예금

☞ cash in banks

cash on hand 수중에 있는 현금

지폐 및 주화의 통화와 수표와 같은 통화대용증권을 통칭하는 개념

cash outflows 현금유출

기업의 각 활동에 따른 현금의 지출

cash outlay costs 현금지출원가

실제현금유출을 수반하는 원가

cash over and short 현금과부족

현금보유액과 회계기록상에 나타난 금액이 상호일치하지 않는 경우 내부통제목적으로 임시적으로 기록하기 위해 만든 계정

cash payback period 현금회수기간

☞ payback period

cash receipts and disbursements journal 현금출납장

현금의 수입과 지출을 기록하는 장부

cash receipts journal 현금수입장

현금의 수입을 수반하는 모든 거래를 기록하는 특수분개장

cash-settled share-based payment transaction 현금결제형 주식기준보상거래

기업이 재화나 용역을 제공받는 대가로 기업의 주식이나 다른 지분상품의 가격(또는 가치)에 기초한 금액만큼 현금이나 그 밖의 자산을 지급해야 하는 부채를 재화나 용역의 공급자에게 부담하는 주식기준보상거래

cash surrender value 해약환불금

유효기간 내에 보험계약이 해약되거나 종료될 때 반환받을 수 있는 금액

cash transactions 현금거래

현금의 수입이나 지출이 수반되는 거래

casual approach to quality 전통적 품질접근방식, 임의품질관리법

먼저 제품을 생산한 후 불량품이 발견되면 재작업을 하여 불량품을 관리하는 전통적인 품질관리기법

catalog price 목록가격

상품의 목록에 표시된 가격

cause 원인

후속적 사건이나 활동들에 영향을 미치는 원천 사건이나 요소

cause and effect analysis 인과관계분석

원가의 발생과 인과관계를 가지는 요인을 분석하는 것

CD 양도성예금증서

☞ certificate of deposit

CDR 유럽대륙예탁증권

☞ continental depositary receipts

CE 코스트 엔지니어링, 원가공학

☞ cost engineering

cedant 재보험계약자

재보험계약상의 보험계약자

cell 셀

소규모의 생산라인

CEO 최고경영자

☞ chairman of executive office, chief of executive officer

certain annuities 확실성연금

연금의 지급이 일정시점까지 명백히 행해지는 연금

certificate of deposit(CD) 양도성예금증서

예금자가 금융시장에서 자유롭게 매매할 수 있는 주요한 자금조달수단으로 통용되는 일종의 정기예금

certified management accountant(CMA) 공인관리회계사

미국의 관리회계사협회(Institute of Management Accountant)에서 관장하는 전문자격시험에 합격한 회계사

certified public account(CPA) 공인회계사

공인회계사법에 따라 국가로부터 공인된 자격을 취득하여 타인의 위탁에 의하여 회계에 관한 감사, 감정, 증명, 계산, 입안 또는 법인설립에 관한 세무와 회계대리를 직무로 하는 사람

Certified Tax Accountant(CTA) 공인세무사

납세의무가 있는 기업 및 개인에 대하여 세무대리인으로서의 업무와 납세자의 기장을 대리하는 업무를 담당하는 전문직업인

CFO 재무담당이사

☞ chief of financial officer

chairman of executive office(CEO) 최고경영자

기업 경영의 최고의사결정기구를 구성하는 경영진 집단

change fund system 환전자금제도

고객으로부터 매출채권의 회수를 원활히 하기 위하여 준비된 정액자금

change in accounting estimate 회계추정의 변경

새롭고 추가적인 정보가 입수됨에 따라 회계추정사항이 바뀌게 되는 경우

change in accounting policies 회계정책의 변경

재무제표의 작성과 보고에 적용하던 회계정책을 다른 회계정책으로 바꾸는 것

change in accounting principle 회계원칙의 변경

일반적으로 인정된 회계원칙에서 다른 일반적으로 인정된 회계원칙으로 변경되는 경우

change in reporting entity 보고실체의 변경

회계보고서의 작성에 있어서 대상이 되는 기업의 범위가 변경되는 것

changeover 장치변환

모든 절차가 요구되지는 않는 부분적인 작업준비과정

channel stuffing 판매망소진

중간상인들에게 일시적으로 매우 큰 할인율을 제시하여 판매한 다음 즉시 수익을 인식하는 방법

charging to accumulated depreciation 감가상각누계액차감법

자본적 지출에 해당되는 개선과 교체에 대한 회계처리에 있어서 대체를 위하여 지출한 원가를 감가상각누계액계정에 차기하여 과거의 감가상각비를 회복시키는 방법

chart of accounts 계정과목표, 계정도표

회계거래를 기록하는 계정을 체계적으로 분류한 표

chart of accounts system 계정과목번호제도

각 계정과목에 대하여 분류된 번호를 부여하는 것

chartered financial analysts(CFA) 증권분석사

증권투자와 관련된 재무분석업무에 종사하는 전문가

C

checking account 당좌예금

기업이 은행과 당좌계약을 맺고 은행에 현금을 예입하고 필요에 따라 수표를 발행하여 현금을 인출할 수 있는 예금

Chicago Board of Trade(CBOT) 시카고상품거래소

1948년 4월에 설립된 세계 최초의 근대적인 상품거래소

Chicago Mercantile Exchange(CME) 시카고상업거래소

원래 1874년에 설립된 시카고농산물거래소에서 유래하여 1919년 9월에 선물거래를 위해 거래소를 재조직하면서 시카고상업거래소로 개명됨

chief financial officer(CFO) 재무담당이사

기업의 자금조달에 대한 계획과 집행에 대한 책임을 지는 최고경영진

chief operating officer(COO) 최고업무책임자, 사장

기업의 경영을 책임지는 최고책임자 또는 대표이사

CI 경기종합지수

☞ composite index

CIBS 컴퓨터통합경영시스템

☞ computer integrated business system

CIM 컴퓨터통합생산방식

☞ computer integrated manufacturing

circumstances 상황

특정사건의 결과로 발생한 사건에 대한 추이를 모르기 때문에 나타나는 불안정하거나 예측이 불가능한 상태

class cost system 등급별 종합원가계산

동일 원재료를 가지고 동일 공정에 동종의 제품을 계속적으로 대량생

산하지만 품질, 형상, 중량 등에 의하여 여러 개의 등급으로 구분하는 경우에 사용되는 종합원가계산방식

class of assets 자산의 종류

기업의 영업활동에서 유사한 성격과 용도를 가지고 있는 자산끼리 묶어서 분류한 집단

classification 분류

표시와 공시 목적으로 공통의 특성 기준으로 자산, 부채, 자본, 이익 또는 비용을 구분하는 것

classification by object of expenditure 지출목적별 분류

원가중심점의 원가를 임금, 소모품비, 전기료 등 본래의 지출목적에 따라 분류하는 방법

classification by organization segment 원가의 부문별 분류

원가를 추적가능성 기준에 따라 조직도상의 각 부문, 즉 책임중심점별로 분류하는 것

clearing 결제

☞ settling

clearing house 청산기관, 어음교환소

계약 참가자의 계약이행을 보증하여 위험을 전가시키는 기관

client representation letter 경영자확인서

감사가 문의한 사항에 대하여 경영자가 구두로 응답한 내용을 문서화하는 행위

client theory 고객이론

투자자들이 그들 각각의 선호도에 따라 배당성향이 다른 각 주식을 선별투자하기 때문에 배당정책은 주가에 영향을 주지 않는다는 이론

clock card 출퇴근표

직원의 출퇴근을 기록하거나 근로자의 작업시간을 계산하기 위하여 작업시작과 종료를 표시하는 카드

C

close member of the family of the individual 개인의 가까운 가족

당해 기업과의 거래관계에서 당해 개인의 영향을 받거나 당해 개인에게 영향력을 행사할 것으로 예상되는 가족

closed-end mortgage bonds 폐쇄식담보사채

담보물건에 대하여 사채를 전부발행하고 그 담보물건에 대해서는 더 이상 장래에 발행되는 사채의 담보로 허용하지 않는 일시 발행의 사채

closing 결산

☞ closing the books

closing entries 결산분개, 마감분개

다음 회계기간의 거래를 위하여 임시계정인 손익계정을 마감하고 회계기간 동안의 수익과 비용을 요약하고 차기의 거래를 새로 기록할 수 있는 상태로 만들기 위한 분개

closing procedures 마감절차

한 회계기말에 임시계정의 잔액을 0으로 만드는 절차

closing rate 마감환율

보고기간말의 현물환율

closing the books 결산

회계연도말에 계산을 종결하고 장부정리를 하여 재무제표를 작성하는 절차로 회계기간중의 손익을 산정하며 기말의 재무상태를 명확히 하기 위하여 행하는 절차

CM 공헌이익

☞ contribution margin

coefficient of determination 결정계수

독립변수의 종속변수에 대한 설명력의 크기를 나타내는 척도

coinsurance effect 공동보험효과

기업결합으로 파산위험이 감소되거나 낮은 자본비용으로 자금조달이 가능해지는 효과

collateralized mortgage obligation(CMO) 복수만기형 원리금이체채권

원리금이체채권과 마찬가지로 저당대출 또는 자동이체식증권을 담보로 하여 발행되는 신종상품이며 일명 다계층증권이라고도 함

collectibility 수취가능성, 회수가능성

매출채권의 회수가 가능한 정도

collection basis 회수기준

현금이 회수될 때까지 수익인식을 연기하는 수익인식의 한 방법

combined financial statements 결합재무제표

법률적으로는 독립적이나 실질지배력을 기준으로 경제적 단일체로 파악되는 회사끼리 묶어 재무제표를 통합하여 작성되는 재무제표

combined leverage 결합레버리지

매출액과 주당이익 간의 관계, 즉 매출액의 변화가 주당이익의 변화에 어떠한 영향을 미치는가를 나타내는 것

combined leverage effect 결합레버리지효과

주당이익의 변화가 매출액의 변화비율보다 높은 비율로 변하게 되는 것

combined price efficiency variance 가격능률혼합차이

생산부서의 비효율적인 재료관리에 의하여 발생하는 차이금액

commencement of the lease term 리스기간개시일

리스이용자가 리스자산의 사용권을 행사할 수 있게 된 날로 리스의 최초인식일

commenda 조합조직

가톨릭교회에서 금지하고 있는 이자지급을 회피하기 위하여 이탈리아의 르네상스시대의 익명조합원과 기능조합원의 구성형태로 발전한 조합조직의 일종으로 자본과 경영이 분리된 최초의 기업형태

commercial paper 기업어음

회사가 단기 현금수요를 충당하기 위하여 발행하는 단기어음

committed fixed costs 기초고정원가

기업이 영업활동을 효율적으로 수행하기 위하여 기계, 설비 등과 같은 기초적인 고정자산을 보유함으로 인하여 발생하는 원가

Committee on Accounting Procedure(CAP) 회계절차위원회

APB로 대체되기 전까지 미국의 AICPA에서 회계기준의 설정에 관여를 한 1950년대말까지 활동한 위원회

commodity-backed bonds 상품연계사채

귀금속이나 천연자원 등으로 상환이 가능한 사채

Commodity Research Bearau(CRB) 선물지수

미국의 상품거래소에 상장되어 있는 곡물, 원유, 귀금속 등 21개 품목의 상품선물가격을 지수화한 것으로 인플레이션 동향을 파악하는 데 중요시되고 있어 인플레이션 지수라고도 함

common costs 공통원가

하나의 원가가 두 개 이상의 원가대상에서 공통으로 발생하는 경우의 원가

common fixed costs 공통고정원가

☞ common cost

common or preferred stock subscribed 신주청약증거금

신주청약의 증거로 납입된 금액으로 신주의 발행시 자본금으로 대체될 예정의 불입금

common size balance sheet 공통형대차대조표

대차대조표의 각 항목을 총자산에 대한 비율로 표현하는 대차대조표

common size financial statements 공통형재무제표, 백분율재무제표

재무제표의 특정항목을 공통항목으로 하여 이 공통항목의 금액에 대한 개별항목의 금액을 비율로 작성하는 재무제표

common size income statement 공통형손익계산서

손익계산서의 모든 항목을 매출액에 대한 비율로 나타내는 요소구성비율방식에 의한 손익계산서

common stock 보통주

기업의 소유권을 나타내는 기본이 되는 주식으로 주주총회에서의 의결권과 배당을 받을 권리가 부여된 주식의 한 종류

common stock subscribed 신주청약증거금계정

주식의 발행 전에 주식청약동의서와 함께 투자자들로부터 받는 일정액의 현금을 기록하기 위한 계정

company 기업, 회사

인적 및 물적 자원을 활용하여 재화나 용역을 생산하여 고객에게 판매하여 이익을 창출하는 조직

comparability 비교가능성

정보이용자가 항목간의 유사점과 차이점을 식별하고 이해할 수 있게 하는 질적 특성

comparative analysis 비교분석

정보이용자들이 정보를 분석할 때 한 기업실체를 다른 기업실체와 비교하고, 또 한 기간의 업적을 다른 기간의 업적과 비교하는 것

comparative financial statements 비교재무제표

재무자료의 주요 변동사항을 쉽게 파악할 수 있도록 2개 이상의 연도로 재무제표금액을 배열한 재무제표

compensating balances 양건예금, 보상잔액, 꺾기예금

대출에 대한 일정비율을 대출기간중 예금 또는 적금으로 예치하도록 하는 예금

compensation trade 구상무역

한 나라가 자국의 수출범위 내에서 상대국의 수입을 허가하는 것으로 수출액의 범위 내에서 대금지불 없이 할 수 있는 무역

compensatory stock option 보상적 주식매입선택권

임직원에 대한 보상의 목적으로 주식매입선택권이 부여되는 권리로 기업입장에서는 보상비용이 발생함

competitive bidding 경쟁입찰

채권발행시 입찰참가자가 자신의 판단에서 희망조건과 희망액의 입찰을 실시하여 그 가운데서 발행자가 가격이 높은 쪽 또는 수익률이 낮은 쪽부터 순차적으로 발행예정액에 도달할 때까지 채택하는 것

C

complementary set 여집합

전체집합과 부분집합이 결정되고 나면 전체집합을 구성하고 있는 원소들 가운데 집합에 포함되지 않는 부분에 대한 집합

completed contract method 완성기준법

공사가 완성되어 제품 혹은 용역이 매입자에게 제공되는 시점에서 수익이 인식되고 완성되기 전까지는 수익이 전혀 인식되지 않는 방법

completeness 완전성

이해관계자에게 충분한 정보의 제공을 위하여 재무제표에 모든 거래사실이 기록되고 공시되는 내용

complex capital structure 복잡한 자본구조

희석효과가 있는 잠재적보통주가 존재하는 회사의 자본구조

complexity 복잡성

고객에게 제공할 제품 및 서비스 계열의 다양성

compliance with international accounting standards 한국채택국제회계기준

한국회계기준위원회가 국제회계기준에 따라 제정한 회계기준

component percentage analysis 구성비분석

어느 한 기간의 재무제표의 계정 · 금액을 공통형재무제표의 작성을 통하여 비교 · 분석하는 것으로 수직적 분석(vertical analysis) 또는 백분비분석이라고도 함

component ratio 요소구성비율

재무제표를 구성하고 있는 각 재무제표항목의 상대적인 크기로 대차대조표는 총자산을 기준으로, 손익계산서는 매출액을 기준으로 각 항목에 대한 비율로 표시함

composite depreciation method 종합상각법

☞ composite depreciation method

composite index(CI) 경기종합지수

경기에 민감한 다수의 경제통계시계열 중 가장 적합한 대표계열을 선정한 후 이들 대표계열의 움직임을 종합하여 지수형태로 나타냄으로써 경기의 흐름을 파악하고자 하는 종합경기지표

composite measure 복합적 측정치

단일한 측정기준이 아닌 복수의 측정기준을 사용하여 측정한 값

composite method 종합상각법

자산의 종류가 이질적이고 내용연수도 서로 다른 자산들을 함께 묶고 평균상각률과 평균내용연수를 산출하여 전체자산에 대해 감가상각비를 계산하는 방법

composite rate 종합률

감가상각계산의 종합상각법에서 적용되는 상각률

composite useful life 종합내용연수

감가상각계산의 종합상각법에서 적용되는 유형자산의 내용연수

compound financial instruments 복합금융상품

발행자의 관점에서 부채요소와 자본요소를 모두 갖고 있는 금융상품

compound interest 복리

원금과 이자에 모두 적용되는 이자

compound interest depreciation method 복리상각법

회계적 이익에 입각한 투자수익률이 투자안의 내부수익률과 같아지도록 감가상각비를 인식하는 방법으로 감채기금법과 연금법이 있음

compound interest method 복리법

이자요소를 고려하여 감가상각을 행하는 방법

comprehensive budget 포괄예산

전체 영역을 다루는 예산

comprehensive income 포괄손익

기업의 자본의 증가분 중 자본거래의 결과를 제외한 모든 손익을 포함하는 개념

computer assisted design(CAD) 컴퓨터지원설계

컴퓨터를 이용해서 설계를 자동으로 행하는 시스템

C

computer assisted manufacturing(CAM) 컴퓨터지원생산

제품제조나 가공에 관련된 컴퓨터지원기술로서 생산준비단계에서의 공정설계, 공구설계, 가공정보를 작성하고 생산단계에서는 가공, 조립, 검사 등의 작업과정에서 컴퓨터를 이용하여 작업을 수행하도록 지원하는 시스템

computer integrated business system(CIBS) 컴퓨터통합경영시스템

CAD, CAM, FMS를 중심으로 한 제조활동계획뿐만 아니라 마케팅 및 판매, 재무, 회계기능 등을 포함하는 컴퓨터종합경영시스템

computer integrated manufacturing(CIM) 컴퓨터통합생산방식

CAD, CAM, FMS, IS와 같은 주요 요소들을 통합한 것

conceptual framework 개념체계

회계기준들의 뼈대 또는 근간을 제공하는 역할을 하여 기업실체의 재무보고 목적을 명확히 하는 기본적 개념

concession of tariff 관세양허

국가간 관세·무역협상에서 협상 당사국이 특정품목의 관세를 일정수준 이상으로 부과하지 않겠다는 약속

conditional loss 조건부손실

최선의 행동에 따른 성과와 행동에 따른 성과 간의 차액

conditional probability 조건부확률

정보의 정확도를 나타내는 확률

confidentiality 비밀유지

직무수행과정에서 획득한 정보에 대한 비밀을 지켜야 하는 것

confirmation 조회

회계기록에 대한 정보의 정확성을 확인하기 위하여 외부에 대하여 질문하고 회신을 받는 절차

consciousness by divisional managers 사업부경영자의 관심

분권화를 통해 각 사업부경영자에게 사업부이익에 대한 권한과 책임을 부여하면 이들은 각 사업부의 이익에 관심을 집중시켜 이를 개선하는데 노력을 경주하는 것

C

conservation of central management time 최고경영자의 시간절약

조직의 효율성을 증대시키기 위해서는 최고경영자가 기업의 장기정책이나 장기전략 등의 문제에 보다 많은 시간을 할애하도록 하고, 일상적인 업무에 관한 의사결정은 하부관리자가 수행하도록 조직을 설계하는 것

conservatism 보수주의

불확실성이나 위험이 수반되는 미래의 상황을 추정하는 과정에서 명확한 규정의 적용이 불가능하다고 의심될 때에는 기업의 자산과 이익을 가능한 한 낮게 계상하는 회계처리방법을 적용하는 것

consigned goods 위탁품, 적송품

위탁자가 수탁자에게 판매를 위탁하기 위하여 발송한 상품으로 위탁품은 위탁자의 재고자산으로 보고됨

consignee 수탁자

위탁자의 상품에 대한 위탁을 받아 위탁자를 대리하여 위탁판매를 수행하는 자

consignment sales 위탁매출

위탁자인 제조회사나 도매회사가 상품의 대리인 역할을 하는 수탁자인 소매회사나 대리점에게 상품을 발송하여 상품판매를 위탁하는 행위

consignor 위탁자

상품이나 제품의 판매를 수탁자에게 의뢰하는 자

consistency 일관성

한 보고기업 내에서 기간간 또는 같은 기간 동안에 기업간, 동일한 항목에 대하여 동일한 회계처리방법을 적용하는 것

consistency of occurrence 발생의 계속성

차이가 비율기준과 금액기준을 초과하지 않더라도 시간의 경과에 따라 점차 어떤 경향을 나타내는 것

consolidated financial statements 연결재무제표

단일 경제적 실체의 재무제표로 표시되는 연결실체의 재무제표

consolidated statement working paper 연결정산표

☞ consolidation worksheet

consolidation 신설합병

결합하는 기업들이 모두 소멸되고 새로운 기업이 설립되어 소멸된 기업들의 자산과 부채를 모두 승계하는 합병

consolidation worksheet 연결정산표

개별회사들의 재무제표의 각 계정금액을 합하고 필요한 연결분개를 효율적으로 수행하기 위해 사용되는 정산표

constant dollar accounting 불변가치회계

일반물가수준에 따른 자산가치의 변동을 취급하는 회계

constant percentage of declining balance method 정률법

☞ fixed rate diminishing balance method

constraining factor 제약요소, 통제자원

원하는 제품을 생산하거나 판매하는 데 있어 제약이 되는 항목

construction contract 건설계약

단일자산의 건설 또는 설계, 기술 및 기능 또는 그 최종목적이나 용도에 있어서 밀접하게 상호연관되거나 상호의존적인 복수자산의 건설을 위해 구체적으로 협의된 계약

construction in process 건설중인 자산, 건설가계정

건설중에 있는 건물, 구축물, 설비 등과 같은 유형자산

construction in progress 건설중인 자산

☞ construction in process

constructive obligation 의제의무

과거의 실무관행, 발표된 경영방침 또는 구체적이고 유효한 약속 등을 통하여 기업이 특정책임을 부담하겠다는 것을 상대방에게 표명하여 발생하는 의무

continental closing account method 대륙식 결산법

대차대조표계정도 분개장을 거쳐 마감하는 독일, 프랑스, 이탈리아 등 유럽대륙에서 사용되는 결산법

continental depositary receipts(CDR) 유럽대륙예탁증권

네덜란드를 중심으로 유럽에서 유통되고 있는 EDR(유럽예탁증권)의 일종

contingency 우발상황

미래에 발생할 수도 있는 이득이나 손실에 관한 불확실성을 포함하고 있는 현존의 상황

contingent annuities 우발성연금

지급회수가 불특정일에 발생되는 사건에 좌우되는 연금

contingent asset 우발자산

과거사건에 의하여 발생하였으나 기업이 전적으로 통제할 수 없는 하나 또는 그 이상의 불확실한 미래사건의 발생여부에 의해서만 그 존재가 확인되는 잠재적 자산

contingent fee 성공보수

감사, 변호사, 변리사 등의 전문용역에 대한 결과에 근거한 보수책정

contingent liability 우발부채

과거사건에 의하여 발생하였으나, 기업이 전적으로 통제할 수 없는 하나 이상의 불확실한 미래사건의 발생여부에 의해서만 그 존재가 확인

되는 잠재적 의무

contingent rent 조정리스료

금액이 확정되지는 않았지만 기간경과 이외의 변동요소의 미래발생분을 기초로 결정되는 리스료 부분

C

contingent share agreement 조건부주식약정

특정조건이 충족되면 주식을 발행하기로 하는 약정

contingent shares 조건부주식

기업합병의 경우 합병회사가 특정한 조건이 만족되면 추가적으로 주식을 발행할 것을 약속하는 경우의 주식

contingently issuable shares 조건부발행보통주

조건부주식약정에 명시된 특정조건이 충족된 경우에 현금 등의 대가가 없거나 거의 없이 발행하게 되는 보통주

continuous budget 연속예산, 순환예산

지나간 기간에 대한 예산을 탈락시키고 새로운 기간에 대한 예산을 포함시켜 항상 일정기간의 예산이 유지되도록 작성한 예산

continuous improvement 계속적 개선, 지속적 개선

☞ continuous process improvement

continuous line flow 연속라인흐름

단일공정의 제조업체나 대량생산방식에 적합한 방법으로 지속적으로 연결된 생산공정을 통하여 생산이 이루어지는 생산형태

continuous process conversion cost system 공정별 종합원가계산제도, 연속공정 종합원가계산제도

직접재료비 이외의 원가요소인 가공비에 관하여 공정별 계산을 실시하는 종합원가계산제도

continuous process improvement 계속적 절차개선, 지속적 절차개선

종업원의 업무, 기업의 절차와 제품에 대한 문제의 원인을 제거하기 위해 절차 또는 공정의 정보를 이용하여 지속적인 개선을 이루려는 경영의 방법

continuous random variable 연속확률변수

무한정한 수의 연속적인 값을 갖는 확률변수

contra account 대조계정

서로 관련되어 있는 두 개의 계정이 차변과 대변의 양쪽에 동일한 금액이 동시에 발생하였다가 동시에 소멸하여 독립적으로는 존재할 수 없는 계정

contract 계약

명확한 경제적 결과를 가지고 있고, 법적 구속력이 있기 때문에 당사자가 그러한 경제적 결과를 자의적으로 회피할 여지가 적은 둘 이상의 당사자간 합의

contract month 결제월

선물거래시 매매계약의 이행월

contract sales 예약매출

판매자가 구매자에게 상품을 특정가격에 인도할 것을 약정하는 매출

contract to sell 판매예약

특정가격으로 미래에 재화나 서비스를 교환할 것을 판매자와 구매자가 구두로 합의한 경우

contractual type investment trust 계약형 투자신탁

증권투자신탁의 한 형태로서 회사형 투자신탁과는 달리 신탁계약에 따라 관리·운용하는 투자신탁

contributed capital 납입자본

☞ paid-in capital

contribution controllable by division managers 사업부경영자의 공헌이익

공헌이익에서 사업부경영자가 통제할 수 있는 고정원가를 차감한 금액

contribution income statement 공헌이익손익계산서

변동원가계산방식에 의하여 작성되는 손익계산서

contribution margin 공헌이익

단위당 공헌이익에 총판매량을 곱한 금액 또는 총매출액에서 총변동비를 차감한 금액

contribution margin analysis 공헌이익분석

수량과 가격의 변동에 따른 결과를 공헌이익의 변동으로 설명하는 분석법

contribution margin by divisions 사업부의 공헌이익

사업부경영자의 공헌이익에서 사업부가 단기적으로 통제할 수 없으나 사업부에 직접 추적가능한 고정원가를 차감한 금액으로서 이 이익개념은 특정사업부의 장기적 현금창출능력을 나타내는 측정치

contribution margin ratio 공헌이익률

공헌이익을 매출액으로 나눈 값

contributions in aid of construction 공사부담금

전기, 가스 공급과 같은 공익기업에서 서비스의 수용가들로부터 받은 설비투자자금의 보조금

control 지배력

기업이나 사업의 활동에서 효익을 얻기 위하여 재무정책과 영업정책을 결정할 수 있는 능력

control account 통제계정, 총괄계정

보조원장이 있는 경우 보조원장상의 잔액의 합을 총계정원장상의 해당계정으로 표시하는 계정

control charts 관리도

공정으로부터 입수한 자료를 도표로 나타낸 것

control deficiency 통제미비

재무제표의 왜곡표시에 영향을 미칠 수 있는 통제의 설계 또는 운영상 취약한 부분

control environment 통제환경

특정 통제절차의 유효성에 영향을 미치는 내부통제제도와 그 중요성에

대한 경영자의 태도, 의식 및 활동 내용

control procedures 통제절차

기업의 특정 목적달성을 위하여 경영자가 구축한 통제환경 내의 제반 정책이나 절차

control risk 통제위험

기업내부의 회계제도와 통제제도에 의해 방지되거나 적발되지 못하여 적시에 수정되지 못할 위험

controllability 통제가능성

부여받은 책임범위의 원가항목들에 대해 경영자가 얼마나 영향력을 발휘할 수 있는가 하는 영향력의 정도

controllable assets 통제가능자산

관리자의 의사결정과 행동에 영향을 받는 자산

controllable costs 통제가능원가

이익중심점 관리자의 의사결정과 행동에 영향을 받는 원가

controllable expenses 통제가능비용

☞ controllable cost

controllable variance 통제가능차이, 관리가능차이

변동제조간접자원의 사용에 대한 효율성을 나타내는 측정치로 실제발생변동제조간접비와 예산상의 변동제조간접비 간의 차이로 나타남

controller 컨트롤러, 통제관

기업내부 관리회계의 최고책임자

controlling 통제기능

실제결과와 기대치를 비교하고 개선된 계획을 실행하기 위한 제반 기능

conventional retail inventory method 전통적 매출가격환원법

재고자산 추정방법의 하나로 기초재고원가와 당기매입원가를 합한 금액에 대하여 기초재고판매가, 당기매입판매가, 순인상액을 합한 금액으로 나누어 원가율을 계산하는 방법으로 저가기준 매출가격환원법(LCM retail inventory method)이라고도 함

conversion 전환

전환사채를 보통주식으로 전환하는 것

conversion cost 가공비, 전환원가, 가공원가

직접재료비 이외의 원가요소로 직접노무원가와 제조간접원가를 합한 금액

C

conversion cycle 제조순환, 전환주기

특정의 자원을 다른 형태로 변환시키는 활동

convertible bonds 전환사채

사채가 발행된 후 사채보유자의 선택에 따라 일정한 가격으로 보통주로 전환될 수 있는 권리를 부여한 사채

convertible preferred stock 전환우선주

우선주주가 일정한 비율에 따라 보통주로 전환시킬 수 있는 권리를 갖는 우선주

convertible securities 전환증권

한 증권의 형태에서 다른 증권으로 전환할 수 있는 전환권이나 신주를 인수할 수 있는 신주인수권 등의 권리가 부여된 증권

COO 최고업무책임자, 사장

☞ chief of operating officer

coordination 조정

모든 생산요소 및 모든 부서의 기능을 균형 있게 구성하여 조직전체의 목표를 달성할 수 있게 하는 것

copyrights 저작권

저서・음악・예술 등의 창작물의 저자에게 해당 창작물의 생산과 복제, 판매 등에 관한 독점권을 법으로 부여한 것

COQ 품질원가

☞ cost of quality

core competence 핵심역량

지속적인 경쟁우위를 확보하기 위하여 타사에 비하여 몇 단계 위인 독

특한 경쟁력이 되고 신제품시장에 참여할 수 있는 기초가 되는 통합된 기업의 힘

corporate assets 공동자산

영업권을 제외한 검토대상 현금창출단위와 그 밖의 현금창출단위 모두의 미래 현금흐름에 기여하는 자산

corporation 주식회사

주식발행을 통하여 자금을 조달하여 설립된 회사의 한 형태

correcting entries 정정분개

오류를 수정하는 분개

correlation analysis 상관관계분석

두 변수들간의 관계는 어느 정도 밀접한지를 조사하는 통계기법

correlation coefficient 상관계수

두 변수들간의 관계를 나타내는 표준화된 측정치

corridor 범위

퇴직급여채무에 대한 최선의 추정치를 중심으로 하는 일정한 범위

cost 원가, 취득원가

자산을 취득하기 위하여 자산의 취득시점이나 건설시점에서 지급한 현금 또는 현금성자산이나 제공한 기타 대가의 공정가치

cost accounting 원가회계

제품의 원가를 체계적으로 계산하는 회계분야

cost accounting cycle 원가계산기간

일반적으로 1개월을 원가계산기간으로 사용

Cost Accounting Standards Board(CASB) 원가회계기준위원회

미국 정부와의 계약시 원가의 측정 및 배부를 관리하는 원가관리의 실무에 대한 통일성과 일관성을 달성할 수 있도록 원가회계기준을 설정하고 개정할 수 있는 권한을 가지고 있는 법적 기구로 5인의 위원으로 구성됨

cost accounting system 원가회계시스템

생산되는 제품에 대한 원가를 수합하여 배부하여 완제품과 재공품에 대한 원가를 계산하는 시스템

cost accumulation 원가의 집계

회계시스템을 통하여 체계화된 방법에 의한 원가자료의 수집

cost allocation 원가배부

간접원가나 보조부문의 원가의 집단을 하나 또는 그 이상의 원가대상에 대하여 분할하는 것

cost allocation approach 원가배분접근법

감가상각에 대하여 자산의 취득원가를 내용연수 동안 배분하는 정태적 접근법으로 파악하는 관점

cost allocation base 원가배부기준

특정의 원가나 원가 풀을 원가대상에 관련시키는 체계적 수단

cost analysis 원가분석

각 의사결정대안의 비교 및 성과평가 등 원가관리 목적상 수행되는 정보 분석

cost apportionment 원가할당

☞ cost allocation

cost assignment 원가분할

☞ cost allocation

cost basis 원가기준

원가를 기준으로 평가하는 원칙

cost behavior 원가행태

조업도수준이 변화함에 따라 총원가 발생액이 일정한 양상으로 변화할 때 그 변화양상

cost benefit analysis 원가효익분석

예상되는 효익과 비용을 비교하여 효익이 발생하는 안을 선택할 수 있

도록 행하는 분석기법

cost center 원가중심점

예산 또는 실제 원가가 수집되며 성과의 측정과 책임의 할당을 위한 공통의 특성을 가지는 조직의 최소 단위

cost control 원가통제

원가의 실제발생 내용 및 금액이 원래 계획된 내용이나 수중에서 벗어나지 않도록 관리하고 이를 벗어나는 경우 그 원인을 분석하고 필요한 수정조치를 수행하는 활동

cost distortion 원가왜곡

제조간접비의 배분 및 추적가능성의 문제로 인한 제품원가계산이 진실된 원가에서 괴리되는 현상

cost driver 원가동인

원가의 발생을 창출하는 요소로 활동수준의 주된 원인을 나타내는 요소

cost driver analysis 원가동인분석

원가동인을 이용하여 원가의 발생원인을 식별하는 것

cost effectiveness 원가효과, 경제성

정확한 정보를 적시에 적은 비용으로 얻으려 하는 성질

cost elements 원가요소

제조공정과 관련된 원가의 형태로 노무비, 재료비, 제조간접비로 분류됨

cost engineering(CE) 코스트 엔지니어링, 원가공학

원가정보에 의해 기업경영상의 구조계획활동을 수행하려고 하는 기법

cost estimation 원가추정

과거의 역사적 원가자료를 분석하여 미래의 원가에 대한 추정작업

cost flow assumption method 원가흐름가정법, 재고자산평가방법

☞ inventory valuation methods

cost flowchart 원가흐름도

제조기업에 있어서 원가가 수집되고 측정되는 과정을 계정의 형식으로

표시한 그림

cost functions 원가함수

하나 또는 그 이상의 특정한 변수와 원가의 관계

cost ledger 원가원장

원가계산표를 철한 장부

C

cost management 원가관리

정확한 제품원가의 결정, 업무과정의 개선, 낭비의 제거, 원가절감을 위한 활동들에 대한 일체의 관리

cost method 원가법

투자자산을 원가로 인식하는 회계처리방법

cost object 원가집적대상, 원가대상

제품, 제품라인, 부문 등과 같이 원가를 부담하는 목적물

cost of capital 자본비용

기업이 운용하는 자본과 관련하여 부담하는 비용

cost of disposal 처분부대원가

자산 또는 현금창출단위의 처분에 직접 귀속되는 증분원가

cost of error 오류원가

부정확한 제품원가를 토대로 내려진 그릇된 의사결정으로부터 발생되는 비용

cost of goods available for sale 판매가능액

일정기간에 상품매매회사에서 판매가능한 상품의 총액으로 상품의 기초재고액과 당기매입액을 합산한 금액

cost of goods manufactured 제품제조원가

완제품에 대한 제조원가

cost of goods sold 매출원가

판매된 상품의 취득원가

cost of goods sold budget 매출원가예산

매출원가에 대한 예산

cost of information 정보원가

정보를 획득하기 위해 지불되는 원가

cost of inventories 재고자산의 취득원가

매입원가, 전환원가 및 재고자산을 현재의 장소에 현재의 상태로 이르게 하는 데 발생한 기타원가 모두를 포함한 가치

cost of merchandise sold 매출원가

☞ cost of goods sold

cost of nonproducing 비생산원가

기계의 비가동으로 인해 발생하거나 제품이나 부품의 재작업 또는 폐기처분해야 할 품질불량으로부터 발생하게 되는 비용

cost of prediction error 예측오차 원가

의사결정에 이용되는 불확실한 변수에 대한 추정모숫값과 실제 실현된 모숫값 사이에 차이가 발생함으로써 나타나는 손실액을 의미하는 것으로 최선의 행동에 따른 성과와 선택한 행동에 따른 성과 간의 차액

cost of production reports 제조원가보고서

일정기간별로 각 제조공정의 원가를 계산하여 보고하는 표

cost of purchase 매입원가

매입가격에 수입관세와 제세금, 매입운임 및 완제품, 원재료 및 용역의 취득과정에 직접 관련된 기타 원가를 가산하고 매입할인, 리베이트 및 기타 유사한 항목은 차감한 원가

cost of quality(COQ) 품질원가

낮은 품질의 제품이 생산되거나 또는 미래에 발생될 불량품을 예방하기 위하여 발생되는 지출로 예방원가, 평가원가, 내부실패원가, 외부실패원가로 구분됨

cost of quality report 품질원가보고서

품질원가의 각 영역별로 관련된 활동원가를 나타내는 보고서

C

cost of sales 매출원가

☞ cost of goods sold

cost per equivalent unit 완성품환산량당 원가

재공품과 완제품의 제조원가계산과정에서 필요한 완성품환산량에 대한 단위당 원가

cost planning 원가계획

가장 바람직한 방향으로 원가가 발생되게끔 제품의 설계, 개발 또는 상품기획단계로 거슬러 올라가 원가를 계획하는 활동

cost plus contract 원가보상계약

원가의 일정비율이나 고정된 이윤을 원가에 가산하여 보상받는 건설계약

cost pools 원가 풀, 특정원가집합

원가 중심점이나 과정 또는 제품에 대한 배부나 식별목적으로 동일한 활동측정치에 의하여 야기되는 원가의 집단화

cost prediction 원가예측

미래의 원가를 예측하려는 것

cost price approach 원가기준접근법

이전가격의 산정시 원가를 기준으로 결정하는 방법

cost principle 원가원칙

취득원가를 원가계산의 원칙으로 삼는 주장

cost ratio 원가율

판매가격에서 원가가 차지하는 비율

cost recovery method 원가회수법

현금회수가능성이 불확실한 경우에 주로 사용하는 것으로 현금회수액이 매출원가를 초과하는 경우에 수익을 인식하는 방법

cost reduction 원가절감

원가관리의 일환으로 생산방법이나 영업활동의 비능률을 제거하여 원가발생을 감소시키는 것

cost reduction method 원가차감법

투자세액공제를 정부의 기업에 대한 할인혜택으로 보고 이를 해당 유형자산의 내용연수에 걸쳐 상각하는 방법으로 이연법이라고도 함

cost sheet 원가계산표

개별원가계산에 있어서 제조지령서별로 제조원가를 집계하는 표

cost structure 원가구조

고정원가와 변동원가의 상대적인 비율

cost value analysis 원가가치분석

조직이 수행하는 매 활동으로부터 창출하는 부가가치와 이에 소요되는 원가를 연결시켜 분석하는 기법

cost variance 원가차이

표준원가와 실제발생원가의 차액

cost volume profit(CVP) analysis 원가 · 조업도 · 이익분석

생산량이나 판매량의 단기적인 변화가 기업의 원가나 이익에 미치는 영향을 분석하는 기법

cost volume profit chart 원가 · 조업도 · 이익도표

판매량(조업도)의 변동에 따른 수익 · 원가 · 이익항목의 변동을 그림으로 나타낸 것

counter balancing errors 자동조정오류

두 기간에 걸쳐서 오류의 효과가 자동으로 상쇄되는 오류

coupon bonds 이표사채

무기명사채의 일종으로 사채와 함께 발행된 쿠폰을 제시하는 경우에 이자를 지급하도록 되어 있는 사채

coupon rate 사채이자율

사채권에 표시된 이자율

coverage ratios 보상비율

☞ leverage ratio

C

crash cost 긴급원가

아주 긴급하게 작업을 진행시키는 긴급한 상태에서 발생되는 원가

crash time 긴급시간

아주 긴급하게 작업을 진행시키는 긴급한 상태

credit 대변

계정의 오른쪽

credit entry 대변기입

계정의 오른쪽에 기입하는 행위

credit risk 신용위험

금융상품의 당사자 중 일방이 의무를 이행하지 않아 상대방에게 재무손실을 입힐 위험

creditors 채권자

기업에 자금을 대여하고 그 대가로 이자를 받는 사람

critical event 중요한 사건, 결정적 사건

가장 중대한 의사결정이나 행동이 수행되는 것

critical path 주공정선

프로젝트 전체를 완성하는 데 소요되는 시간이 공정의 최장 경로 위에 있는 모든 활동들을 전부 완성하는 데 소요되는 총시간과 일치하는 경로

critical success factors(CSF) 결정적 성공요소, 주요 성공요인

조직의 성공을 위하여 필수적인 것으로 간주되는 요소

cross hedge 교차헤지

헤지수단이 제한된 상황에서 가격변동에 따라 헤지대상 자산과 가장 밀접한 관련을 갖는 대체적인 헤지수단을 선택하여 헤지전략을 실행하는 것

cross reference 상호조회

분개장과 총계정원장에 상호 전기되었음을 나타내는 표시행위

cross sectional analysis 횡단면 분석

특정기업의 재무비율을 동종 산업 내의 다른 기업의 비율, 또는 경쟁기업의 비율과 비교분석하는 것

CSF 결정적 성공요소, 주요 성공요인

☞ critical success factors

cumulative average time learning curve model 누적평균시간 학습곡선모형

생산된 누적단위(수량)들이 갑절이 될 때마다 단위당 누적평균시간이 일정한 율로 감소하는 현상

cumulative average unit cost 누적평균단위원가

누적된 제품의 총원가를 총수량으로 나누어 계산된 평균단위원가

cumulative effect 회계변경의 누적효과

회계변경연도 이전기간에 변경 후의 방법으로 회계처리를 할 경우와 변경 전의 방법으로 회계처리를 하는 경우 순이익에 미치는 영향의 차액

cumulative effect type accounting change 누적효과형변경

변경된 감가상각방법을 취득연도부터 소급해서 적용하여 얻어진 감가상각누계액과 현재의 감가상각누계액의 차이를 구하여 이 차이를 당기의 손익계산서에 회계방법의 변경으로 인한 누적효과로 보고하는 방법

cumulative method 누적법, 누가법

각 공정의 완성품원가를 순차적으로 다음 공정에 대체하여 제품원가를 계산하는 방법

cumulative preferred stock 누적적 우선주

특정연도에 미리 약정된 배당을 지급받지 못하였거나 부족한 경우 배당받지 못한 부분을 소급하여 우선적으로 배당받을 수 있는 권리가 인정되는 우선주

cumulative translation adjustment account 누적환산조정계정

해외지점 등의 외화환산시 현행환율법을 채택할 때 계상되는 자본조정항목

C

currency exchange rate 환율

☞ exchange rate

currency risk 환위험

환율의 변동으로 인하여 금융상품의 공정가치나 미래현금흐름이 변동할 위험

currency swap 통화스왑

서로 상이한 통화를 가지고 있는 쌍방이 보유하는 부채와 관련하여 이자와 원금을 함께 교환하는 금융거래

current approach 당기법

회계변경의 처리시 기초시점에서 새로운 회계기준이나 방법의 채택으로 인한 누적영향을 계산하여 당기의 손익에 반영하여 당기에 수정하는 방법

current arrangement 유동성배열법

대차대조표의 배열방법으로 유동항목에서 고정항목으로 배열하는 방법

current asset 유동자산

보고기간 후 12개월 이내에 실현될 것으로 예상되며 기업의 통상영업주기 내에 실현될 것으로 예상되거나, 통상영업주기 내에 판매하거나 소비할 의도로 단기매매목적으로 보유하고 있는 자산

current cost 현행원가

현재 소유하고 있는 자산과 동일한 자산을 현재시점에 다시 구입한다면 지불해야 할 구매원가, 또는 동일한 자산이 현재 구매될 수 없다면 해당 자산에 의해 제공되는 서비스의 구매원가

current cost approach 현행원가법

자산은 동일하거나 또는 동등한 자산으로 현재시점에서 취득할 경우에 그 대가로 지불해야 할 현금이나 현금성자산의 금액으로 평가하고, 부채는 현재시점에서 그 의무를 이행하는 데 필요한 현금이나 현금성자산의 할인하지 아니한 금액으로 평가하는 방법

current deposit 당좌예금

기업이 수표를 발행하여 대금을 지급하기 위해 은행과 당좌거래 약정

을 체결하고 개설하는 예금

current exchange rate 현행환율

대차대조표일 현재의 환율이나 손익계정의 경우 거래발생 당시의 환율

current exit value 현행유출가치

소유하고 있는 자산을 현 시점에서 처분할 경우 받을 수 있는 금액

current first order of arrangement 유동성배열법

☞ current arrangement

current liabilities 유동부채

보고기간 후 12개월 이내에 결제하기로 되어 있거나 통상영업주기 내에 결제될 것으로 예상하고 있는 부채

current maturities of long-term debts 유동성장기부채

장기부채가 1년 이내에 만기일이 도래되어 유동부채로 재분류된 부채

current method 당기일괄처리법

회계변경의 처리방법에 있어서 변경의 누적효과를 회계변경기간의 손익계산서에 특별항목으로 보고하는 방법

current noncurrent method 유동성·비유동성법

외화환산의 환율결정시 유동자산과 유동부채에 대해서는 현행환율, 유형자산과 고정부채에 대해서는 역사적 환율을 적용하는 방법

current operating performance concept 당기업적주의

당기순손익에는 당기의 통상적이고 반복적인 영업활동으로 인한 항목들만 포함시켜야 한다는 주장

current period approach 당기처리법

회계변경이 이루어진 기간의 기초에 새로운 회계방법의 채택으로 인한 누적효과를 계산하여 이 금액을 당기의 손익계산서에 회계변경의 누적효과계정으로 보고하는 방법

current portion of long-term debts 유동성장기부채

☞ current maturities of long-term debts

current price level 현행가격수준

차기에 예상되는 가격수준으로 연도도중에 수정이 가능함

current rate 현행환율

대차대조표일 현재의 환율

C

current rate method 현행환율법

모든 자산과 부채는 현행환율로 환산하고 자본은 역사적 환율로 환산하며 수익과 비용은 평균환율로 환산하는 방법

current ratio 유동비율

기업의 유동성을 평가하는 지표의 하나로 유동부채를 유동자산으로 나누어 계산함

current selling price 현행판매가격

보유하고 있는 자산의 판매가격

current service cost 당기근무원가

당기에 종업원이 근무용역을 제공함에 따라 발생하는 확정급여채무의 현재가치 증가액

current standard cost 현행표준원가

적용되고 있는 기간에 달성되어야 하는 목표치를 나타내는 표준원가

current tax 당기법인세

회계기간의 과세소득에 대하여 납부할 법인세액

current value accounting 현행가치회계

개별물가수준에 따른 자산가치의 변동을 취급하는 회계

current value basis 현행가치기준, 시가기준

재고자산의 평가시 시가를 기준으로 평가하는 것

current working paper 당기조서

당해 연도의 감사와 관련된 정보만을 정리한 감사조서

currently attainable standards 통상표준

☞ normal standards

curtailment 축소

확정급여제도의 대상이 되는 종업원 수를 중요하게 감소시키거나 더 이상 퇴직급여를 부여하지 않거나 적게 퇴직급여를 부여하도록 확정급여제도의 규약을 개정하는 상황

customer 고객

제품이나 서비스의 수혜자

customer order 고객주문서

고객이 물품주문내역을 기록한 서류

customer satisfaction 고객만족

고객의 기대를 충족시키는 것

customs union 관세동맹

두 개 이상의 독립된 관세지역이 단일관세지역을 형성하여 역내의 모든 무역에 대해서는 일체의 관세 기타 무역제한을 폐지하고 역외의 관세지역에 대해서는 동일한 관세 기타 무역규칙을 적용하는 것을 목적으로 하는 협정

cycle time 순환주기

제품의 생산을 위해 재료가 공장에 들어가는 시점과 제품이 선적될 때까지의 기간

D

daily cash summary 현금일계표

고객별 현금회수액이나 일별 현금매출액을 기록한 서류

DART 전자공시시스템

☞ Data Analysis Retrieval and Transfer

data 자료

어떤 경험을 단순히 기억한 것 또는 기업이 수행하는 경제적 활동의 속성을 기록한 것

Data Analysis Retrieval and Transfer 전자공시시스템

우리나라의 금융감독원에서 모든 기업의 재무제표, 사업보고서, 감사보고서 등을 전자공시하는 시스템

data information transformation process 자료정보변환과정

정보를 정보이용자에게 전달하는 정보시스템

date of declaration 배당선언일

☞ declaration date

date of exchange 교환일

사업결합이 단일 교환거래로 이루어진 경우 교환일은 취득일. 둘 이상의 교환거래에 의한 사업결합의 경우의 교환일은 각 개별투자가 취득자의 재무제표에 인식되는 날

date of payment 배당지급일

실제로 배당을 지급하는 날

date of record 배당기준일

배당을 받을 권리가 부여되는 주주를 확정하는 날

day rate wage 일급

정기고용계약이 아닌 임시직에 대한 일일로 계산되는 임금

DCF 현금흐름할인법, 순현재가치법

☞ discounted cash flow method

debenture bonds 무보증사채, 일반사채, 무담보부사채

제3자의 보증 없이 발행회사의 신용에 의해 발행되는 사채

debit 차변

계정의 왼쪽

debit entry 차변기입

계정의 왼쪽에 기입하는 것

debt equity ratio 부채비율

기업의 지급능력을 나타내는 지표로 부채를 자기자본으로 나누어 계산함

debt management policy 공채관리정책

공채의 발행, 차환, 상환에 있어서 최소의 공채이자비용으로 경제안정을 달성할 수 있도록 최적의 공채구성 및 차입경로를 선택하는 것

debt securities 채무증권

국채, 공채, 사채 등과 같이 발행자에 대하여 지급을 청구할 수 있는 권리가 표시되어 있는 유가증권

debt to asset ratio 부채구성비율, 부채대자산비율

총자산에 대한 부채의 비율

decentralization 분권화

기업을 부문이나 운영단위로 분리하여 단위부서의 관리자에게 책임과 권한을 위양하는 것

decentralize functional responsibility 기능적 분화

최고경영자의 시간을 절약하기 위하여 기업의 성과에 큰 영향을 미치지 않는 기능을 선정하고 이 기능을 효율적으로 수행할 수 있는 하부단위를 결정하여 권한을 분산시키는 것

decentralize minor activities 부수적 활동의 분권화

주력활동과는 관계가 먼 부수적 활동에 대하여 수행할 별도의 책임중

심점을 설정하여 본사의 통제하에 두고 관리하는 것

decision making 의사결정

여러 가지 선택가능한 행동 또는 방법 가운데 어떤 목적이나 목표를 가장 효과적으로 달성하게 하는 최적의 행동 또는 방법을 선택하는 것

decision to sell or process further 판매 또는 추가가공 결정

결합제품이 분리점에서 시장가치를 가지고 있는 동시에 추가가공의 기회도 가지고 있다고 하면 경영자는 분리시점에서 결합제품을 판매할 것인가 또는 추가가공 후 보다 높은 가격으로 판매할 것인가를 결정하는 것

D

decision trees 의사결정수

의사결정자의 선택가능한 행동과 각각의 행동에 따른 결과치를 추정하여 나타내는 도표

declaration date 배당선언일

배당액과 지급일을 결정하여 선포하게 되는 날로 우리나라의 경우 주주총회일이 배당선언일이 됨

declining balance method 체감잔액법, 정률법

☞ fixed rate diminishing balance method

decomposition 분해

활동을 과업으로 나누는 과정

decremental costs 감분원가

조업이 축소되는 경우에 발생하는 총원가의 감소분

deductible temporary difference 차감할 일시적 차이

자산이나 부채의 장부금액이 회수나 결제되는 미래 회계기간의 과세소득(세무상결손금) 결정시 차감할 금액이 되는 일시적 차이

deductive approach 연역적 접근법

여러 가지 회계처리방법 중에서 기본적인 가정이나 명제에 적합한 회계처리방법을 선택하는 방법

deemed cost 간주원가

특정일자의 원가나 감가상각후 원가에 대한 대용치로 사용되는 금액

deep discount bond 고할인채

이자는 일반사채의 절반 정도인 대신 발행가격은 액면가에서 상당히 할인하여 발행하는 일반사채와 무이자부사채의 중간형태의 사채

defective work 불량품, 공손품

표준규격에 합격하지 못한 제품이나 재공품

defensive interval 방어기간

현금흐름을 강조하는 유동성의 척도로 당좌자산을 1일평균 현금지출비용으로 나눈 값

deferral method 이연법

수익이나 비용의 발생을 미래의 기간으로 이연시켜 처리하는 방법

deferrals 이연분개

현금지출이나 현금수취 등을 통하여 이미 기록된 수익이나 비용을 적절한 회계기간에 이연·배분시키기 위한 수정분개

deferred annuity 이연연금

최초의 현금흐름이 일정기간 경과 후에 이루어지는 연금

deferred charges 이연자산

물리적 실체가 없는 자산으로 비용의 인식이 이연된 성격의 자산

deferred items 이연항목

차후에 비용이나 수익으로 인식할 것을 현시점에서는 자산이나 부채로 이연시키는 항목

deferred payment contracts 이연지급계약

유형자산을 매입하면서 대금을 장기간에 걸쳐 일부씩 지급하거나 장기약속어음이나 사채를 발행하여 일정기간 후에 일시불로 지급하는 방법으로 대금지급을 이연시키는 계약

deferred stock 후배주

이익배당이나 재산의 분배 등에 관한 지위가 보통주보다 낮은 주식

deferred tax asset 이연법인세자산

차감할 일시적 차이, 미사용 세무상결손금의 이월액 또는 미사용 세액 공제 등의 이월액과 관련하여 미래 회계기간에 회수될 수 있는 법인세 금액

D

deferred tax debit 이연법인세차

일시적 차이로 인해 법인세 납부액이 법인세비용을 초과하는 경우에 미래에 실현될 법인세 납부액의 감소분

deferred tax liability 이연법인세부채

가산할 일시적 차이와 관련하여 미래 회계기간에 납부할 법인세 금액

deferred taxes 이연법인세

법인세법 등의 법령에 의하여 납부해야 할 금액과 기업회계기준상 계산되는 법인세비용이 일치하지 않아 이러한 일시적 차이를 조정해주는 계정

deficit 결손금

기말 결산일 현재 기초자본계정보다 기말자본계정 잔고가 감소하였을 때의 그 감소액

defined benefit 확정급여형 퇴직연금제도

근로자가 받을 퇴직급여의 금액과 내용이 미리 약정되고 기업이 퇴직 적립금의 운용을 책임지는 연금제도

defined benefit liability 확정급여부채

다음의 순합계액

(1) 보고기간말 현재 확정급여채무의 현재가치

(2) 인식되지 않은 보험수리적 이익(손실) 가산(차감)

(3) 미인식과거근무원가 차감

(4) 관련 확정급여채무를 직접 결제하는 데 사용할 수 있는 사외적립 자산의 보고기간말 현재 공정가치 차감

defined benefit plans 확정급여제도

확정기여제도 이외의 모든 퇴직급여제도

defined contribution 확정기여형 퇴직연금제도

기업의 부담금이 확정되고 근로자가 적립금 운용에 대한 책임을 지는 연금제도

defined contribution plans 확정기여제도

기업이 별개의 실체(기금)에 고정 기여금을 납부해야 하고, 그 기금이 당기와 과거기간에 제공된 종업원 근무용역과 관련된 모든 종업원급여를 지급할 수 있을 정도로 충분한 자산을 보유하지 못하더라도 기업에게는 추가로 기여금을 납부해야 하는 법적 의무나 의제의무가 없는 퇴직급여제도

degree of completion 재공품진척도, 완성품환산율

재공품의 완성 정도

degree of freedom 자유도

총관찰치의 숫자에서 미지의 모수 대신 사용한 추정치의 개수를 뺀 것

degree of operating leverage 영업레버리지도

영업활동에서 사용되고 있는 고정원가의 상대적인 크기를 나타내는 척도의 크기

degressive cost 체감비

조업도의 증감에 따라 원가도 증감하나 비례하여 증감하지 않고 완만하게 증감하는 비용

delayed costing 지연원가계산, 역산회계

☞ backflush accounting

delivery 납품

적량의 제품을 적시에 공급하는 것

delivery month 결제월

☞ contract month

delphi method 델피방법

부서장들과의 면담을 통한 부서별 원가 및 활동의 식별과 부서의 목표를 결정하는 기법

demonstrably committed 명시적으로 확약

기업이 공식적 세부계획을 갖고 있고 그 계획이 현실적으로 철회될 가능성이 없는 경우

D

departure from GAAP 기업회계기준 위배

☞ disagreement with management

dependent variable 종속변수

특정변수의 값에 따라서 이에 대응하는 값이 정해지는 경우의 변수

depletion 감모상각

천연자원의 취득원가를 여러 회계기간에 걸쳐 배분하는 것

depletion base 감모상각대상금액

감모상각대상의 취득원가에서 잔존가치를 차감한 금액

depletion expense 감모상각비

천연자원에 대한 상각비

deposit by third parties 미통지입금

거래처 등으로부터 입금된 금액이 은행에서는 입금처리되었으나 회사에서는 아직 통지되지 않은 입금액

deposit component 저축요소

기업회계기준서 제1039호의 파생상품으로 회계처리되지 않는 계약상의 요소로서, 만일 그 계약상의 요소가 별도의 금융상품이라면 기업회계기준서 제1039호의 적용범위에 속하게 되는 계약상 요소

deposit in transit 미기록예금

기업이 은행의 업무마감 이후에 은행에 임시 예치하거나 타지역에서 예입되어서 거래은행에 통지가 되지 않은 상태에서 기업은 당좌예금의 계정을 증가시키는 분개를 하는 경우에 발생하는 금액

deposit prior to settlement 결제 전 예납

증권거래소가 시장관리상 필요하다고 인정되는 경우에 매수대금이나 매도증권의 전부 또는 일부를 결제시한 전에 일정한 시한을 정하여 납부하게 하는 것

depository receipts(DR) 예탁증권

국제간에 걸친 주식의 유통수단으로서 이용되는 대체주권

depository shares(DS) 예탁계좌수

D

예탁주식 또는 예탁증서의 권면에 표시된 예탁계좌수를 말하는 것

depreciation 감가상각

자산의 감가상각대상금액을 그 자산의 내용연수 동안 체계적으로 배분하는 것

depreciation base 감가상각대상금액

상각대상인 유형자산의 취득원가에서 잔존가치를 차감한 금액

depreciation base for the asset 감가상각기초가액

감가상각시 기준이 되는 금액으로 상각할 수 있는 최고한도액

depreciation expense 감가상각비

유형자산의 취득원가를 내용연수에 걸쳐 합리적으로 배분하여 계산된 비용

derivative 파생상품

이자율, 금융상품가격, 일반상품가격, 환율, 가격, 비율의 지수, 신용등급이나 신용지수와 같은 기초변수의 변동에 따라 가치가 변동하며, 최초 계약시 다른 유형의 계약보다 적은 순투자금액이 필요하고 미래에 결제되는 특성을 가지는 금융상품

derivative financial instruments 파생금융상품

기초항목인 본원적 금융상품에 내재되어 있는 하나 이상의 금융위험을 거래상대방에게 이전하는 효과가 있는 권리와 의무를 발생시키는 금융상품

design to cost 원가설계

미 국방성에서 사용하기 시작한 용어로 제품의 개발·설계단계에서부터 명확한 목표원가를 설정하고 성능과 특정원가 간의 상반관계를 감안하여 수명주기원가를 관리하는 새로운 원가기획 및 관리의 사고방식

designated market value 지정공정가치

체계적인 공정가치 선정방법을 통하여 선정된 공정가치

desired audit risk 목표감사위험

감사인이 미리 설정한 허용가능한 감사위험의 최대허용치

detachable stock warrants 분리형 신주인수보증권

해당 증권과 분리하여 행사하거나 매각할 수 있는 신주인수보증권

detailed cost table 세부적 원가계산표

기계유형 및 작업의 종류 등 포괄적인 원가동인들이 반영되어 구매협상 및 생산원가관리에 이용되는 원가계산표

detection risk 적발위험

계정잔액이나 거래유형에 존재하는 왜곡표시가 다른 계정잔액이나 거래유형의 왜곡표시와 결합되어 있음에도 불구하고 감사의 입증절차에 의해 적발되지 못할 위험

determinable current liabilities 확정채무

부채의 지급시기와 부채의 금액을 확정할 수 있는 부채

determinable liabilities 확정채무

☞ determinable current liabilities

development 개발

상업적인 생산이나 사용 전에 연구결과나 관련지식을 새롭거나 현저히 개량된 재료, 장치, 제품, 공정, 시스템이나 용역의 생산을 위한 계획이나 설계에 적용하는 활동

development cost 개발비

천연자원을 발견한 후 실제개발과 관련하여 발생하는 비용

development trust 개발신탁

수익증권을 발행하여 모집한 자금의 운용을 통해 주요건설사업자금 또는 중장기산업자금 수요처 등에 주로 공급하기 위하여 마련된 불특정금전신탁

differences in eliminating investments 투자제거차액

지배회사의 투자계정과 종속회사의 자본계정을 상계할 때 나타나는 차액

differential 차액

상호 비교되는 두 안에서의 수익 또는 원가에 있어서 차이가 발생하는 금액

differential analysis 차액분석

각 행동대안들에 미치는 관련된 수익과 비용에 대한 금액의 차이를 분석하는 것

differential costs 차액원가

경영자가 의사결정을 위해 여러 가지 대체안들을 상호 비교하는 경우 특정대체안과 다른 대체안의 총원가의 차이

differential disclosures 차별적 공시

적절한 회계처리 및 공시에 과다한 비용이 소요되는 경우 중소기업과 같은 특정기업에 대해서 보고를 생략할 수 있도록 하거나, 특정기업에 대해서는 추가적인 공시를 요구하는 공시제도

differential revenue 차액수입

여러 행동대안들간에 상호 비교되는 기대수입의 증가나 감소액

differentiation 차별화

원가나 가격이 아닌 다른 것을 고객에게 제공함으로써 고객들이 제품에 대하여 특이하다고 느끼게 하도록 하는 전략

diffusion index(DI) 경기동향지수

경기의 국면 및 전환점을 판단할 때 사용하는 경기변동의 진폭이나 속도는 측정하지 않고 변화방향만을 파악하는 것으로 경기확산지수라고도 함

digital call option 디지털 매입옵션

이색옵션의 하나로 옵션행사시 사전에 정한 금액만을 지급하는 옵션

diluted earnings per share 희석주당이익

지배기업의 보통주에 귀속되는 특정 회계기간의 이익(분자)을 기간에 유통된 보통주식수를 가중평균한 주식수(분모)로 나눈 것

dilution 희석화

전환증권의 존재로 인하여 보통주의 추가발행시 주당순이익이 감소되는 현상

dilutive effect 희석효과

전환금융상품이 전환되거나 옵션 또는 주식매입권이 행사되거나 또는 특정조건이 충족되어 보통주가 발행된다고 가정하는 경우 주당이익이 감소하거나 주당손실이 증가하는 효과

dilutive potential ordinary shares 희석성 잠재적보통주

보통주로 전환된다고 가정할 경우 주당계속영업이익을 감소시키거나 주당계속영업손실을 증가시킬 수 있는 잠재적보통주

dilutive securities 희석증권

증권 소유자의 권리행사로 인하여 보통주가 추가로 발행되어 주당순이익이 감소되는 효과를 나타내는 증권

direct activity 직접활동

산출물이나 서비스에 추적될 수 있는 활동

direct allocation method 직접배부법

보조부문원가의 배부계산에 있어서 보조부문 상호간의 용역의 수수는 계산상 무시하고 제조부문이 사용한 용역의 상대적 비율에 따라서 계산하는 방법

direct cost method 직접원가법

소가법이라고도 하며 제조간접비의 배부시 직접원가를 배부기준으로 삼는 방법

direct costing 직접원가계산, 변동원가계산

☞ variable costing

direct costs 직접원가

실질적으로 또는 경제적으로 특정제품 또는 특정부문에 직접 추적시킬 수 있는 원가

direct exchange rate 직접환율

외국의 화폐단위를 기준으로 하여 자국의 화폐단위를 표현하는 방법

direct financing lease 직접금융리스

리스회사에 의해 금융거래로 처리되는 리스

direct insurance contract 원수보험계약

재보험계약이 아닌 보험계약

direct labor budget 직접노무원가예산

목표생산량의 생산에 필요한 직접노동시간에 직접노동시간당 임률을 곱하여 계산한 값

direct labor cost 직접노무원가

특정제품에 대하여 직접 추적할 수 있는 노동의 대가로 지출된 원가

direct labor cost method 직접노무비법, 직접임금법

원가계산기간에 발생한 제조간접비 총액을 동 기간 중의 직접노무비 총액으로 나눈 몫을 배부율로 계산하는 방법

direct labor efficiency variance 직접노무원가 능률차이

실제작업시간과 표준작업시간의 차이에 표준임률을 곱하여 나타나는 금액

direct labor hour method 직접작업시간법

원가계산기간중에 발생한 제조간접비 총액을 동 기간 중의 총직접작업시간으로 나눈 몫을 배부율로 계산하는 방법

direct labor price variance 직접노무원가 가격차이, 임률차이

☞ direct labor rate variance

direct labor rate variance 직접노무비 임률차이, 임률차이

실제임률과 표준임률의 차이에 실제작업시간을 곱하여 나타나는 금액

direct labor time variance 직접노무비 시간차이

☞ direct labor efficiency variance

direct labor total variance 총직접노무원가차이, 직접노무비차이

☞ direct labor variance

D

direct labor variance 직접노무비차이

실제 직접노무비와 변동예산에서 허용된 표준 직접노무비의 차이

direct matching 직접대응

수익과 비용의 대응에 있어서 매출원가를 매출액과 직접대응시켜 매출원가와 매출액이 동일 기간에 인식되는 방법

direct material cost 직접재료원가

완성품을 생산하는 데 사용되는 원재료의 원가 중 특정제품에 직접적으로 추적할 수 있는 원가

direct material cost method 직접재료비법

원가계산기간에 발생한 제조간접비 총액을 동 기간중에 소비한 직접재료비 총액으로 나눈 몫을 배부율로 계산하는 방법

direct materials 직접재료비

완제품의 부분으로 식별되며 경제적으로 완제품에 대하여 추적될 수 있는 모든 재료의 취득원가

direct materials efficiency variance 직접재료비 능률차이

☞ direct material quantity variance

direct materials price variance 직접재료비 가격차이

단위당 실제단가와 표준단가의 차이에 실제사용수량을 곱하여 계산되는 금액

direct materials purchase budget 직접재료비구매예산

목표생산량을 생산하는 데 필요한 직접재료의 구입에 대한 예산

direct materials quantity variance 직접재료비 수량차이

실제사용수량과 표준수량의 차이에 표준단가를 곱하여 계산되는 금액

direct materials variance 직접재료비차이

표준원가에 의한 직접재료비와 직접재료에 대한 실제발생액의 차액

direct measures of quality(DMQ) 직접적 품질측정치

고객의 만족을 충족시키기 위한 필수요건으로서 고객의 기대치에 근거하여 품질을 측정하는 비재무적 품질측정치

direct method of reporting cash flows from operating activities 영업활동으로부터의 현금흐름 보고를 위한 직접법

총현금유입과 총현금유출을 주요 항목별로 구분하여 표시하는 방법

direct production activity 직접제조활동

외부구매자에게 인도하거나, 기업자체에서 소비하기 위해 특정 재화나 용역을 제조하는 활동

direct tests of financial balances 계정잔액에 대한 직접검증

특정계정의 잔액에 대한 정확성을 검사하는 것

direct valuation method 직접평가법

☞ capital maintenance approach

direct write off method 직접상각법

수익매출채권이 회수불가능한 것으로 확정될 때마다 이를 당기의 대손비용으로 처리하고 관련 수취채권계정을 장부에서 직접 제각하는 방법

directing 지휘기능

주어진 권한 내에서 경영자가 일상적인 운영을 지시해나가는 과정

disagreement with management 경영자와의 의견불일치

감사과정에서 발견한 기업회계기준 위반사항에 대한 감사인의 수정요구에 대하여 경영자가 수정요구사항을 거절하는 경우로 미국의 회계감사기준에서는 기업회계기준 위배(departure from GAAP)라는 용어를 사용함

disclaimer of opinion 의견거절

감사인이 감사의견을 형성하기에 충분할 정도의 증거를 수집하지 못하였을 때 감사보고서에 표현하는 감사인의 감사의견의 한 종류

disclosures 공시

재무정보의 이용자들에게 의사결정에 영향을 미칠 수 있는 재무적 사실을 공개적으로 알리는 행위

D

discontinued (operations) 중단(영업)

이미 처분되었거나 매각예정으로 분류되는 기업의 구분단위

discount on bonds payable 사채할인발행차금

사채의 액면이자율이 시장이자율보다 낮아서 사채가 액면가보다 낮은 금액으로 할인발행이 되는 경우 액면가액과 발행가액의 차액

discount on common stock 주식할인발행차금

주식발행시 발행가액이 액면가액보다 낮은 경우의 그 차액

discount on notes payable 지급어음할인차금

어음에 대한 시장이자율을 적용하여 계산된 현재가치와 액면가액의 차이로 나타나는 금액

discount rate 할인율

현재가치 등을 계산할 때 적용되는 이자율

discounted cash flow method 현금흐름할인법

☞ net present value method

discounted notes receivable 할인어음

할인을 받은 받을어음

discounted payback method 할인된 회수기간법

미래에 받게 될 증분현금 흐름액에 대하여 할인율로 할인하여 그 합계가 투자지출액의 현재가치가 일치할 때까지 소요된 기간을 회수기간으로 계산하여 투자안을 계산하는 것

discounting 할인

만기일 이전에 금융기관에 배서양도하고 소정의 이자와 수수료를 차감하고 어음을 현금화하는 것

discovery value 발견가치

발견된 천연자원에 대한 가치

discrete random variable 이산확률변수

표본공간의 결과가 한정되어 확률변수가 가질 수 있는 값이 셀 수 있게 한정되어 있는 경우의 확률변수

discretionary appropriated retained earnings 임의적립금

기업의 자체판단으로 사업확장, 안정적 배당지급 등을 목적으로 하여 이익을 유보시켜 배당이 제한된 이익잉여금

discretionary cost center 재량원가중심점

원가발생한도액이 미리 확정되지 않고, 중심점경영자의 재량에 따라 원가지출한도가 임의로 정해지는 책임중심점

discretionary fixed costs 재량고정원가

현재의 조업도수준과는 아무런 인과관계가 없고, 다만 그 총액을 경영자의 재량에 의해 결정하는 원가

discretionary participation feature 임의배당요소

계약상 총급부금 중 중요한 부분을 차지할 가능성이 높으며 부가급부금을 수령할 수 있는 계약상 권리

discussion memorandum 토의메모

FASB에서 기준의 설정과정에 있어서 기존의 연구가 충분하지 않는 경우 결론 없이 의제와 관련된 핵심주제에 대한 다양한 관점의 토의내용을 밝히는 보고서

dishonored checks 부도수표

당좌예금잔액이나 당좌차월한도액을 초과하여 발행한 수표로 은행에서 지급이 거절된 수표

disparate ratio 괴리율

목표주가와 현재주가의 차이의 정도를 나타내는 지표

disposable income(DI) 가처분소득

개인이 자유로이 처분할 수 있는 소득

disposal date 처분일

자산을 처분하거나 폐기한 날

D

disposal expense 처분비용

자산의 처분과 직접 관련된 비용

disposal group 처분자산집단

단일거래를 통해 매각이나 다른 방법으로 함께 처분될 예정인 자산의 집합과 당해 자산에 직접 관련되어 이전될 부채

disposal value 청산가치

자기업의 파산 등의 원인으로 기업을 최단시간에 처분하여 부채를 변제한 잔여자산의 가치

distribution to owners 소유주에 대한 분배

기업의 소유주에게 자산의 이전을 통한 순자산의 감소행위

diversification of management 경영다각화

기업이 종래 운영하고 있던 경영활동 이외의 다른 활동분야에 진출하는 것

divest 포기

성장이 낮고 시장점유율이 낮은 사업부서나 항목을 포기하고 시장에서 퇴각하는 전략의 일종

dividend income 배당금수익

지분상품의 보유자가 특정종류의 자본의 보유비율에 비례하여 받는 이익의 분배금

dividend payout ratio 배당성향

당기순이익에서 배당금이 차지하는 비율

dividend yield 배당수익률

주당주식시가에 대한 주당배당액의 비율

dividends 배당금

기업이 이익을 발생시켜 기업 내에 누적하여 온 이익잉여금의 일부를 주주에게 분배하는 것

dividends in arrears 연체배당금

누적적 우선주에서 약정된 배당을 지급하지 못한 부족분

dividends in kind 현물배당, 재산배당

상품, 투자유가증권 등과 같이 현금 이외의 자산으로 실시하는 배당

dividends payable 미지급배당금

결산에 따른 배당금을 지급할 부채

dollar value LIFO method 화폐가치후입선출법

기초재고층의 침식문제를 극복하기 위하여 재고층의 증감을 수량 대신에 화폐가치로 측정하는 방법

dollar value LIFO retail inventory method 화폐가치후입선출 매출가격환원법

재고자산의 측정시 후입선출흐름의 가정에서 물가변동의 효과를 제거하기 위하여 명목화폐단위가 아닌 물가지수를 이용한 실질화폐단위로 재고변화를 측정하여 매출가격환원법을 이용하는 방법

donated capital 수증자본

증여나 무상으로 취득한 자산을 기록할 때 대변에 기록되는 기타자본잉여금계정

donations 기부금, 증여

반대급부 없이 일방이 기부하는 금액

double declining balance method 이중체감법

계산방법은 정률법과 유사하나 상각률을 정액법의 두 배로 결정하여 감가상각을 하는 방법

double-entry bookkeeping 복식부기

회계거래의 발생을 기록할 때 차변과 대변에 동시 기입하여 그 변동내역과 발생원인을 함께 분류·기록함으로써 하나의 거래를 두 가지 측면에서 기록하는 회계방식

double extension method 이중연장법

후입선출법에 의하여 재고자산을 평가할 때 각 재고자산의 수량을 기준연도의 단가와 당기의 단가로 연장하여 계산하는 것

D

down-stream sale 하향판매

지배회사가 종속회사에게 판매하는 거래형태

drift 편차, 원가절감목표치

실제원가와 목표원가의 차이

driver 동인

운영성과와 다른 활동들의 원가구조에 직접적인 영향을 미치는 활동이나 조건

dual class shares 차등의결권

의결권 있는 주식을 2종류 이상으로 분류해서 발행하고 각 종류마다 다른 수의 의결권을 허용하는 것

dual presentation 이중표시

기본주당이익과 희석주당이익을 동시에 표시하는 것

dual pricing method 이원 가격결정방법

구매부서는 변동원가에 해당하는 금액을 부담하는 반면, 공급부서는 구매부서의 최종제품 판매가격에서 구매부서의 추가가공 및 판매활동에 따른 평균증분원가를 차감한 금액을 수익으로 기록하는 방법

dual transfer pricing 이원대체 가격결정방법

원가의 결정방법과는 상관없이 구매부서는 원가만을 부담하고 공급부서의 판매가격과 구매부서의 구입가격의 차액은 본부의 특별계정에서 처리하는 방법

duality of transactions 거래의 이중성

회계상의 모든 거래는 항상 차변과 대변 항목으로 나타내는 성격

due care 정당한 주의

맡은 업무의 요구조건에 부응하여 업무를 적시에 수행하면서 기울이는 신중성

due professional care 전문직업인으로서의 정당한 주의

감사업무의 수행과정에서 감사에게 통상적으로 요구되는 사회적 요구를 충족시킬 수 있는 정도의 주의를 기울이는 것

D

dummy variable 가변수

어떤 특정한 조건이 존재하느냐의 여부에 따라 그 값이 1이나 또는 0이 되는 독립변수

duplication of activities 활동의 중복

하나의 조직 내에 여러 보조 또는 지원 기능이 중복되어 추가적인 비용과 자원의 낭비를 초래하게 되는 현상

DuPont formula 듀퐁 방정식

매출액이익률과 투자자산회전율의 곱으로 투자수익률을 계산하는 방식

duration 존속기간

채권과 관련되어 현금흐름에 대한 할인가치의 평균 수명기간

durbin-waston statistic 더빈-왓슨 통계량

회귀방정식에서 자기상관의 유무를 검증하기 위한 통계적인 방법

dynamic statement 동태보고서, 손익계산서

☞ income statement

dysfunctional decision making 역기능적인 의사결정

개인이나 개별사업부의 목표를 우선하고 조직전체의 목표를 희생시키는 의사결정

E

earliest expected time 가장 이른 예정시간

각 단계에서 가장 빨리 작업에 착수하거나 가장 빨리 작업을 완료할 수 있는 시간

earned capital 가득자본, 유보이익

영업 및 기타 활동으로 획득한 이익 중에서 사외로 배당되지 않고 유보된 자본

E

earning power 이익력

추정되는 이익과 동일한 가치를 만들어 주는 현재가치

earnings management 이익조정

경영진이 의도하는 목표이익에 도달하기 위해 재무제표를 왜곡표시하는 행위

earnings per share(EPS) 주당순이익

당기순이익을 한 주당 순이익으로 나누어 계산한 금액

earnings process 수익발생과정

생산준비단계에서부터 생산 및 판매를 거쳐 대금회수단계의 과정으로 나타나는 수익의 전반적인 진행경로

earnings retention 이익유보

배당을 하지 않고 이익의 일부를 적립하여 자본이 증가하는 현상

easy payment 할부납입

☞ installment

ECN 공학적 변경, 기술변경

☞ engineering change

ECO 기술변경 요청

☞ engineering change order

economic consequences 경제적 영향

기업의 이해관계자들의 의사결정에 미치는 회계의 영향

economic decision making 경제적 의사결정

한 개인이나 조직이 보유하고 있는 경제적 자원의 가치를 극대화시키려는 의사결정

economic entity 경제적 실체

기업의 행위는 소유주나 다른 경제단위와 구별되어 이루어진다는 개념 속에서 기업자체를 독립된 실체의 개념으로 보는 회계공준의 한 개념

economic event 경제적 사건

기업의 재무상태인 자산, 부채, 자본에 영향을 주는 거래행위

economic exposure 경제적 노출

예상치 못한 환율변동으로 기업의 기대현금흐름의 현재가치가 변할 가능성

economic growth rate 경제성장률

국민이 일정기간에 경제성장을 이룩하는 비율

economic income 경제학적 이익

실질가치에 의한 경제적 부의 증가분을 의미하는 것으로 기초자본과 기말자본의 차이로 계산

economic indicator 경제지표

경제활동이 이루어지고 있는 각 부문에 있어서의 동향을 나타내는 경제통계

economic integration 경제통합

경제적으로 비슷한 지위나 지역에 있는 국가들이 그들의 존속과 발전을 위하여 최적경제활동에 대한 인위적인 장애요인을 제거하고 조정과 통합에 필요한 모든 요소를 도입하여 가장 바람직한 경제권을 만드는 것

economic life 경제적 내용연수

사용자가 자산을 경제적으로 사용할 수 있는 예상기간

economic order quantity(EOQ) 경제적 주문량

재료나 상품의 적정재고를 고려하면서 구매량을 결정하는 것으로 연간 주문원가 총액 및 연간재고유지원가 총액을 최소화하기 위한 1회의 주문수량

economic resources 경제적 자원

경제적 가치를 가지는 희소자원

economic unit theory 경제단위이론, 실체이론

☞ entity theory

E

economic useful life 경제적 내용연수

유형자산의 사용으로 인한 효익이 사용에 따른 비용보다 큰 경우가 지속되는 기간

economic value added 경제적 부가가치

전통적인 회계보고서에서의 당기순이익에서는 고려하지 않는 자기자본비용을 고려한 이익이며 세금을 공제한 영업이익에서 기업에 투하된 총자본에 대한 비용을 차감한 금액

ECR 효율적 고객반응

☞ Efficient Consumer Response

EDI 전자자료교환

☞ electronic data interchange

effective interest method 유효이자율법

금융자산이나 금융부채(또는 금융자산이나 금융부채의 집합)의 상각후원가를 계산하고 관련 기간에 걸쳐 이자수익이나 이자비용을 배분하는 방법

effective interest rate 유효이자율

금융상품의 기대기간이나 적절하다면 더 짧은 기간에 예상되는 미래현금 유출과 유입의 현재가치를 금융자산 또는 금융부채의 순장부금액과 정확히 일치시키는 이자율

effective production 유효생산량

기말재공품 환산량과 완성품수량의 합계

effective rate 유효이자율

☞ effective interest rate

effectiveness 효과성

예정된 목적이나 목표가 달성되는 정도를 파악하는 것

efficiency 효율성

재화나 용역을 생산하는 과정에서 불필요한 낭비가 없었는지의 여부를 파악하는 것

efficiency variance 능률차이

표준가격에 실제투입량을 곱한 금액과 표준가격에 표준투입량을 곱한 금액의 차이

efficient allocation of scarce economic resources 희소한 자원의 효율적 배분

사회 전체적 관점에서 희소한 경제적 자원을 효율적으로 배분하는 것

efficient market hypothesis 효율적 시장가설

주식시장에서 주식가격은 이용가능한 정보를 충분히 반영하고 있을 것이라는 가설

efficient ratios 효율성비율

일반적으로 회전율을 의미하는 turnover ratio를 의미

EITF 긴급문제 해결단

☞ Emerging Issues Task Force

electronic banking 전자은행

은행과 기업 또는 고객을 온라인으로 연결하여 전자시스템으로 행하는 은행업무

electronic commerce 전자상거래

인터넷이나 컴퓨터 통신망에 상품에 대한 정보, 구매절차, 대금지불수

단 등을 제시하여놓고 소비자가 원격지에서 컴퓨터로 상품을 구입할 수 있도록 한 시스템

electronic data interchange 전자자료교환

기업간의 문서처리, 정보전달, 대금의 지불과 수취 등을 컴퓨터를 이용하여 처리하는 방법

element of cost 원가요소

원가자료를 수집하고 원가정보의 유용성을 제고하기 위하여 원가를 적합한 기준에 의하여 분류하는 구분

embedded derivative 내재파생상품

파생상품이 아닌 주계약을 포함하는 복합상품의 구성요소로 복합상품의 현금흐름 중 일부를 독립적인 파생상품의 경우와 유사하게 변동시키는 파생상품

Emerging Issues Task Force(EITF) 긴급문제 해결단

FASB에서 긴급한 논점들에 대한 신속한 해결 및 대응을 위하여 구성한 부서

emphasis on income 이익중시

이익을 강조하는 회계의 한 관점

employee benefits 종업원급여

종업원이 제공한 근무용역과 교환하여 기업이 제공하는 모든 종류의 대가

employee discounts 종업원에 대한 할인

종업원에 대하여 통상적인 판매가격보다 낮은 가격으로 판매한 경우의 차액

employee involvement 종업원참여

일반적인 운영에 있어서 의사결정을 할 수 있도록 종업원에게 책임과 권한을 허용하는 경영의 한 방법

employees and others providing similar services 종업원 및 유사용역제공자

법률상 또는 세무상 종업원 및 유사용역제공자로 분류되어 기업에 용역을 제공하는 개인

employment multiplier 고용승수

일정산업의 고용증가가 임금과 이윤의 증가로 연결되어 수요를 증대시킴으로써 전 산업에 어느 정도의 고용증가를 유발할 것인가 하는 비율

empowering 권한강화

부서중심의 분권화 개념이 강화 확대되어 권한위임의 정도가 개개 구성원 단위에까지 적용되는 경영기법

empty set 공집합

부분집합 가운데서 원소가 없는 집합

end of production basis 생산완료기준

생산이 완료된 시점에서 수익을 인식하는 방법

ending inventory 기말재고

회계기말에 판매되지 않고 재고로 남아 있는 재고자산

ending retained earnings 기말이익잉여금

전기이월이익잉여금에 당기순이익을 합한 금액

endorsement 어음의 배서, 배서양도

어음소지인이 만기일 이전에 어음을 타인에게 양도하는 행위

engineered cost 공학 원가

투입과 산출물 간에 명백하게 측정된 관계에서 구체적으로 도출되는 원가

engineered cost center 단순원가중심점

부문 경영자가 지출할 수 있는 원가가 사전에 정해지는 책임중심점

engineering change(ECN) 공학적 변경, 기술변경

제품설계상 특성을 변경하는 것

engineering change order 기술변경 요청

제품설계상 특성의 변경을 요구하는 내용

English Closing Account Method 영미식결산법

미국과 영국에서 사용되는 손익계산서계정만을 분개를 통하여 장부를 마감하는 방법

enterprise resource planning(ERP) 전사적 자원관리

기업의 주요 업무(회계 · 인사 · 생산 · 물류 등)에 관한 각종 데이터의 통합과 선진화된 업무프로세스 수행을 지원하는 정보시스템

entity 실체

기업을 소유주와 별개의 독립된 실체로 보는 관점에서 기업자체를 독립적으로 존재하는 회계단위로 지칭함

E

entity-specific value 기업특유가치

자산의 계속적 사용으로부터 그리고 내용연수 종료시점에 처분으로부터 또는 부채의 결제로부터 발생할 것으로 기대되는 현금흐름의 현재가치

entity theory 기업실체이론

기업의 자원과 그 청구권 및 이들의 변동을 표시하는 것을 회계의 주된 목적으로 보는 이론

entry value 유입가치

현재 장부상의 자산을 구매한다고 가정할 경우의 추정가격

environmental accounting 환경회계

기업의 운영이 환경과 관련하여 미치는 원가와 효익을 계량화하려고 시도하는 회계방법을 연구하는 분야

EOQ 경제적 주문량

☞ economic order quantity

EPS 주당순이익

☞ earnings per share

equation method 등식법

손익계산서등식을 바탕으로 총수익과 총원가가 일치한다는 사실에 초점을 맞추고 손익분기점을 계산하는 방법

equity 지분

실체의 자산에서 부채를 차감한 후에 남는 잔여지분

equity holders 소유주

자본으로 분류되는 금융상품의 보유자

equity instrument 지분상품

기업의 자산에서 모든 부채를 차감한 후의 잔여지분을 나타내는 계약

equity instrument granted 부여된 지분상품

기업이 주식기준보상약정에 따라 거래상대방에게 조건부 또는 무조건부로 넘겨준 지분상품에 대한 권리

equity method 지분법

투자자산을 최초에 원가로 인식하고, 취득시점 이후 발생한 피투자자의 순자산 변동액 중 투자자의 지분을 해당 투자자산에 가감하여 보고하는 회계처리방법

equity securities 지분증권

피투자회사에 대한 소유권이나 그 소유권을 정해진 가격으로 매입·처분할 수 있는 권리를 표시하는 모든 도구로 보통주나 우선주와 같은 주식

equity-settled share based payment transaction 주식결제형 주식기준보상거래

기업이 재화나 용역을 제공받는 대가로 기업의 지분상품을 부여하는 주식기준보상거래

equity turnover ratio 자기자본회전율

자기자본의 효율성을 평가하는 지표로 매출액을 평균자기자본으로 나누어 계산함

equivalent coefficient 등가계수

등급별 종합원가계산에서 각 등급별 제품에 관하여 배부시 사용하는 배부기준

E

equivalent production 등가생산량

기말재공품 환산량과 완성품수량의 합계량

equivalent units of production 완성품환산량

일정기간 동안 투입한 모든 노력의 정도를 그 기간 동안에 제품을 완성하는 데에만 투입했더라면 완성했을 완성품수량으로 나타낸 수치

ERP 기업자원종합관리시스템

☞ enterprise resource planning

error 오차

추정한 값과 실제로 발생한 값의 차이

E

estimated expenses 추정비용

당기의 수익창출에 관련된 비용이지만 금액의 산정이 어려울 경우 추정으로 계산된 비용

estimated items 추정항목

대손상각과 감가상각 등과 같이 미래사건의 발생에 영향을 받기 때문에 주관적인 평가에 의하여 당기의 비용을 결정하는 항목

estimated liabilities 추정부채

부채의 존재는 확실하나 지급금액이나 지급시기가 확정되지 않은 부채

estimated useful life 추정내용연수

유형자산의 추정사용가능기간

estimates 추정치

매출채권의 회수가능성이나 유・무형고정자산의 내용연수 및 잔존가치 등과 같이 주관적인 판단에 의해 결정되는 수치

European Depositary Receipts(EDR) 유럽예탁증권

유럽, 특히 런던의 은행들이 외국증권을 예탁받고 그 대신에 발행하는 증권

European option 대륙식 옵션

만기일에만 행사할 수 있는 옵션

EVA 경제적 부가가치

☞ economic value added

event 사건

회계거래에 영향을 미치는 원천이나 원인

events after the reporting period 보고기간후사건

보고기간말과 재무제표 발행승인일 사이에 발생한 유리하거나 불리한 사건

ex post 사후

라틴어의 ex post facto의 줄인 말로 어떤 사건 이후를 의미함

examination 검사

☞ inspection

excellence 우수성, 수월성

고객의 만족을 위하여 제품과 서비스의 전달을 지속적으로 개선하는 조직의 모든 단위 내에서의 활동들에 대한 원가·효과적인 성격

excess liquidity 과잉유동성

금융시장에서 유동성이 높은 자산, 특히 통화의 공급이 수요를 상회하는 상태

exchange acquisition 거래소 매입

뉴욕증권거래소에서 실시되고 있는 대량매매거래방법의 하나

exchange difference 외환차이

특정통화로 표시된 금액을 변동된 환율을 사용하여 다른 통화로 환산할 때 생기는 차이

exchange price 교환가치

수익거래에 따라 궁극적으로 받게 될 화폐의 현재가치

exchange rate 환율

특정시점에서 두 나라의 통화가 교환되는 비율

E

exchange transaction 교환거래

자산, 부채, 자본의 증감변동은 발생하나 수익과 비용은 발생하지 않는 거래

exchangeability 교환가능성

☞ separability

exchangeable bond 교환사채

사채권자의 의사에 따라 주식 등 유가증권으로 교환할 수 있는 사채

executory contracts 미이행계약

계약당사자들이 미래에 주요의무를 이행해야 할 계약

E

executory cost 리스사용비, 리스집행비

리스실행일 이후 리스자산에 직접 관련된 보험료나 수선비 등을 리스료와 별도로 지급하기로 한 금액

exercise price 행사가격

주식매입선택권을 행사하여 주식을 매입하는 가격

existence 실재성

특정일자에 자산이나 부채 등 해당 항목이 실제로 존재하는지 여부에 대한 판단

exit value 유출가치

자산이 처분되거나 부채가 소멸될 때의 교환되는 금액

expected actual capacity level 기대실제조업수준

다음 1년간에 예상되는 조업수준

expected actual efficiency level 기대실제능률수준

과거의 실적평균능률에 근거하여 장래에 있어서 무리 없이 실현될 수 있는 능률수준

expected payoff with imperfect information 불완전정보의 기대성과

불완전한 정보에서 최적의사결정을 내릴 때 의사결정자가 가지는 결과

expected payoff with perfect information 완전정보의 기대성과

완전한 정보에서 최적의사결정을 내릴 때 의사결정자가 가지는 결과

expected standard 기대표준

표준원가계산에 있어서 실제 결과치로 달성될 수 있을 것으로 기대되는 수준에서 설정된 원가, 수익, 성과표준치

expected value(EV) 기대가치

발생확률을 이용하여 계산되는 평균치

expected value of imperfect information 불완전정보의 기대가치

불완전정보를 적용하여 내린 의사결정의 기대가치와 기존정보만을 바탕으로 내린 의사결정의 기대성과의 차이

expected value of perfect information 완전정보의 기대가치

완전정보하에서의 의사결정에 대한 기대가치와 기존의 정보를 가진 상황에서 내린 의사결정의 기대성과의 차이

expected value of sample information 표본정보의 기대가치

☞ expected value of imperfect information

expenditure cycle 구매순환, 지출순환

기업이 지출하는 각종 비용의 지급과 관련하여 이루어지는 기업의 활동

expense recognition criteria 비용인식기준

기간중 인식한 수익과 관련되어 있는가의 여부로 비용을 인식하는 기준

expense warranty method 보증비용처리법

미래의 추정보증비용을 판매가 이루어진 기간의 비용으로 인식하고 판매보증충당금을 설정하며, 보증비용이 실제로 발생한 때에는 비용을 인식치 않고 판매보증금에서 차감하는 방법

expenses 비용

자산의 유출이나 소멸 또는 부채의 증가에 따라 자본의 감소를 초래하는 특정 회계기간 동안에 발생한 경제적 효익의 감소

experience curve 경험곡선

☞ learning curve

expired costs 소멸원가

자산의 가치를 가지는 원가가 소비되거나 그 가치가 상실된 경우의 해당 금액

exploration and evaluation assets 탐사평가자산

기업의 회계정책에 따라 자산으로 인식한 탐사와 평가 관련 지출

exploration and evaluation expenditures 탐사와 평가 관련 지출

광물자원 추출의 기술적 실현가능성과 상업화가능성을 제시하기 전에 광물자원의 탐사와 평가와 관련하여 발생한 지출

exploration cost 탐사원가

천연자원의 탐사에 지출되는 자금

exploration for and evaluation of mineral resources 광물자원의 탐사와 평가

특정지역의 탐사에 대한 권리를 획득한 후에 수행하는 광물자원에 대한 조사와 광물자원 추출의 기술적 실현가능성과 상업화가능성에 대한 결정

exposure draft 공개초안

회계기준의 설정과정에서 공개적으로 발표되는 초안

extended bond issues 연장가능 채권

당사자들의 합의하에 상환기일이 연장될 수 있는 채권

external auditing 외부감사제도

재무제표를 작성하여 공시하는 기업과 독립적인 위치에 있는 공인된 외부감사인인 기업의 재무제표가 일반적으로 인정된 회계원칙에 따라 적정하게 작성되었는지의 여부에 대해 전문가로서의 의견을 표명하는 제도

external auditor 외부감사인

기업과는 독립된 지위에서 공인된 전문가로서 감사를 실시하는 감사인

external event 외부사건

가치를 지닌 재화나 서비스를 다른 실체와 교환하거나 이전하는 경우

external events other than transactions 거래가 아닌 외적 사건

가격변동, 이자율의 변동, 천재지변 등 거래로 인식되지는 않지만 거래가 발생할 시 중대한 영향을 미칠 수 있는 외부의 경제적 현상

external failure costs 외부실패원가

불량제품들이 소비자에게 인도된 후에 발생하는 원가

externality 외부효과

사업부간의 상호관련성이 높아 각 사업부의 행위가 자신의 성과측정치뿐만 아니라 다른 사업부의 성과측정치에도 영향을 미치는 현상

E

extraordinary gains 특별이익

비경상적이며 비반복적으로 발생하는 거액의 이익

extraordinary items 특별항목

영업외활동 중에서 비경상적이고 비반복적인 경우에 해당되는 항목

extraordinary losses 특별손실

비경상적이며 비반복적으로 발생하는 거액의 손실

extrapolation 보외법

주어진 값의 범위를 넘어선 불특정 수치에 대한 추정치

F

F statistic F 통계량

설정된 회귀선의 유의성을 평가하는 데 사용되는 값

F.O.B. destination 목적지 인도기준

☞ free on board destination point

F.O.B. shipping point 선적지 인도

☞ free on board shipping point

face value 액면금액, 액면가액

사채나 주식의 권면에 표시된 금액

factoring 외상매출금 양도, 팩토링

기업이 금융기관에 일정수수료를 지불하고 외상매출금을 양도하는 행위

factoring accounts receivable 외상매출금의 이전

외상매출금을 factoring 금융기관에 이전하는 것

factors of production 생산요소

노무원가, 과학기술, 광열비, 여비 등을 포함한 모든 원가

factory burden 제조경비

☞ factory overhead cost

factory cost 공장원가, 제조원가

☞ manufacturing cost

factory ledger 공장원장

factory overhead cost 제조간접비

제경비, 공장경비, 제조경비, 제조제경비 등으로도 불리며 직접재료비와 직접노무비를 제외한 모든 제조원가

factory supplies 공장용 소모품비

제조활동과 관련하여 발생하는 소모품비

fair disclosure 공정공시

재무제표를 읽는 모든 정보이용자에게 균등한 대우를 하고자 하는 윤리적 목적에 의한 공시

fair game model 공정게임모형

모형이 적용되는 시장에서는 관련된 정보를 이용하여 투자하더라도 지속적으로 초과수익을 올릴 수 없다고 보는 관점에서 새로운 정보가 주가에 어떻게 반영되는가를 알아보는 효율적 시장이론의 한 종류

fair market value 공정시장가치

정보력을 가진 구매자와 판매자 간의 성실한 협상에 의해 결정되는 가치

fair value 공정가치

합리적인 판단력과 거래의사가 있는 독립된 당사자 사이의 거래에서 자산이 교환되거나 부채가 결제될 수 있는 금액

fair value accounting 공정가치회계

☞ current value accounting

fair value less costs to sell 순공정가치

합리적인 판단력과 거래의사가 있는 독립된 당사자 사이의 거래에서 자산 또는 현금창출단위의 매각으로부터 수취할 수 있는 금액에서 처분부대원가를 차감한 금액

fair value through other comprehensive income financial asset 기타포괄손익-공정가치측정금융자산

계약상 현금흐름 수취 및 매도 목적으로 보유하는 금융자산

fair value through profit or loss financial asset 당기손익-공정가치측정금융자산

자산의 매도를 통해 현금흐름을 실현할 목적으로 보유하는 금융자산

faithful representation 표현충실성

☞ representational faithfulness

FASB 재무회계기준위원회(심의회)

☞ Financial Accounting Standards Board

F

favorable variance 유리한 차이

표준원가와 예산관리에서 실제원가와 예산상의 성과의 차이가 예산상의 이익에 증가되는 효과를 주는 경우

feedback 피드백, 결과분석

과거기간에 수행된 활동의 결과를 모든 이해관계자에게 알리는 기능과 경영자가 주의를 집중해야 할 분야를 지적하는 기능을 수행

feedback value 피드백가치

회계정보를 이용한 후 정보이용자의 기대치를 확인 또는 수정하여 회계정보이용자의 의사결정에 영향을 미칠 수 있는 능력

feverish market 과열장세

일반투자자들의 적극적인 참여로 주식시장의 인기가 점점 높아지고 주가신장이 두드러지며 매매가 활발히 이루어지는 장세

F

FIFO 선입선출법

☞ first in first out

FIFO retail inventory method 선입선출매출가격환원법

매출가격환원법에서 기초재고가 먼저 판매된다고 가정하여 기말재고에는 기초재고가 포함되지 않고 판매가격의 변동이 당기매입에만 영향을 미치는 것으로 보고 원가율을 계산하는 방법

fill or kill orders(FOK) 즉시체결주문

선물시장에서 주문내용이 시장브로커에게 전달되는 즉시 체결하고 만일 즉시 체결이 되지 않으면 취소하도록 하는 주문형태

finance lease 금융리스

리스자산의 소유에 따른 모든 실질적 위험과 보상이 리스이용자에게 이전되는 리스

financial accounting 재무회계

경제적 실체의 외부의사결정자에게 기업의 재무상태, 경영성과 및 현금흐름의 변동에 관한 유용한 정보를 제공하는 회계분야

Financial Accounting Standards Board(FASB) 재무회계기준위원회 (심의회)

1973년 설립된 미국의 일반적으로 인정된 회계원칙을 제정하는 권한을 가진 민간조직

financial analysis 재무분석

기업의 재무자료를 분석하는 것

financial asset 금융자산

현금, 다른 기업의 지분상품, 거래상대방에게서 현금 등 금융자산을 수취할 계약상 권리, 잠재적으로 유리한 조건으로 거래상대방과 금융자산이나 금융부채를 교환하기로 한 계약상 권리

financial asset or financial liability at fair value through profit or loss 당기손익인식금융자산 또는 당기손익인식금융부채

단기매매항목으로 분류되거나 최초인식시점에 당기손익인식 항목으로 지정되는 조건을 충족하는 금융자산이나 금융부채

financial constraints 재무적 제약

제품시장에 대한 예측이 행해지게 된 후 경쟁전략과 회사의 현재 및 미래의 예상되는 자금상태하에서 투자에 이용할 수 있는 자금을 의미

financial effects 재무적 영향, 재무적 효과

재무적 지표나 재무상태에 미치는 영향

financial expense 금융비용

기업의 자금조달과 관련하여 발생하는 비용

financial flexibility 재무탄력성

예상치 못한 수요나 기회에 대응할 수 있도록 현금흐름의 시기와 금액을 변경할 수 있는 능력

financial forecast 재무예측

경영자의 지식과 신뢰에 근거하여 작성되는 기업의 미래에 대한 가상의 재무제표

F

financial instruments 금융상품

거래상대자 일방에게 금융자산을 발생시키고 동시에 다른 거래상대방에게 금융부채나 지분상품을 발생시키는 모든 계약

financial leverage 재무레버리지

고정적인 금융비용이 발생하는 부채를 사용하는 것

financial liability 금융부채

거래상대방에게 현금 등 금융자산을 인도하기로 하거나 잠재적으로 불리한 조건으로 거래상대방과 금융자산이나 금융부채를 교환하기로 한 계약상의 의무

financial position 재무상태

대차대조표에 보고된 기업의 자산, 부채, 자본의 관계

F

financial projection 재무추정

몇 개의 항목에 대하여 재무상태의 변화와 운영의 결과에 따른 미래의 재무상태에 대한 추정

financial ratio 재무비율

재무제표에 나타난 두 개 이상 항목간의 상대적인 비율

financial reporting 재무보고

다양한 이해관계자의 경제적 의사결정을 위해 경영자가 다양한 재무정보를 제공하는 것

Financial Reporting Releases(FRR) 재무보고통첩

미국의 SEC에서 발행하는 재무제표의 양식과 작성지침에 관한 내용을 다루고 있음

financial revenue method 금융수익법

매입할인을 수입이자로 처리하는 방법

financial risk 금융위험

하나 이상의 특정변수, 즉 이자율, 금융상품가격, 일반상품가격, 환율, 가격 또는 비율의 지수, 신용등급이나 신용지수 또는 그 밖의 다른 변수의 미래 발생가능한 변동으로 인한 위험

financial statement analysis 재무제표분석

기업이 작성하는 재무제표를 기초로 기업경영에 대한 여러 가지 회계분석을 수행하는 것

financial statements 재무제표

기업의 유용한 재무적 정보를 외부이용자에게 전달하는 회계보고서

financial statements elements 재무제표구성요소

재무제표를 작성하거나 보고할 때의 기본적인 구성요소

financial times ordinary index(FTO) FT 30 주가지수

영국의 경제신문사인 파이낸셜 타임스사가 런던증권거래소에 상장된 회사 중 영국의 전체 산업을 광범위하게 대표할 수 있는 회사 중 시장에서 거래가 활발한 30종목을 선정하여 기하평균에 의하여 산출·발표하고 있는 지수

financial times-stock exchange 100 share index(FT-SE100) FT 100 주가지수

영국의 주식시장에서 시가총액이 큰 100개의 기업으로 구성된 주가지수

financing activities 재무활동

기업의 납입자본과 차입금의 크기 및 구성내용에 변동을 가져오는 활동

financing and investing cycle 투자 및 재무 순환

투자자와 채권자로부터 자금을 조달하여 유형자산이나 투자자산에 대한 투자를 하는 활동

financing cost 금융비용

☞ financial expense

financing lease 금융리스

☞ capital lease

finished goods 완제품, 제품

☞ finished goods inventory

F

finished goods inventory 완제품, 제품

제조활동에서 완성되었지만 아직 판매되지 않아 보유하고 있는 재고자산

finished goods ledger 제품원장

금액과 수량을 함께 기록하는 재고자산의 이동을 기록하는 회계장부

firm commitment 확정계약

미래의 특정시기에 거래대상의 특정수량을 특정가격으로 교환하기로 하는 구속력 있는 약정

firm contract 확정계약

☞ noncancellable contract

firm purchase commitment 확정구매계약

모든 당사자에 대한 구속력이 있으며 일반적으로 법적인 권한이 있는 독립적인 당사자와의 계약

firm specific value 기업특유가치

기업의 입장에서 인식되는 사용자산에 대한 현재가치

first cost 제1원가

☞ direct cost

first in first out method(FIFO) 선입선출법

먼저 매입 또는 생산된 재고자산이 먼저 판매되고 결과적으로 기말에 남아 있는 항목은 가장 최근에 매입 또는 생산된 항목이라고 가정하는 방법

first-time adopter 최초채택기업

최초 한국채택국제회계기준 재무제표를 표시하는 기업

fiscal period 회계기간

회계의 측정과 보고를 위하여 인위적으로 설정한 기간

fixed asset 고정자산

1년 이상 장기간 기업의 영업활동에 활용되는 자산

fixed assets to long term capital ratio 고정장기적합률

자본배분의 안전성을 측정, 판단하는 보완비율로 장기자본(자기자본+고정부채)에 대한 고정자산과의 관계를 표시하는 비율

fixed assets turnover 고정자산회전율

고정자산이 일정기간중에 몇 회전하였는가 하는 고정자산의 회전속도를 표시하는 비율로 매출액을 고정자산으로 나눈 값

fixed budget 고정예산

☞ static budget

fixed charge coverage ratio 이자보상비율

☞ time interest earned ratio

fixed cost 고정비

조업도의 변동에 관계없이 총액이 항상 일정하게 발생하는 비용

fixed exchange rate system 고정환율제

환율의 변동을 전혀 인정하지 않거나 그 변동폭을 극히 제한하는 제도

fixed first order of arrangement 고정성배열법

고정성이 강한 고정항목을 먼저 배열하고 순차적으로 유동항목을 배열하는 대차대조표의 배열법

fixed liability 고정부채

유동부채 이외의 부채를 말하는 것으로 결산일 또는 대차대조표일로부터 기산하여 지급기한이 1년 이후에 도래하는 채무

fixed liquidity reserve requirements 고정적 유동비율제도

금융기관이 유지해야 할 유동비율을 고정한 제도

fixed manufacturing overhead 고정제조간접비

제조간접비 중 생산량에 관계없이 총액이 일정하게 발생하는 비용

fixed percentage of declining balance method 정률법

☞ fixed rate diminishing balance method

fixed price contract 정액계약

계약금액을 정액으로 하거나 산출물 단위당 가격을 정액으로 하는 건설계약

fixed production overheads 고정제조간접원가

생산량과는 상관없이 비교적 일정한 수준을 유지하는 간접제조원가

fixed rate diminishing balance method 정률법

자산의 구입초기에 후기보다 많은 금액을 감가상각비로 계산하는 것으로 유형자산의 장부가액에 매기간 동일한 상각률을 적용하는 감가상각방법

fixed ratio 고정비율

자본의 유동성을 나타내는 것으로 고정자산의 자기자본에 대한 비율

F

fixed salary 고정급여

성과에 관계없이 일정금액으로 지급되는 급여

fixed trust 고정형 투자신탁

편입된 증권을 한 번 결정하면 신탁기간 종료시까지 운용자의 자유재량으로 변경할 수 없는 투자신탁의 한 종류

fixtures 고착물, 정착물

건물에 설치되어 움직일 수 없는 부착물

flexibility 유연성

회계처리방법 중 회계담당자가 선택할 수 있는 선택적인 대안이 많은 경우

flexible budget 변동예산

☞ variable budget

flexible manufacturing system(FMS) 유연생산방식

특정제품의 생산에서 다른 제품의 생산으로 쉽게 전환이 가능하도록 설계되어 있는 기계의 집합

flow 유량

순자산의 증감을 가져오는 원천

flow chart 업무흐름도

특정의 부호나 그림을 사용하여 업무의 흐름을 나타내는 것

flow process chart 흐름공정도표

길브레스사가 개발한 것으로, 공정의 흐름을 작업순서에 따라 상세히 표시한 도표

flow-through method 손익반영법

영업이익 이외에 보유손익이나 전기오류수정손익 등도 당기의 손익계산서에 반영하는 방법

FMS 유연생산방식

☞ flexible manufacturing system

focus 강화

특정의 구매집단이나 제품영역 또는 일부지역에 대하여 사업단위의 관심을 집중시키는 전략

FOK 즉시체결주문

☞ fill or kill orders

footnotes 주석

재무제표의 과목 또는 금액에 번호를 붙이고 난외 또는 별지에 관련된 내용을 기술하는 것

forcing contract 강압적 계약

성과가 표준을 초과할 때에는 추가적 보상을 제공하는 것

forecast transaction 예상거래

이행해야 하는 구속력은 없으나, 향후 발생할 것으로 예상되는 거래

foreign currency 외화

기능통화 이외의 다른 통화

foreign currency transaction 외화거래

외화로 표시되어 있거나 외화로 결제되어야 하는 거래

foreign currency translation gains/losses 외화환산손익

결산일 현재 화폐성 외화자산 또는 화폐성 외화부채를 환산할 때 환율의 변동으로 인해 발생하는 이익 또는 손실

foreign currency translation methods 외화환산방법

외화를 환산하는 방법으로 유동성·비유동성법, 화폐성·비화폐성법, 시제법과 현행환율법의 4가지 방법으로 구분됨

foreign operation 해외사업장

보고기업과 다른 국가에서 또는 다른 통화로 영업활동을 하는 종속기업, 관계기업, 조인트벤처나 지점

forgivable loans 상환면제가능대출

대여자가 규정된 일정한 조건에 따라 상환받는 것을 포기하는 경우의 대출

F

formula method 공식법

해답을 구하기 위하여 방정식을 이용하는 방법

forward 선도거래

미래의 특정시점에 약정된 가격에 의하여 계약상의 특정대상을 매매하기로 합의하는 거래

forward exchange contracts 선물환계약

미래의 특정시점을 기준으로 화폐를 계약시점에 약정한 환율로 교환하기로 하는 계약

forward exchange rate 선물환율

교환되는 화폐를 미래에 이전하는 선물환계약에 적용되는 환율

forward pricing 전방위 가격설정

장기적 전략하에서 제품차별화적인 가격을 설정하거나 초기단계에서는 원가 이하로 가격을 설정하는 방식

four column bank reconciliation 4위식 은행계정조정표, 현금검증표

☞ proof of cash

four way analysis 사분법

총제조간접원가를 변동제조간접비와 고정제조간접비로 분류하여 분석하는 방법으로 예산차이, 변동능률차이, 고정비능률차이, 유휴설비차이의 4가지로 분류하는 것

Fra Luca Pacioli 루카 파치올리

15세기 중엽의 이탈리아의 수도승으로서 복식부기의 개념을 소개한 수학교재를 발간함으로써 근대 회계학의 아버지로 불리는 르네상스시대의 학자

franchises 프랜차이즈

특정지역 내에서 독점적으로 사업을 영위할 수 있는 권리나 특정기술 디자인 등을 독점적으로 사용할 수 있는 권리

fraud audit 부정감사

허위 및 사기 등에 의한 사실을 판명하기 위하여 행하는 일종의 특별감사

fraudulent financial reporting 허위재무보고

기업이 의도적으로 장부를 왜곡하거나 적절한 회계원칙을 준수하지 않음으로써 재무제표를 왜곡시키는 행위

free cash flow 자유현금흐름, 활용가능현금흐름

기업의 목적을 위하여 활용가능한 영업현금흐름을 측정하는 지표로 영업활동으로 인한 현금흐름에서 현재의 생산을 유지하기 위한 고정자산에 대한 투자액을 차감한 금액

free exchange rate 자유환율

외환의 수요와 공급에 따라서 자유로이 변동하는 환율

free market approach 자유시장 접근법

회계정보를 다른 재화나 용역과 마찬가지로 경제재로 간주하여 회계정보에 대한 균형가격을 자유시장원리로 설명하는 접근법

free on board(F.O.B.) destination 목적지 인도기준

운임을 판매자가 부담하며 운송중인 상품의 경우 판매자의 재고자산으로 보고되며, 상품이 구매자에게 도착할 때 소유권이 구매자에게로 이

전되는 판매조건

free on board(F.O.B.) shipping point 선적지 인도

운임을 구매자가 부담하며 운송중인 상품의 경우 구매자의 재고자산으로 보고되며 판매처에서 선적되는 시점에 소유권이 구매자에게로 이전되는 판매조건

free rider 무임승차

재무정보이용자가 무료로 재무정보를 이용하는 행위

freight in 운임

매입시 발생한 운임은 재고자산의 원가에 포함됨

frequency 빈도수

특정의 측정값이 얼마나 자주 등장하는가를 나타내는 것

frequency distribution 도수분포

측정값을 몇 개의 계급으로 나누어 각 계급에 속하는 수치의 출현도수를 표현하는 것

fringe benefits 부가급부, 부가급여

임금 외에 고용자가 고용인에게 주는 보수 또는 이익으로 연금, 이익분배, 휴가비, 회사가 지불하는 보험 등

front end investment 전단(前端)투자, 선불투자, 착수투자

장기계획시 초기투자에서 발생하는 중개료, 판매비 및 일반관리비 등의 제반비용

FRR 재무보고통첩

☞ Financial Reporting Releases

FTE 상시인원

☞ full time equivalent

full cost method 전부원가법

① 변동 또는 고정여부의 구분 없이 제조간접비 전체를 제조원가로 포함하여 계산하는 방법, ② 탐사원가의 회계처리시 성공이나 실패의 구

분 없이 천연자원의 탐사와 관련된 모든 탐사원가를 자산으로 처리하는 방법

full cost plus bases 이익가산 전부원가기준

공급부서의 전부원가에 일정한 이익을 가산한 금액

full costing 전부원가계산, 흡수원가계산

고정제조간접비를 제조원가에 포함시켜 계산하는 방법

full disclosure principle 완전공시의 원칙

정보이용자들의 판단에 영향을 줄 수 있도록 재무제표에 중요한 정보를 모두 포함시켜야 한다는 원칙

full payout 전액회수형

리스기간중의 리스료를 통해 취득원금 및 적정한 이자를 전액 회수하는 리스계약의 한 형태

full time equivalent(FTE) 상시인원

조직의 적정인력을 진단하기 위해 업무의 사용시간과 비중을 표시하고 업무의 활동가치에 따라 조직이 필요로 하는 적정인원

fully diluted earnings per share 완전희석화 주당순이익

유통되고 있는 보통주와 희석화가 가능한 보통주상당증권과 기타의 희석화 가능증권의 한 주에 귀속될 수 있는 이익

fully funded liability 완전기금부채

퇴직급여충당부채의 100%를 임직원을 수혜자로 설정한 기금

fully participating preferred stock 완전참가형 우선주

우선주 배당률을 초과하여 보통주와 함께 추가로 보통주와 동일한 비율로 이익배당에 참가할 수 있는 우선주의 한 형태

function 기능

기업 내에서 공통의 목적을 가지는 활동의 집단

functional currency 기능통화

기업이 주된 영업활동을 수행하는 지역에서 사용되는 통화

functional specification 기능명세서

기능을 구체적으로 세분하여 각 기능을 정의한 문서

fund theory 기금이론

기업의 자산을 특정한 목적에 이용되기 위하여 존재하는 자산과 부채들의 집합으로 파악하는 이론

fundamental cost driver 기본적 원가동인

구조적 · 실행적 · 상황적 원가동인을 총칭하는 것으로 각 기업의 원가 포지션의 파악에 필수적인, 즉 원가의 발생에 영향을 미치는 기본적 요소

funds 기금

자산의 일부를 분리하여 특정한 목적에 사용할 수 있도록 구성된 자금

F

future costs 미래원가

미래에 발생될 원가를 추정한 금액

future earnings 미래이익

과거의 이익에서 추정되어 계산된 미래의 일정기간에 대한 추정이익

future economic benefit 미래경제적 효익

직접 또는 간접으로 미래 현금 및 현금성자산의 기업에의 유입에 기여하게 될 잠재력

future service potentials 미래용역잠재력

미래에 현금유입을 유발하는 현금창출능력

future transaction 선물거래

미래의 특정일에 특정물건을 특정가격에 거래하기로 미리 약정하는 거래의 한 형태

future value 미래가치

현재시점에서 일정금액을 미래 특정시점의 화폐가치로 전환시킨 가치

futures 선물

수량, 규격, 품질 등이 표준화되어 있는 특정대상에 대하여 현재시점에

서 결정된 가격에 의해 미래의 일정시점에 인도하거나 인수할 것을 약정하는 계약

FVOCI financial asset 기타포괄손익-공정가치측정금융자산

☞ fair value through other comprehensive income financial asset

FVPL financial asset 당기손익-공정가치측정금융자산

☞ fair value through profit or loss financial asset

F

G

GAAP 일반적으로 인정된 회계원칙

☞ Generally Accepted Accounting Principles

GAAS 일반적으로 인정된 감사기준

☞ Generally Accepted Auditing Standards

GAB 일반차입협정

☞ general agreement to borrow

gain contingency 우발이익

장래에 발생할지도 모르는 이득

gain on condoned liabilities 채무면제이익

회사가 채권자로부터 부채의 전부 또는 일부의 상환을 면제받는 경우의 대변계정

gain on foreign currency transaction 외환차익

☞ gain on foreign exchange conversion

gain on foreign exchange conversion 외환차익

외화자산의 회수 또는 외화부채의 상환시에 발생하는 차익

gain on foreign exchange translation 외화환산이익

☞ gain on translation of foreign currency

gain on sales of treasury stock 자기주식처분이익

자기주식의 처분으로 발생한 차익

gain on translation of foreign currency 외화환산이익

결산일 현재 화폐성 외화자산 또는 화폐성 외화부채를 환산할 때 환율의 변동으로 인해 발생하는 이익

gain trading 이익거래

미실현보유손실이 발생한 유가증권은 보유하면서 미실현보유이익이 발

생한 유가증권을 처분하여 기업의 당기순이익을 높이는 것

gains 차익

경제적 효익의 증가를 나타내는 것으로 본질적으로 수익과 차이가 없음

gains and other revenues 영업외수익

기업의 부수적인 경제적 활동에서 발생한 거래로 소유주의 투자가 아닌 거래로 발생하는 자본의 증가부분

gains from investing and financing activities 투자와 재무 활동으로 인한 이익

투자활동이나 재무활동에서 발생한 이익

gains or losses from early extinguishment of bonds 사채상환손익

사채를 만기일 이전에 조기상환할 때 사채와 사채발행차금계정의 잔액을 정리한 후 장부가액과 상환가액의 차이를 손익으로 인식하는 금액

gains or losses on disposal of fixed assets 유형자산처분손익

취득원가에서 감가상각누계액을 차감한 처분시점의 장부가액과 처분가액간의 차액

gantt chart 간트도표

일종의 막대그림표로 나타내는 일정계획의 수립과 관리에 많이 활용되고 있는 기법

gap 격차, 이격

① 주식시장의 기술적 분석에서 주가가 전일의 고가보다 훨씬 높은 수준에서 시작하여 계속 상승하거나, 전일의 저가보다 낮은 수준에서 시작하여 계속 하락할 때 차트상에 나타나는 공간, ② 인도일과 인수일이 상이한 특정외환의 매도와 매입거래의 시차, ③ 만기일이 상이한 대출과 차입거래의 시차

gap management 이격관리

자산·부채 종합관리의 하나로 조달 또는 운용자금의 만기가 일치하지 않아 발생하는 차이가 금리동향에 따라 최적규모가 되도록 자금수급을 조절하는 것

GASB 정부회계기준위원회

☞ Governmental Accounting Standards Board

GATT 관세 및 무역에 관한 일반협정

☞ general agreement on tariffs and trade

GBC 독일의 무기명증서

☞ german bearer certificates

general accounting 일반회계, 재무회계

☞ financial accounting

general agreement on tariffs and trade(GATT) 관세 및 무역에 관한 일반협정

관세, 수출입규제 등의 무역장벽을 다각적인 교섭을 통해 제거해 보려는 목적으로 1947년에 발족한 무역협정

G

general agreement to borrow(GAB) 일반차입협정

국제통화기금(IMF)의 자금력을 증대하고 미국 달러, 영국 파운드 등 특정국 통화의 지원체제를 강화하기 위한 일반차입협정으로 1962년에 체결, 발효됨

general assignment 일반담보차입

기업이 보유하고 있는 모든 외상매출금을 차입금의 담보로 한 경우

general costing 종합원가계산

☞ process cost accounting

general journal 일반분개장

모든 거래가 순차적으로 기록되는 분개장

general ledger 총계정원장

모든 개별계정들을 종류별로 분류하여 모아 놓은 장부

general price level adjusted accounting 일반물가수준회계

☞ constant dollar accounting

general purpose financial statements 일반목적 재무제표

일반적으로 회계정보이용자들이 많이 요구한다고 판단되는 정보를 전달하는 회계보고서

generalized system of preference(GSP) 일반특혜관세제도

1968년 2월 인도 뉴델리에서 개최된 제2차 유엔무역개발회의(UNCTAD) 총회에서 채택한 일반특혜관세제도

Generally Accepted Accounting Principles(GAAP) 일반적으로 인정된 회계원칙

재무제표를 작성할 때 실무계에서 널리 사용되어 회계기준의 제정기관에 의하여 실질적으로 인정되는 회계원칙

Generally Accepted Auditing Standards(GAAS) 일반적으로 인정된 감사기준

감사증거의 수집절차, 감사범위, 방법 등에 대하여 감사인이 준거해야 할 일반적인 기준

Gensaki Market 겐사키 시장

일본의 환매조건부 채권시장

german bearer certificates(GBC) 독일의 무기명증서

EDR(유럽예탁증권)의 일종이나 독일에는 예탁기관이 직접 무기명증권을 발행하는 제도가 없기 때문에 예탁증권이라고 부르지 않고 무기명증서라고 함

gift 무상

자산의 취득시 대가없이 취득한 것

gift certificate 상품권

소지자에게 액면가액에 해당하는 상품을 인도할 의무를 표기한 기업에서 발행한 증서

GNP deflator GNP 디플레이터

GNP 추계에 관련되는 모든 재화와 서비스의 국내가격뿐만 아니라 수출가격 변동까지도 포함하여 경상 GNP를 실질 GNP로 나누어 사후적

으로 얻어지는 포괄적인 물가지수

GNP gap GNP 갭

한 나라의 잠재적 생산능력과 실제생산액의 차이

goal conflict 목표충돌

각 부서의 목표와 기업전체의 목표가 다를 때 발생하는 목표의 갈등

goal congruence 목표일치

부문경영자 또는 하부경영자가 자신의 성과측정치를 극대화하는 방향으로 행하는 의사결정이 조직전체의 목적과 일치되는 방향으로 나아가도록 유도하는 것

going concern assumption 계속기업가정

경영진이 기업을 청산하거나 경영활동을 중단할 의도를 가지고 있는 경우가 아니면 기업이 계속 운영된다는 가정

golden cross 골든크로스

단기주가이동평균선이 장기주가이동평균선을 상향돌파하는 것으로 강세장으로의 전환신호로 해석됨

golden shares 황금주식

전략적으로 중요한 공기업을 민영화하면서 외국자본으로부터 경영권을 보호하기 위한 것으로 민영화 이후 이사회 결정을 뒤집을 수 있는 권한을 부여한 특별주식

goods and service 재화 및 용역

판매목적으로 소유하고 있는 유형의 상품이나 제품과 무형의 활동

goods available for sale 판매가능상품

기초재고액과 당기매입을 합한 금액

goods in transit 미착상품

매수인에게 아직 도착되지 않고 배송중에 있는 상품

goodwill 영업권

개별적으로 식별하여 별도로 인식하는 것이 불가능한 자산에서 발생하

는 미래경제적 효익

government 정부

지방자치단체, 중앙정부 또는 국제기구인 정부, 정부기관 및 이와 유사한 단체

government assistance 정부지원

일정한 조건을 충족하는 기업에게 경제적 효익을 제공하기 위한 정부의 행위

government grants 정부보조금

기업의 영업활동과 관련하여 과거나 미래에 일정한 조건을 충족하였거나 충족할 경우 기업에 자원을 이전하는 형식의 정부지원금

government subsidies for capital expenditures 국고보조금

국가 또는 지방공공단체나 국책기관에서 특정산업의 보호, 육성 및 진흥을 위하여 유형자산건설에 소요되는 자금의 일부를 보조하는 경우의 보조금

Governmental Accounting Standards Board(GASB) 정부회계기준위원회

미국의 주 및 지방정부의 회계기준을 제정, 개정하며 주 및 지방정부의 재무보고를 개선하기 위하여 1984년 설립된 독립조직

grade 등급

동일한 기능적 활용도를 갖는 제품들간에 소비자기대의 차이

grant date 부여일

기업과 거래상대방이 주식기준보상약정에 합의한 날

grants related to assets 자산관련보조금

정부지원의 요건을 충족하는 기업이 장기성 자산을 매입, 건설하거나 다른 방법으로 취득해야 하는 일차적 조건이 있는 정부보조금

grants related to income 수익관련보조금

자산관련보조금 이외의 정부보조금

G

gray area 회색 영역

대비되는 영역간의 구분이 모호한 부분

green accounting 녹색회계, 환경회계

☞ environmental accounting

gross book value 총장부원가

자산의 과거취득원가

gross investment in the lease 리스총투자

금융리스에서 리스제공자가 수령할 최소리스료와 무보증잔존가치의 합계액

gross margin 매출총이익

☞ gross profit

gross method 총액법

상품의 매입시점에서는 매입할인을 차감하지 않은 총액으로 기록하고 할인기간 이내에 대금을 지급하여 매입할인을 받으면 매입할인을 대변에 기록하는 방법

gross profit 매출총이익

매출액에서 매출원가를 차감한 부분의 이익

gross profit method 매출총이익률법

과거의 매출총이익률을 적용하여 당기의 매출액에 대한 매출원가를 추정한 후 추정매출원가로부터 기말재고자산의 금액을 역산하여 계산하는 방법

ground price 공장원가, 제조원가

☞ manufacturing cost

group 연결실체

지배기업과 그 지배기업의 모든 종속기업

group administration (employee benefit) plans 집단관리제도(종업원급여제도)

단일사용자제도를 결합한 것으로서, 참여사용자들은 투자목적으로 자산을 공동관리하여 투자관리원가를 절감할 수 있지만, 각 사용자의 청구액은 각자의 종업원급여별로 구분되는 제도

group depreciation method 조별상각법

종류가 비슷하고 내용연수도 거의 동일한 자산을 한 집단으로 묶어 단일자산처럼 감가상각을 하는 방법

group method 조별법

☞ group depreciation method

group of biological asset 생물자산집단

유사한 동물이나 식물의 집합체

group of twenty(G20) 주요 20개국 모임

기존의 선진국 중심의 G7에 신흥국 12개국, EU를 포함하여 1999년에 만들어진 재무장관 및 중앙은행총재회의에서 2008년부터 각국의 정상회의로 격상됨

group of twenty four(G24) 주요 24개국 집단

국제통화문제에 관한 개발도상국의 공통입장을 수립하기 위하여 1971년 제2차 UNCTAD(유엔무역개발회의) 총회시 각료회의의 결의에 따라 설립된 24개국 그룹

group purchase 일괄구입

특정항목들을 구입하면서 전체에 대하여 청구가 이루어지는 것

group technology(GT) 그룹테크놀로지

그룹으로 불리는 조직단위가 필요한 생산시설을 갖추고 특정집합의 부품이나 부품군을 책임지고 완성시키는 공장조직화의 한 방식

grouping 그룹핑, 통합

중요성의 원칙에 의거 계정과목을 통합하여 계정과목 수를 줄이는 것

GSP 일반특혜관세제도

☞ generalized system of preference

GT 그룹테크놀로지

☞ group technology

guaranteed bonds 보증사채

원금상환과 이자의 지급을 제3자가 보증하여 발행하는 사채

guaranteed residual value 보증잔존가치

리스이용자나 리스이용자의 특수관계자가 보증한 잔존가치 부분

guaranty bonds 보증사채

제3자가 이자와 원금의 지급을 보증하는 사채

guideline 지침서

일정목적을 달성하기 위하여 특정사항을 준수하도록 지도하기 위하여 제시하는 특정종류의 준수지침

H

hard budget 고정예산

☞ static budget

hard currency 경화

금의 대체효력을 가진다든지 국제수지가 양호하여 그 나라의 통화가 미국의 달러화나 독일 마르크화 등 국제적으로 널리 유통되고 있는 통화와 직접 자유롭게 교환할 수 있는 통화

harvest 수확

생물자산에서 수확물을 분리해내거나 생물자산의 생장과정을 중지시키는 것

head office 본점

별도의 영업근거지에 대응되는 주요영업근거지

hedge effectiveness 위험회피효과

회피대상위험으로 인한 위험회피대상항목의 공정가치나 현금흐름의 변동이 위험회피수단의 공정가치나 현금흐름의 변동으로 상쇄되는 정도

hedged item 위험회피대상항목

공정가치나 미래현금흐름의 변동위험에 노출되어 있고 위험회피대상으로 지정된 자산, 부채, 확정계약이나 발생가능성이 매우 높은 예상거래 또는 해외사업장에 대한 순투자

hedging 위험회피, 헤징

변동위험을 회피하기 위하여 한 개 이상의 파생상품을 이용하는 것

hedging instrument 위험회피수단

공정가치나 현금흐름의 변동이 지정된 위험회피대상항목의 공정가치나 현금흐름의 변동을 상쇄할 것으로 기대하여 지정한 파생상품 또는 비파생금융자산

heisenberg uncertainty principle 하이젠버그의 불확실성원칙

성과를 측정한다는 사실 자체가 피평가자의 행위에 영향을 미치는 현상

held-to-maturity investment 만기보유금융자산

만기가 고정되었고 지급금액이 확정되었거나 확정될 수 있는 비파생금융자산으로서 만기까지 보유할 적극적인 의도와 능력이 있는 경우의 금융자산

heteroscedasticity 이분산

추정의 표준오차를 바탕으로 확률구간을 설정할 때 독립변수의 모든 값에서 종속변수의 분포가 동일하지 않는 상태가 존재하는 것

hidden factory 숨겨진 공장

불량품으로 인해 야기되는 공장 전체의 혼란과 더불어 공장 대부분의 공간이 재작업 대상의 불량품처리를 위해 사용되는 현상 또는 이로 인한 비용의 증가액

hidden reserve 비밀적립금

☞ secret reserves

high low method 고저법

가장 높은 수준의 조업도와 가장 낮은 수준의 조업도의 변화에 대한 각 비용의 변화수준을 기준으로 하여 고정비와 변동비를 추정하는 방법

higher interest policy 고금리정책

중앙은행이 공정할인율을 인상하거나 대출방침을 엄격히 하여 금리를 전반적으로 인상시킴으로써 유동성의 과잉을 방지하고 유효수요의 증대를 억제하는 금융정책

highly probable 가능성이 매우 높은

발생하지 않을 가능성보다 발생할 가능성이 중요하게 높은

hire-purchase contract 할부구매계약

리스의 정의에는 합의된 조건이 충족될 때 임차인에게 자산의 법적 소유권을 획득할 수 있는 선택권을 부여하는 자산임차계약

historical cost 역사적 원가

취득 당시에 지급한 현금 또는 현금성자산이나 그 밖의 대가의 공정가치

historical cost principle 역사적 원가주의

대차대조표에 자산을 취득한 원가로 기록 보고한다는 개념

historical exchange rate 역사적 환율

재무제표에 기록된 금액이 발생한 시점의 환율

historical proceeds 역사적 현금수취액

이미 수취한 재화나 용역의 대가를 현금 또는 현금등가액으로 측정한 부채의 수취금액

historical rate 역사적 환율

거래가 발생한 날짜의 환율

hold 유지

전략적 임무 중 시장점유율과 경쟁적 위치를 현 수준에서 유지하려고 하는 정책으로 사업단위의 현금유입과 유출을 같게 하는 전략

holding costs 재고유지원가

구입된 재고나 생산된 재고를 유지하고 보관하는 데 소요되는 원가

holding gain 보유이득

보유자산의 평가액이 취득가액을 초과하는 부분

holding loss 보유손실

보유자산의 평가액이 취득가액에 모자라는 부분

holiday and vacation pay 휴무임금

유상으로 처리되는 휴무일에 대한 지급임금

home office 본점

본기업의 주된 영업장소로 기업을 총괄적으로 관리하는 곳

homogeneous cost 동질적 원가

포함된 각 활동의 원가가 원가대상에 대하여 동일하거나 유사한 인과 관계를 가지는 원가

homoscedasticity 등분산

추정의 표준오차를 바탕으로 확률구간을 설정할 때 독립변수의 모든

값에서 종속변수의 분포가 동일한 상태

horizontal analysis 수평적 분석, 추세분석

☞ trend analysis

housing expenses 주거비

주거에 소요되는 경비

human resource accounting 인적자원회계

기업의 구성원인 인적자원의 가치를 계량화하여 재무제표에 포함시킴으로써 유용성을 높일 수 있을 것으로 판단하는 회계분야

hybrid securities 복합증권

☞ convertible securities

hyperinflation 초인플레이션

3년 동안의 누적인플레이션율이 100%에 근접하거나 초과하는 현상

hypothecated asset 담보자산

채무계약에 채무상환의 보증을 위하여 담보로 되어 있는 자산

H

I

IAS 국제회계기준

☞ International Accounting Standards

IASB 국제회계기준이사회

☞ International Accounting Standards Board

IASC 국제회계기준위원회

☞ International Accounting Standards Committee

ICM 통합적 원가관리시스템

☞ integrated cost system

ideal benchmark 이상적 표준비율

기업의 재무비율을 판단하는 데 이용할 수 있는 절대적인 비율

ideal efficiency level 이상적 능률수준

현재의 설비를 기초로 생산요소를 최선으로 결합한 경우에 얻어지는 최대의 능률수준

ideal price level 이상적 가격수준

원가요소에 대하여 예정할 수 있는 가장 유리한 가격으로 설정되는 가격수준

ideal standards 이상적 표준

이론상 획득될 수 있는 최상의 표준값

ideal standards cost 이상적 표준원가

이상적 가격수준, 이상적 능률수준, 실제적 생산능력수준을 결합하여 설정한 높은 수준의 표준원가

identifiability 식별가능성

자산의 추적가능성과 금액의 중요성에 근거하여 개별자산으로의 분리가능한 성질

idle capacity variances 유휴설비차이, 조업도차이

☞ volume variance

idle costs 유휴비

생산설비가 가동되지 않고 있는 상태에서 발생하는 비용

idle time 유휴시간, 지연시간

기계의 고장, 정전 등의 사고에 기인하여 생산의 중단 및 재료준비, 제조지령대기, 검사대기 등의 관리운영상의 준비부족에 따라 발생하는 정체시간

idle time wage 유휴시간급

기계고장, 재료의 고갈, 정전 등과 같은 사유로 인하여 작업을 수행하지 않은 시간에 대해 지급되는 노무원가

if-converted method 전환가정법

전환우선주와 전환사채를 보통주로 전환될 것으로 간주하여 보통주식수를 희석성 잠재적 보통주의 수에 포함시켜 주당순이익을 계산하는 방법

IFAC 국제회계사연맹

☞ International Federation of Accountants

IFRS 국제재무보고기준

☞ International Financial Reporting Standards

imaginary demand 가수요

단기차익을 목적으로 신용거래를 이용하여 주식을 매입하는 것

IMF article 8 countries IMF 8조 국가

IMF 협정 제8조에서 규정하고 있는 경상거래의 결제에 관하여 외환규제 철폐의 의무규정을 준수할 것을 수락한 국가

IMF article 14 countries IMF 14조 국가

외환철폐에 대한 유예규정을 다루고 있는 IMF 협정 제14조의 의무를 이행할 것을 수락하고 잠정적으로 외국환 관리를 할 수 있는 국가로 개발도상국이 대부분 여기에 해당됨

IMF interim committee IMF 잠정위원회

국제통화제도의 관리 및 감독, IMF 협정문 개정안의 심의 및 국제통화제도를 위협하는 긴급사태 발생시의 대처방안 등을 논의하고 그 결과를 총회에 보고하는 역할을 담당하는 IMF 총회의 자문기구

IMF quota IMF 쿼터, IMF 출자할당액

IMF 가맹시 회원국의 결제력과 무역규모에 따라 배정되는 출자할당액

impairment loss 손상차손

자산의 장부금액이 회수가능액을 초과하는 금액

imperfect information 불완전정보

미래의 불확실성을 완전히 제거하지는 못하지만 어느 정도 줄여주는 미래의 상황에 대하여 현실적으로 획득가능한 정보

impersonal account 비인명계정

토지, 상품 등과 같이 사람이름이나 회사이름을 붙일 수 없는 계정

impracticable 실무적으로 (적용)할 수 없는

기업이 모든 합리적인 노력을 했어도 요구사항을 실무에 적용할 수 없는 경우

imprest cash fund system 정액자금전도제

일상적인 소액의 지출을 위하여 일정한 금액의 자금을 소액현금기금으로 사전에 설정하여 관리하는 제도

imprest fund system 정액자금전도제

☞ imprest cash fund system

imprest petty cash system 정액자금전도제

☞ imprest cash fund system

improvements 개선

기존의 자산을 보다 좋은 자산으로 대체하는 것

imputation 이자율의 개산

근사치로 이자율을 추정하는 것

imputed cost 부가원가, 내재원가

재무회계상의 기록으로는 나타나지 않으며 현금지출을 수반하지 않는 원가이나 원가계산상 가치희생으로 계상되어질 수 있는 원가

imputed interest 내재이자, 간주이자, 귀속이자

특정자산이나 투자에 대한 상대적인 투자수익으로 표현되는 추정금액

imputed rate of interest 내재이자율

신용도가 비슷한 기업이 발행한 유사 금융상품의 일반적인 이자율 또는 명목금액의 현재가치를 제공하는 재화나 용역의 현금판매 금액과 일치시키는 할인율

in-charge auditor 감사현장책임자

피감사기업의 감사현장에서 감사를 직접지휘 감독하는 감사인

in good faith 성실

☞ integrity

in-substance defeasance 실질상환

국채나 공채 등의 무위험증권을 매입하여 여기에서 나오는 원리금으로 비유동부채의 원리금 지급에 사용하는 경우에 나타나는 부채의 상환효과

inactive account 비활동계정

사용하지 않는 계정

inadequacy 부적응

기업의 영업활동규모가 성장하고 변화함에 따라 나타나는 자산수명의 종결현상

inappropriated retained earnings 이월이익잉여금

이익잉여금 중 배당가능한 것으로 차기로 이월되는 금액

incentive bonus 상여금, 성과급

목적을 달성하기 위한 유인책으로 제시되는 장려금

incentive contract 유인정보계약

각 사업부가 수익성을 극대화하기 위하여 노력할 수 있도록 각 사업부에

동기를 부여하기 위해서 성과평가를 기초로 보상액이 결정되는 방법

inception of lease 리스실행일, 리스약정일

리스계약조항에 따라 리스료가 최초로 기산되기 시작하는 날

income 이익

수익에서 비용을 차감한 후의 잔여액 또는 기초 자본을 유지하기 위해 필요한 부분을 초과하는 금액

income before income taxes 법인세비용차감전순이익

경상이익에서 특별이익과 특별손실 항목을 계산하여 나타나는 이익

income bonds 이익사채

이익을 냈을 경우에만 이자를 지급하는 조건으로 발행한 사채

income form continuing operations 계속사업이익

중단사업이익이 있을 경우에 이와 구분하기 위하여 표시되는 계속적으로 사업을 운영하는 부분에 대한 이익

income from operation 영업이익

☞ operating income

income stabilization effect 이익안정화 효과

기업결합에 따른 영업의 다양화로 주기적 또는 계절적 수익의 불안정이 줄어들어 영업위험이 분산되는 효과

income statement(I/S) 손익계산서

일정기간 동안 기업의 경영활동의 결과를 요약하여 나타내는 보고서

income statement accounts 손익계산서계정

기업의 경영성과를 표시하는 수익과 비용에 속하는 계정

income statement approach 손익계산서 접근법

과거 손익계산서의 항목과 대손발생액 간의 관계를 기초로 하여 과거의 평균대손율을 계산하고 이를 당기의 매출액이나 외상매출액에 곱하여 대손가능액을 추정하는 방법

income summary 집합손익

결산분개시 수익과 비용계정의 잔액을 0으로 만들기 위하여 임시로 만드는 손익계정

income tax allocation 법인세배분

관련항목으로 법인세비용을 나누거나 일시적 차이로 인하여 납부해야 할 법인세금액과 법인세비용이 차이가 날 때 이를 기간별로 배부하는 개념

income taxes 법인세

법인세법에 의하여 기업이 세율에 따라 계산된 납부해야 할 세액

income taxes payable 미지급법인세

법인세 등의 미지급액

incorporation 회사, 법인

개인과 구분되는 주식회사 등을 의미

increase learning 학습효과

새로운 공정기술에 대한 투자가 투자경험을 통해 교육적인 효과를 갖는 현상

increasing charge method 체증상각법

감가상각비가 내용연수에 걸쳐서 점차 증가하는 방법

incremental approach 증분접근방법

원가나 수익의 증가와 감소를 모두를 포함하고 있는 원가접근방법

incremental costs 증분원가

원가의 증가액

incremental direct cost 증분직접비용

리스계약을 완료시키기 위해 리스회사에게 발생한 비용들 중에서 제3자에게 지급된 비용

incremental unit time learning curve model 증분단위시간 학습곡선모형

생산된 누적단위(수량)들이 갑절이 될 때마다 증분단위시간(즉 마지막 단위를 생산하는 데 소요되는 시간)은 일정한 율로 감소하는 현상

indefinite integral 부정적분

미분을 거꾸로 하는 즉 역도함수

independence in appearance 외관상 독립성, 형식적 독립성, 객관적 독립성

이해관계가 없는 제3자가 정직성과 객관성 및 전문가적 의구심이 훼손되었다고 판단할 수 있는 정도의 독립성이 훼손되는 상황이나 사실을 회피하는 것

independence in fact 실질적 독립성, 정신적 독립성

전문가로서의 판단을 훼손시키는 요소에 영향을 받지 않는 자세

independent variable 독립변수

종속변수의 값에 영향을 미치는 변수

index bonds 지수사채

인플레이션으로부터 채권자를 보호하기 위하여 소비자물가지수와 같은 지수로 이자율을 결정하는 사채

index method 지수법

분석목적에 적합하게 선정된 재무비율을 이에 대응되는 표준비율로 나누어 관계비율을 계산하고 이 관계비율에 가중치를 적용하여 계산되는 지수를 사용하는 방법

indifference range 무차별범위

상한과 하한을 정해 놓고, 이 범위 안에서는 어떤 매개변수가 최적해를 전혀 변경함이 없이 자유로 변화할 수 있는 범위

indirect activities 간접활동

제품이나 서비스에 직접적으로 귀착되지 않는 활동

indirect costs 간접비, 간접원가

어떤 원가가 특정 원가집적대상과 관련을 맺고 있다 하더라도 그 원가집적대상에 실질적 또는 경제적으로 추적할 수 없는 경우의 원가

indirect departmental cost 공정공통비, 간접부문비

각 공정 또는 부서에서 공통적으로 발생하는 비용

indirect disclosure 간접공시

상장법인이 거래소에 신고한 기업내용을 거래소가 당해 상장법인을 대신하여 공시하는 것

indirect exchange arbitrage 간접재정

3개국 이상에 걸친 환율의 차이를 이용하여 이득을 취하는 환 재정거래

indirect exchange rate 간접환율

자국의 화폐단위를 기준으로 하여 외국의 화폐단위로 표현하는 방법

indirect financing 간접금융

자금의 최종공급자와 최종수요자 사이에 은행 등의 금융기관이 개입하여 자금을 공급하는 금융방식

indirect holding 간접소유

지배회사가 종속회사를 통하여 다른 종속회사를 소유하는 형태

indirect investment 간접투자

금융기관이 위탁된 자금을 이용하여 기업에 대여하거나 증권에 투자하는 행위

I

indirect issuing 간접발행

발행자가 모집, 매출을 직접 담당하는 것이 아니라 증권발행의 전문기관을 중개자로 개입시켜 이 중개자로 하여금 증권발행의 구체적인 업무를 담당케 하는 간접적인 증권발행의 방법

indirect labor costs 간접노무비

특정제품에 직접적으로 추적할 수 없는 노무비로 직접노무비 이외의 모든 공장 임금

indirect manufacturing costs 간접제조원가, 제조간접비

☞ factory overhead cost

indirect matching 간접대응

☞ periodic matching

indirect material costs 간접재료비

원재료 중에서 특정제품과 관련하여 추적하기 곤란한 것 또는 금액이 적어 추적의 경제성을 달성할 수 없는 소모품성 재료비 등 제조간접비로 포함시키는 금액

indirect method 간접법

당기순이익과 영업현금흐름의 차이를 가져오는 항목들을 당기순이익에 가감조정하여 간접적으로 영업현금흐름을 계산하여 보고하는 방법

indirect offering 간접모집

증권모집의 한 형태로서 발행회사가 직접 일반대중으로부터 모집하는 것이 아니라 전문적인 중개기관을 통하여 간접적으로 모집하는 방법

individual auction 개별경매

개별물건별로 이루어지는 경매

individual item basis 종목별기준

저가기준의 재고자산평가에 대한 저가기준의 적용을 재고자산의 개별 항목에 대해서 적용시키는 것

individual stockholder 개인주주, 일반주주

개인명의로 주식을 보유하고 있는 주주

induced conversion 유도전환

사채발행회사가 유인책을 제공하면서 전환사채의 조기전환을 유도하는 행위

inductive approach 귀납적 접근법

실무에서 사용되고 있는 회계처리방법을 체계적으로 분석하여 일반적인 회계기준으로 선택하는 접근방법

inefficient use of competent managers 유능한 인재의 비효율적 이용

분권화된 조직의 경우에는 인재를 사업부의 경영에만 관여하게 하여 인적자원을 효율적으로 활용하지 못하게 되는 결과

inflation 인플레이션

통화량의 팽창으로 물가가 인상되는 현상

inflation accounting 물가변동회계

인플레이션에 따라 화폐가치의 변동을 반영하여 회계처리 보고하는 회계

information 정보

특정의 의사결정에 유용한 특성인 목적적합성과 신뢰성을 갖는 자료

information asymmetry 정보비대칭, 정보불일치, 정보불균형

정보사용자와 정보제공자 사이 또는 종업원과 경영자 사이에 정보량이나 분석능력에 있어서 차이가 나는 현상

information overload 정보과부하

정보이용자가 충분히 이해할 수 없을 정도로 많은 정보가 보고되는 현상

information risk 정보위험

정보의 목적적합성이나 신뢰성이 결여된 정보의 이용으로 잘못된 의사결정을 할 수 있는 가능성

information specialization 정보의 전문화

최고경영자가 의사결정을 수행하기 위해서는 최고경영자가 기업에서 일어나는 일을 전달받아 자세한 상황을 정확한 상태로 알아야 하는 것

informed judgement 정보에 근거한 판단

유용한 정보로 합리적 판단을 하는 근거

inherent risk 고유위험

계정잔액이나 거래가 쉽게 왜곡표시될 가능성이 내재되어 있는 위험

initial direct costs 리스개설직접원가

리스의 협상 및 계약에 직접 관련하여 발생하는 증분원가. 다만, 제조자나 판매자인 리스제공자에 의하여 발생하는 원가는 제외함

initial or original margin 개시증거금

고객이 선물포지션을 취할 때 요구되는 증거금으로 일반적으로 하루 최대한의 가격변동폭을 커버할 수 있는 정도의 금액

input 투입물

생산에 투여되는 자원

inquiry 질문

기업의 내외부의 관련지식이 있는 사람에게 특정의 정보를 구하는 행위

inspection 검사

기록, 문서 또는 물리적인 자산을 실지로 조사하는 행위

inspection method 검사법, 실사법

☞ investigation method

installment 할부

채무의 부분상환 또는 약정된 기간 동안 특정일자에 특정의 금액을 연속하여 지불하는 것

installment contracts 장기계약

1년 이상의 기간을 정하여 이루어지는 계약

installment method 할부법

판매대금의 회수율에 따라 비례적으로 수익을 인식하는 방법

installment sales 할부판매

판매대금을 일정기간에 걸쳐 정기적으로 지급받는 판매형태

insurance assets 보험자산

보험계약상 보험자의 순 계약상 권리

insurance contract 보험계약

계약당사자 일방(보험자)이 특정한 미래의 불확실한 사건(보험사건)으로 계약상대방(보험계약자)에게 불리한 영향이 발생한 경우에 보험계약자에게 보상하기로 약정함으로써 보험계약자로부터 중요한 보험위험을 인수하는 계약

insurance liability 보험부채

보험계약상 보험자의 순 계약상 의무

insurance risk 보험위험

계약보유자로부터 계약발행자에게 이전되는 위험으로서 금융위험 이외의 위험

insured event 보험사건

보험계약에 의해 보장되고 보험위험을 발생시키는 불확실한 미래사건

insurer 보험자

보험사건이 발생하는 경우 보험계약에 따라 보험계약자에게 보상할 의무를 부담하는 당사자

intangible asset 무형자산

물리적 실체는 없지만 식별가능한 비화폐성자산

intangible fixed asset 무형고정자산, 무형자산

☞ intangible assets

intangibles 무형자산

☞ intangible assets

integrity 성실성

직무의 수행에 있어서 요구되는 진실성과 정직성

intentional liquidating dividends 의도적 청산배당

기업이 자본을 감소시키기 위하여 배당을 실시하는 것

interactive 상호작용

의사결정이 이루어지는 시점에서 상위경영자들이 하위관리자의 의사결정에 적극적으로 개입하고 조정할 목적으로 계획 및 통제절차를 이용하는 것

interest bearing notes 이자부 어음

어음의 액면에 이자율이 명기되어 있는 어음

interest coverage ratio 이자보상비율

☞ time interest earned ratio

interest during construction 건설자금이자

유형자산의 건설과 관련하여 장기차입금이 발생했을 때 자본화하는 이자

interest group 이해관계자

기업과 경제적인 이해관계를 가지는 사람 또는 집단

interest rate risk 이자율위험

시장이자율의 변동으로 인하여 금융상품의 공정가치나 미래현금흐름이 변동할 위험

interest rate swap 이자율스왑

계약당사자간에 부채원금의 교환 없이 서로 다른 조건의 이자지급 의무만을 교환하여 부담하기로 약정하는 거래

interest received 수입이자, 이자수익

금융기관에 예탁한 예금에서 발생하는 이자수입

interim financial report 중간재무보고서

중간기간에 대한 재무보고서

interim financial statements 중간재무제표

회계연도 도중에 분기 또는 반기별로 작성되는 재무제표

interim period 중간기간

한 회계연도보다 짧은 회계기간

interim reporting 중간재무보고

1회계연도 내의 중간기간에 이루어지는 재무보고

intermarket trading system(ITS) 거래소시장간 주문시스템

미국 주식유통시장의 정비·확충을 위하여 개발된 거래소시장간 주문회송시스템

internal audit 내부감사

기업내부에서 행하는 평가업무 또는 그러한 일을 담당하는 감사인

internal control 내부통제

사전에 설정된 조직의 정책이나 규정의 준수를 통해 경영목적이 달성될 수 있도록 하기 위한 조직내부에서 채택하고 있는 전반적인 관리통제시스템

internal costing 내부원가계산

관리회계 목적으로 이루어지는 원가계산

internal direct costs 내부직접비용

리스와 관련하여 리스회사가 자체적으로 수행한 업무들과 직접적으로 관련된 비용

internal event 내적 사건

기업 내에서 자원이 이전되거나 교환되는 경우

internal failure costs 내부실패원가

불량제품이나 잘못된 용역이 고객에게 제공되기 이전에 기업에서 발견하기 위하여 발생하는 관련 비용

internal indirect costs 내부간접비용

직접비용에 포함되어서는 안 되는 것으로 리스회사가 수행한 활동 중 광고나 기존의 리스와 관련된 활동, 신용정책을 수립하고 감독하는 활동 등과 관련된 비용

internal rate of return(IRR) 내부수익률

투자에 소요되는 지출액의 현재가치와 투자로 인해 획득할 순현금유입액의 현재가치를 동일하게 해주는 할인율

internal rate of return method 내부수익률법

투자의사결정에 있어서 내부수익률보다 높게 수익률이 추정되는 투자안을 선택하는 방법

I

Internal Revenue Service(IRS) 미국 국세청

internal transaction 내부거래

제조활동과 관련된 분개, 정리분개 등과 같이 기업의 내부에서 발생하는 거래

internally created intangibles 내부창출 무형자산

외부에서 구입하지 않고 내부적으로 창출되는 무형자산

International Accounting Standards 국제회계기준

국제회계기준위원회에 의해 채택된 기준서 및 해석서

International Accounting Standards Board(IASB) 국제회계기준이사회

2001년 국제회계기준위원회에서 개편된 조직으로 국제재무보고기준의

제정기구

International Accounting Standards Committee(IASC) 국제회계기준위원회

1973년 미국, 독일, 영국, 프랑스, 호주, 캐나다, 아일랜드, 일본, 멕시코, 덴마크, 네덜란드의 회계조직이 국제적 회계기준의 통일과 제정을 위하여 구성한 국제적 민간 회계조직체

International Chamber of Commerce(ICC) 국제상공회

자유경제를 표방하는 국가의 실업가들을 회원으로 하는 국제적인 종합경제단체

International Federation of Accountants(IFAC) 국제회계사연맹

1977년 51개국의 63개 회계조직으로 시작하여 현재는 123개국의 158개 회계전문가 조직으로 구성된 국제적인 회계기구

International Financial Reporting Standards 국제재무보고기준

국제회계기준을 대체하는 국제회계기준이사회에서 제정하는 국제재무보고의 기준

International Monetary Fund(IMF) 국제통화기금

1944년에 체결된 브렌트우드 협정에 따라 1947년에 설립된 국제통화기금

International Monetary Market(IMM) 시카고국제금융시장

금, 미국의 달러, 서독의 마르크, 일본의 엔화 등을 취급하는 시카고상품거래소 내부에 있는 독립된 거래소

international organization for standardization(ISO) 기업품질보증제

국가간 무역 및 일반 상거래상 품질보증을 위한 기본 모델

International Organization of Securities Commission(IOSCO) 국제증권감독기구, 국제증권관리위원회

1983년 미국에서 결성되어 현재 97개 국가의 170개 증권감독기구로 조직된 국제적 기구

International Standards on Auditing(ISA) 국제감사기준

국제회계사연맹이 제정한 국제감사기준의 적용지침

interperiod allocation method 기간배분법

회계이익에 근거한 법인세비용을 손익계산서에 계상하고, 법인세비용과 산출세액의 차이를 대차대조표상에 자산 또는 부채로 계상하는 방법

interpolation method 보간법

현재가치표상 나타나지 않은 수익률을 찾는 방법

interpretive preference 해석의 선호

정보이용자들이 정보작성자로 하여금 미래사건에 대한 판단과 해석을 재무제표에 표현하는 것을 허용하는 정도

intersection set 교집합

두 집합에 공통적으로 속하는 모든 원소들로 구성되는 집합

intervention currency 개입통화

외환시장의 안정과 환율의 적정선 유지를 위해 통화당국에 의해 매매되는 제3국 통화

intranet 인트라넷

인터넷을 이용하여 기업의 여러 사업부문이나 지역적으로 떨어져 있는 지점간의 시스템을 하나의 정보시스템으로 통합하는 것

intraperiod tax allocation 법인세 기간내배분

법인세비용을 손익계산서의 특정항목에 관련시키는 방법

intrinsic value 내재가치

거래상대방이 청약할 권리를 갖고 있거나 제공받을 권리를 갖고 있는 주식의 공정가치와 거래상대방이 당해 주식에 대해 지불해야 하는 가격의 차이

introductory paragraph 도입문단

감사보고서에서 감사대상이 되는 재무제표와 경영자와 감사인의 책임부분을 정보이용자에게 알려주는 문단

inventoriable costs 재고가능원가

재고자산의 원가로서 판매시점까지 이연되는 원가

inventories 재고자산

통상적인 영업과정에서 판매를 위하여 보유중이거나 생산중인 자산 또는 생산이나 용역제공에 사용될 원재료나 소모품

inventory accounting system 재고회계시스템

재고자산의 모든 품목별로 장부를 작성하여 입고수량, 출고수량 및 잔액수량을 항상 자세하게 기록함으로써 언제나 현재의 보유수량을 정확하게 파악할 수 있게 되어 있는 시스템

inventory carrying costs 재고유지원가

제품이나 상품 등의 재고자산을 창고에 보관함으로써 발생하는 비용

inventory equation 재고자산방정식

재고자산의 흐름을 나타내는 등식으로 "기초재고량+당기증가량−당기감소량=기말재고량"으로 나타내는 식

inventory layer 재고층

동종의 재고자산 중 재고자산의 해당 부분과 달리 평가되는 부분

inventory method 재고법

공구나 기구와 같이 수량이나 종류가 많은 자산의 경우 기초와 기말에 재고조사를 하여 감가상각비를 계산하는 방법

inventory planning and control models 재고계획·통제모형

연간 총재고원가를 최소화하기 위하여 경제적 주문량과 재주문시기를 파악하는 재고자산의 계획모형

inventory profit 재고이익

현행원가에 의한 매출원가와 선입선출법에 의한 매출원가의 차이에서 발생하는 이익의 차이

inventory short loss 재고자산감모손실

재고자산의 수량부족으로 발생한 손실

inventory tag 재고표, 재고물조사 꼬리표

재고조사시 이중계산의 방지를 위하여 사용하는 인식표

inventory tracking system 재고추적시스템

전산시스템과의 결합으로 재고자산의 흐름을 추적하는 시스템

inventory turnover ratio 재고자산회전율

기업의 재고자산에 대한 효율성을 측정하는 지표로 매출원가를 평균재고자산으로 나눈 값

inventory valuation method 재고자산평가방법

재고자산의 단가를 결정하는 방법

invest management 투자관리

제품을 만들기 위하여 사용된 과학기술의 취득과 선택에 직접적으로 영향을 미치기 때문에 제품의 공정계획과 개발활동의 부분

investigation method 실사법

기준조업도를 중심으로 예상범위 내에서 각종 조업도를 일정간격으로 설정하여 각 조업도수준별로 제조간접비예산을 비목별로 조사하여 계산하는 방법

investing activities 투자활동

장기성자산 및 현금성자산에 속하지 않는 기타 투자자산의 취득과 처분에 관련된 활동

investment 투자

미래의 이익을 위해 현재의 소비를 포기하는 것

investment asset 투자자산

장기적인 투자수익을 목적으로 보유하는 자산

investment by owners 소유주의 투자

기업에 대한 소유주로서의 권리를 취득 또는 증가시키기 위하여 기업에 경제적 가치가 있는 유·무형의 자원을 이전하는 것

investment center 투자중심점

이익중심점보다 한 단계 더 발전한 형태의 책임중심점으로 투자중심점의 경영자는 순이익에 대해서뿐만 아니라 투자금액에도 책임을 지는 책임중심점

investment focus 투자목적

투자자들이 증권투자수익과 관련하여 재무정보를 파악하고자 하는 재무보고목적의 하나

investment in-kind 현물투자

현금이 아닌 실물로 하는 투자

investment property 투자부동산

임대수익이나 시세차익 또는 두 가지 모두를 얻기 위하여 소유자나 금융리스의 이용자가 보유하고 있는 부동산

investment rate of return 투자수익률

☞ return on investment

investment tax credit 투자세액공제

일정사업용 유형자산에 규정된 유형자산을 신규 취득하는 경우 투자액의 일정비율에 해당되는 금액을 법인세에서 공제하는 제도

investment turnover 투자자산회전율

투자자산의 효율적 활용도를 파악하기 위하여 매출액을 투자자산으로 나누어 계산하는 값

investments in associated companies 투자주식

특정회사가 타회사에 중대한 영향력을 행사하거나 타회사의 경영권을 지배하거나 통제할 목적으로 보유하는 유가증권

investments in real estates 투자부동산

투자의 목적 또는 비영업용으로 소유하는 토지 · 건물 및 기타의 부동산

investments incorporated affiliates 관계회사 출자금

주식회사의 기업형태가 아닌 합명회사 · 합자회사 · 유한회사 등의 관계회사에 대하여 출자한 자본액

investor in a joint venture 조인트벤처 투자자

조인트벤처에 대해서는 당사자이지만 조인트벤처에 대한 공동지배는 가지고 있지 않은 자

investor relation(IR) 투자자관리

기업 내용에 관한 정보를 투자자에게 알려주는 기업설명활동

investors 투자자

배당을 받을 목적으로 기업에 자금을 출자하는 사람

invoice 송장, 물품내역서

상품의 판매내역과 청구금액이 표시된 서류

invoice price 송장가격

표시가격에서 일정금액을 할인하여 청구하는 금액

invoice register 송장장

상품 이외에 소모품, 비품 등 모든 외상매입항목을 함께 기입하는 매입장

involuntary conversion 비자발적 전환

비자발적으로 고정자산이 처분되어 다른 자산으로 대체되는 경우

IOU 차용증서

I owe you.의 발음에서 따온 것으로 차용증서를 의미

IR 투자자관리

☞ investor relation

IRR 내부수익률

☞ internal rate of return

irredeemable bonds 정기상환사채

만기일에만 상환이 가능한 사채

irrelevant costs 비관련원가

특정 의사결정과 관련이 없는 원가

ISA 국제감사기준

☞ International Standards on Auditing

iso profit line 등이익선

동일한 이익을 얻게 해주는 각 제품의 조업도의 조합을 나타내는 선

issue on premium 할증발행

☞ issued at a premium

issued at a discount 할인발행

사채의 발행시 시장이자율이 표시이자율보다 높은 경우에 액면가 미만으로 발행하는 경우

issued at a premium 할증발행

사채의 발행시 시장이자율이 표시이자율보다 낮은 경우에 액면가를 초과하여 발행하는 경우

issued at par 액면가발행

사채의 발행시 시장이자율과 표시이자율이 동일한 경우에 액면가로 발행하는 경우

issued stock 발행주식

회사가 실제로 발행한 주식

issues for administration 관리대상종목

상장회사의 영업정지 또는 부도발생 등과 관련하여 주권의 상장폐지 기준에 해당되는 종목으로서 일반투자자에게 주의를 환기시켜 투자에 참고하도록 하기 위하여 증권거래소가 지정한 종목

J

Japan depositary receipts(JDR) 일본예탁증서

유통에 편의를 도모하고자 외국증권의 예탁증서를 일본에서 발행한 예탁증서

JDR 일본예탁증서

☞ Japan depositary receipts

JIT 적시생산시스템

☞ just in time

JIT costing 적시생산 원가계산

적시생산시스템과 연결되어 사용되는 복합적 원가계산

job card 작업량 보고서

개별원가계산에서 작업량을 표시하는 보고서

job cost sheet 작업원가표

재공품의 보조원장으로 개별원가계산시스템에서 각 작업별로 제조원가를 나타내는 표

job order 작업지시서, 작업원가표

☞ job cost sheet

job order costing 개별원가계산

개별적인 단위나 묶음에 의해 제품들이나 서비스가 쉽게 식별되는 조직에 의해 사용되는 원가계산시스템

job rate 직무급

개별 작업별로 계산되는 임률

job rotation 직무순환

특정작업장에서의 생산량이 줄어들게 되면 동 작업장에서 생긴 여유인력을 다른 곳에 배치하는 방식

job shop 개별 작업장

개별원가계산시스템을 적용하는 제조업체

job slip 작업전표

품명, 생산량 등 작업자가 생산을 시작할 수 있는 정보를 기입한 전표

job time card 작업시간보고서

작업자의 작업시간이 기록되는 보고서

joint account 결합계정

둘 이상의 사람이나 조직이 재무적 이해관계를 가지는 거래

joint control 공동지배

계약상 합의에 의하여 경제활동에 대한 지배를 공유하는 것

joint cost 결합원가

동시에 둘 또는 그 이상의 제품들을 생산하는 단일 공정의 원가로 분리점에 도달하기 전에 발생한 일체의 제조원가

joint departmental costs 부문공통비

2개 이상의 부문에 공통적으로 발생하여 어느 부문에서 발생했는지 명백하지 않은 원가요소

joint floating system 공동변동환율제

특정지역 내의 국가들이 상호 무역 및 자본거래의 안정을 위해 역내에서는 고정환율제도를 채택하고 역외 국가들에 대해서는 공동으로 변동환율제도를 채택하는 제도

joint probability 결합확률

둘 또는 그 이상의 확률변수가 관련되어 있는 상황에서 결정되는 확률

joint product cost system 결합제품 원가계산제도, 연산품 원가계산제도

결합제품의 원가를 계산하는 시스템

joint product costs 결합제품원가, 결합원가

☞ joint cost

J

joint products 결합제품, 연산품

매출액이 상당한 부분을 차지하고 동일한 공정에서 동일한 재료를 사용하여 두 가지 또는 그 이상의 서로 다른 제품을 생산하는 경우에 분리점에 이르기까지는 개별적인 제품들로 식별될 수 없는 둘 또는 그 이상의 제품

joint venture 조인트벤처

둘 이상의 당사자가 공동지배의 대상이 되는 경제활동을 수행하기 위해 만든 계약상 합의

jointly controlled entity 공동지배기업

법인, 파트너십 또는 각 참여자가 지분을 소유하는 기타 형태의 기업으로 설립된 조인트벤처

journal 분개장

분개를 기록하는 장부

journal book 분개장

☞ journal

journal entry 분개

☞ journalize

journalize 분개

계정에 기록하기 전에 발생순서대로 계정기입법칙에 따라서 차변과 대변에 계정과 금액을 분석하고 기록하는 행위

judical person 법인

개인이 아닌 법인격체를 형성하는 집단

junior accountant 회계사보, 초급회계사

전문회계사가 되기 이전의 경험이 미숙한 회계사

junk bonds 부실사채

부실의 위험이 높지만 높은 수익률을 가져다줄 수도 있는, 신용평가등급이 매우 낮은 기업이 발행하는 채권

just in time(JIT) 적시생산

제반 운영활동에 있어서 최소한의 인력 · 부품 · 자료 · 면적 및 설비들이 소요되기를 희망하는 기업의 목표를 실천하기 위한 수단으로 무재고주의와 무결점주의를 표방하는 생산방식

K

KAI 한국회계기준원

☞ Korea Accounting Institute

kanban 간반

생산이나 판매 직전에, 꼭 필요한 만큼의 원재료나 제품(상품)의 수량만 재고자산으로 보유하는 방법

KASB 한국회계기준위원회

☞ Korea Accounting Standards Board

key currency 기축통화, 주축통화

국제거래에서 결제수단으로 사용되는 통화

key ledger 총계정원장

☞ general ledger

key management personnel 주요 경영진

직·간접적으로 당해 기업 활동의 계획·지휘·통제에 대한 권한과 책임을 가진 자

key money 보증금

임차료 이외에 추가하여 납입되는 금액으로 계약의 만료시 환불되는 금액

key punch system 천공시스템

데이터를 나타내기 위하여 카드에 구멍을 뚫어 자료를 입출력하거나 기억의 수단으로 사용하는 방식

KICPA 한국공인회계사회

☞ Korean Institute of Certified Public Accountants

kite bill 융통어음

☞ accommodation bill

kiteflying 융통어음의 발행

☞ accommodation bill

kiting 카이팅

현금부족을 감추거나 현금예금잔액을 의도적으로 늘리기 위하여 수표를 발행하여 인출되기 전에 회사장부상의 현금예금잔액과 은행계정의 잔액을 일시적으로 일치시키는 행위

knock down 낙찰

경쟁입찰에서 경쟁의 목적인 물품의 매매나 권리를 얻는 것

knowledge management 지식경영

피터 드러커가 제창한 개념으로 환경 속에서 생존하거나 환경을 변혁하기 위한 체계적이고 종합적인 개념의 집합체인 지식을 관리하여 조직의 최적의사결정을 돕는 경영시스템

Korea Accounting Institute(KAI) 한국회계기준원

기업회계와 외부감사인의 감사가 통일성과 객관성을 유지할 수 있는 회계처리기준의 제정에 관한 업무를 수행하기 위하여 1999년 9월에 설립된 독립적인 민간기구

Korea composite stock price index 200 KOSPI 200

1996년부터 실시되는 우리나라 주가지수선물의 거래대상이 되는 지수로 상장종목 중 200종목으로 구성되며 증권거래소가 1990년 1월 3일을 기준시점으로 하여 종합지수와 같이 시가총액방식으로 산출하고 있음

Korean Accounting Standards Board 한국회계기준위원회

한국회계기준원의 산하조직으로 회계기준의 제정, 개정, 해석에 관련된 작업을 수행함

Korean Institute of Certified Public Accountants(KICPA) 한국공인회계사회

한국공인회계사들로 구성된 전문회계사조직

kursmakler 공정중립인

증권거래소에서 장내입회인 및 자유중립인과 함께 매매거래를 하는 업자

L

labor cost 노무비

제품생산을 위하여 발생된 급여 또는 임금액

labor investment partner 노무출자사원

합명 또는 합자회사의 사원 중 회사를 위하여 노무의 제공을 출자로 한 사원

labor rate variance 노무비임률차이

실제작업시간이 일정하다고 볼 때 임률의 변동으로 나타나는 예산과 발생원가의 차이

labor record 임금분개장, 노무기록

실제작업시간과 임금을 기록한 장부

labor slowdown 태업

겉으로는 작업을 하는 것으로 보이지만 실제로는 작업을 하지 않거나 고의로 작업진행을 느리게 하는 행위

labor summary 임금분개장

☞ labor record

lack of cooperation between division 사업부서간 협조결여

분권화된 조직에서 사업부간의 협력이 원활하게 이루어지지 못하는 현상

land improvements 토지구축물

도로, 주차장, 가로등, 하수관, 울타리 등의 시설물 중 설치, 유지 및 관리의 책임이 소유주에게 있는 경우에 처리하는 자산계정

language of business 기업의 언어

기업이 일상생활 속에 미치는 영향을 파악하기 위한 수단의 개념에서 비유적으로 표현되는 회계의 개념

lapping 랩핑

대금회수를 고의로 지연시켜 현금유용을 은폐하는 부정행위

last cost method 최종매입원가법

기말재고자산의 평가시 최종매입한 가액을 재고수량에 곱하여 계산하는 방법

last in first out(LIFO) method 후입선출법

재고자산의 평가과정에 있어서 최근 매입한 상품이 먼저 판매된 것으로 가정하여 계산하는 방법

laying in stock 매입

상품의 구매행위

LCC 수명주기 원가계산

☞ life cycle costing

LCM method 저가법

☞ lower-of-cost-or-market method

LCM retail inventory method 저가기준매출가격환원법

☞ conventional retail inventory method

LDR 런던예탁증권, 유럽예탁증권

☞ London depositary receipts

lead time 생산소요시간, 조달기간

부품이 생산에 투입된 순간부터 최종제품을 고객에게 선적할 수 있을 상태까지의 총생산소요시간

lean accounting 린 회계, 유연회계

전통적 회계에서 우수한 기업의 관행을 측정하고 실현하는 시스템으로 전환하는 회계시스템

lean and mean 군살빼기방식

1980년대 이후 유행했던 방식으로 종업원의 수를 줄이거나 급여 및 복리후생지출을 대폭 삭감하는 등 강력한 통제를 실시하는 구조개혁방식

learning curve 학습곡선

누적생산량이 증가함에 따라서 생산을 실행하는 데 소요되는 시간이

감소하는 것을 설명하는 기법

learning curve phenomenon 학습곡선현상

학습곡선의 효과가 나타나는 현상

lease 리스

리스제공자가 자산의 사용권을 합의된 기간 동안 리스이용자에게 이전하고 리스이용자는 그 대가로 사용료를 리스제공자에게 지급하는 계약

lease after sale 판매후리스

리스이용자가 취득 또는 사용하던 자산을 리스제공자에게 판매하고 다시 그 자산을 리스하여 사용하는 계약

lease prepayments 선급임차료

임차기간의 도래 이전에 지불되어 있는 임차료부분

lease term 리스기간

리스이용자가 자산을 리스하기로 약정을 맺은 해지불능기간과 추가적인 대가의 지급여부에 관계없이 리스이용자가 그 자산에 대하여 리스를 연장할 수 있는 선택권을 가지고 있으며, 리스이용자가 그 선택권을 행사할 것이 리스약정일 현재 거의 확실한 경우 당해 추가기간

leasee's incremental borrowing rate of interest 리스이용자의 증분차입이자율

리스이용자가 유사한 리스에 대해 부담해야 할 이자율 또는 리스약정일에 리스이용자가 유사한 조건과 담보로 리스자산의 구입에 필요한 자금을 차입할 경우의 이자율

leasehold improvement 리스개량자산

리스실행일 이후 리스자산과 관련된 수선비 중 자본적 지출에 해당되는 금액을 리스이용자가 부담하는 경우 처리하는 자산계정

leaseholds 임차권

임대차계약기간 동안 임차인이 임대인이 소유한 자산을 사용할 수 있는 권리

least square method 최소자승법

회귀분석을 이용하여 원가를 추정하는 데 사용하는 방법

ledger 원장

계정이 설정되어 있는 장부

ledger sheet 원장

☞ ledger

legal capital 법정자본금

☞ capital stock

legal entity 법적 실체

기업이나 조직에 대하여 법적인 권리능력을 부여한 경우의 실체개념으로 경제적 실체와 구분됨

legal obligation 법적 의무

명시적 또는 묵시적 조항에 따른 계약, 법률 또는 기타 법적 효력에 의하여 발생하는 의무

legal reserve 이익준비금

상법에 의거 매 결산기에 이익의 일부를 일정한 수준에 도달할 때까지 적립하는 법정준비금의 한 종류

legal stock 법정자본금

☞ capital stock

legally appropriated retained earnings 법정적립금

법규에 의해 의무적으로 이익이 유보되어 배당이 제한된 이익잉여금

lender's risk 채권자의 위험

채권자가 부담하는 위험의 정도

lessee 임차인

부동산 또는 특정물건의 소유자에게 사용료를 지불하고 계약기간 동안 사용권을 획득한 사람

lessor 임대인

임차인으로부터 사용료를 지급받고 사용을 허가하는 부동산 또는 특정 물건의 소유권자

level of risk 신용위험도

원금과 이자를 지급받지 못할 위험의 정도

leverage 레버리지

총자산이익률과 자본이익률의 차이

leverage effect 레버리지효과

고정적인 금융비용으로 인하여 발생하는 손익의 확대효과

leverage ratio 레버리지비율, 안정성비율

기업의 장기채무에 대한 위험부담 정도를 평가하는 기준으로 안정성비율 또는 보상비율이라고도 함

leveraged buyouts(LBO) 차입매수

매수할 기업의 자산을 담보로 금융기관으로부터 매수자금을 조달하기 때문에 적은 자기자본으로 매수를 실행할 수 있는 기업매수를 위한 자금조달방법

leveraged lease 레버리지 리스

임차인과 임대인 간의 리스계약에 제3자가 개입하여 상환청구불능의 장기융자를 해주는 경우의 리스계약

liabilities from operating activities 영업활동으로 인한 부채

매입채무나 미지급비용과 같이 영업활동으로 인하여 발생한 부채

liability 부채

과거사건에 의하여 발생하였으며 경제적 효익을 갖는 자원이 기업으로부터 유출됨으로써 이행될 것으로 기대되는 현재의무

liability dividends 부채배당

배당금을 즉시 지급하지 않고 미래에 배당금을 지급하는 것

liability reserve 부채성충당금

퇴직급여충당금, 수선보증충당금 등과 같이 미래의 채무를 담보하기

위하여 설정하는 충당금

license rights 면허특권, 라이선스

특정사업에 참여할 수 있는 권리를 얻거나 타인이 소유하고 있는 지식을 일정기간 사용할 수 있는 권리

lien date 부과일

세금을 부과하는 일자

life annuities 종신연금

연금수취인이 생존해 있는 동안 지급하는 연금

☞ life contingent

life contingent 종신연금

☞ life annuities

life cycle 수명주기

어떤 제품이 시장에 도입·보급되어 성숙기에 들어갔다가 다른 신제품의 도입으로 판매량이 줄어들게 되는 일련의 과정으로 도입기·발전기·성숙기·쇠퇴기로 구분됨

life-cycle costing(LCC) 수명주기 원가계산

제조업자와 고객에 의해서 도입시기에서 폐기까지 제품의 전체 수명에 걸쳐 발생하는 활동에 대한 원가의 집계

life-cycle reports 제품수명주기 보고서

개별제품별로 다년간에 걸치는 제품수명주기 단계별로 실현되는 수익 및 발생된 비용을 요약한 보고서

LIFO 후입선출법

☞ last-in first-out

LIFO liquidation 후입선출청산

기중에 판매된 재고자산이 기중에 매입한 재고자산을 초과하여 기초재고의 일부가 매출원가에 포함되어 오히려 매출원가가 낮아지는 현상

LIFO retail inventory method 후입선출매출가격환원법

물가가 안정적인 경우의 후입선출법과 매출가격환원법의 결합에 의한 재고자산의 평가방법

limited audit 한정감사

감사의 범위나 조건에 특정제한이 있어 감사절차의 일부를 생략하고 행하는 감사

limited company 유한회사

회사채권자에 대한 책임이 없고 출자의무만 부담하는 유한책임사원으로 구성되는 회사의 한 형태

limited observability 관찰의 유한성

정보의 불균형으로 본부경영자가 사업부경영자의 지식·기술이나 행위를 완전히 관찰할 수 없는 현상

limited partnership 합자회사

회사의 업무집행과 대표를 담당하는 무한책임사원과 자본의 제공자로서의 의무만 부담하는 유한책임사원으로 구성되는 회사의 한 형태

line department 라인부서, 수직형부서

기업의 기본적 목적에 직접 관련되어 있는 부서

line of credit 대출한도

대출상한금액

linear profit sharing plan 선형이익 분배계획

경영성과로서의 산출의 일정부분을 소유주가 갖고 나머지 일정부분은 경영자가 갖는 단순한 보상방법

linear utility function 선형효용함수

위험이 무차별적이며 효용이 부의 수준에 정비례하는 형태의 효용함수

linkage of activities 활동결합점

시간단축 또는 이해관계자의 만족제고를 위해서는 상호 관련된 활동이 적절히 연계될 수 있도록 하는 최적의 활동

liquidating dividends 청산배당

이익잉여금을 초과하여 배당하는 것으로 주주가 불입한 자본을 반환하는 것으로 처리함

liquidation approach 청산적 접근법

자산의 가치를 판매가격에서 처분비용을 차감한 순실현가치로 평가하는 방법

liquidity 유동성

가까운 미래기간의 금융약정을 고려한 후의 그 기간의 현금가용성

liquidity ratio 유동성비율

기업의 단기채무에 대한 변제능력 유무를 나타내는 지표

liquidity risk 유동성위험

기업이 금융부채에 관련된 의무를 충족하는 데 어려움을 겪게 될 위험

list price 표시가격, 목록가격

☞ catalog price

listed company 상장기업

☞ public company

literary managerial accounting 문예 관리회계

오직 문장과 계수만을 도구로 하여 연구하는 관리회계로 비계량적 관리회계라고도 함

loan directors and employees 임원 및 종업원 대여금

기업임원과 직원에게 대여해준 금액

loans and receivables 대여금 및 수취채권

지급금액이 확정되었거나 확정될 수 있으며 활성거래시장에서 가격이 공시되지 않는 비파생금융자산

loans payable 차입금

통상적인 신용조건상의 단기 매입채무를 제외한 금융부채

local currency 현지통화

기업이 해외영업활동을 행하는 지역의 통화

London depositary receipts(LDR) 런던예탁증권

유럽예탁증권(EDR)에 대한 다른 명칭

long liquidation 전매도, 전매

보유하고 있는 미결제 선물매수약정을 정리하기 위해 특정선물을 매도하는 거래

long position 선매입

선물거래에 있어서 특정대상을 미리 사기로 약정한 내용

long-range plan 장기계획

전략적 계획을 달성하는 데 필요한 행동대안을 발견하고 그중에서 최적인 대안을 선택하는 것

long-term assets 고정자산, 설비자산

☞ fixed asset

long-term debts 장기차입금

상환기일이 1년 이상 되는 차입금

long-term deposits 장기성예금

유동자산에 속하지 않는 장기의 예금

long-term investments 투자자산

장기적인 투자로 인하여 이자수익을 얻거나 자본이득을 얻을 목적으로 취득한 자산이나, 다른 기업을 지배 통제할 목적으로 취득한 자산

long-term investments in securities 투자유가증권

유동자산에 속하지 않는 유가증권으로 투자목적으로 소유하는 주식, 사채, 국·공채 및 출자금 등

long-term liabilities 고정부채

부채의 상환기한이 대차대조표일을 기준하여 1년 이후에 도래하는 장기성 부채

long-term loans receivables 장기대여금

유동자산에 속하지 않는 장기의 대여금

long-term notes payable 장기지급어음

지급어음의 만기일이 1년 이상 남아 있는 것으로 고정부채로 분류함

long-term trade payable 장기성매입채무

일반적 상거래에서 발생한 장기의 외상매입금 및 지급어음으로 유동부채에 속하지 않는 채무

long-term trade receivables 장기성매출채권

일반적인 상거래에서 발생한 장기의 외상매출금 및 받을어음으로 유동자산에 속하지 않는 채권

longitudinal analysis 종단적 분석

한 사업부를 중심으로 수년간의 시계열에 걸친 분석

loss carryback 결손금소급공제

세금계산시 과거의 결손금을 일정기간까지 소급하여 공제하는 제도

loss carryforward 이월결손금

이전 년도에서 처리되지 않은 채 이월된 결손금

loss contingency 우발손실

장래에 발생할지도 모르는 손실

loss due to market decline of inventory 재고자산평가손실

☞ loss from decline in value of inventory

loss from decline in value of inventory 재고자산평가손실

재고자산의 순실현가능액과 취득원가의 차액

loss from inventory obsolescence 재고자산진부화손실

재고자산의 진부화로 인한 손실

loss from inventory shortage or shrinkage 재고자산감모손실

재고자산의 분실, 도난, 파손 등으로 인하여 실제의 기말재고수량이 장부상의 재고수량보다 감소되었을 경우 그 차액을 회계처리하는 계정

loss from valuation of securities 유가증권 평가손

유가증권의 취득가액이 기말가액보다 낮을 때 차액을 손실처리하는 계정

loss of control 통제력의 약화

분권화된 조직의 최고경영자는 대부분의 경우에 하부경영자에 대한 직접적인 통제를 할 수 없고 성과보고서를 통한 간접적인 통제밖에 할 수 없는 것과 같이 최고경영자의 통제력이 약화되는 것

loss on impairments 유형자산 감액손실

자산의 회수가능가액이 자산의 장부가액보다 낮을 때 장부가액과 회수가능액의 차액

losses 손실

일정기간 동안 실체의 부차적 또는 부수적 거래와 기업에 영향을 주는 기타의 모든 거래, 사건, 환경으로부터 발생하는 지분의 감소

losses and other expenses 영업외비용

☞ nonoperating expenses

losses from investing and financing activities 투자와 재무 활동으로 인한 손실

투자활동이나 재무활동에서 발생한 손실

lot cost system 조별 종합원가계산 시스템

종류가 다른 제품을 계속적으로 대량생산하는 경우에 그들 제품종류별로 조를 설정하고 각 조별로 단위원가의 계산을 실시하는 제도

lot method 조별법

동일 종류의 재료라도 구입원가가 상이한 것은 구별하여 보관하였다가 출고시 재료의 구입원가를 확인하여 그 재료의 구입원가를 재료의 소비가격으로 산정하는 방법

lot tracking 로트추적

분석된 활동과 원가동인 간의 실제적인 상관관계를 검증하기 위해 임의로 선정된 특정고객의 주문을 소요자재의 국내공항 반입부터 최종 선적까지의 모든 단계를 추적하는 것

lower of cost or market method(LCM) 저가법

재고자산의 평가시 보수적 관점에서 취득원가와 순실현가능가액 중 낮은 금액으로 재고자산을 평가하는 방법

lower-or-cost-or-market retail inventory method 저가기준소매재고법, 저가기준매출가격환원법

☞ conventional retail inventory method

lump sum purchase 일괄매입

여러 종류의 유형자산을 함께 구입하는 것으로 개별 유형자산에 대한 매입가격이 표시되지 않을 경우 일괄지급한 총원가를 개별 유형자산의 시장가격에 비례하여 배분시켜 개별 유형자산의 취득원가를 결정함

lump sum sales of securities 증권의 일괄발행

보통주와 우선주, 사채를 혼합하여 발행하는 것

M

machine hour rate 기계시간비율

각종 기계가 부담할 제조간접비를 각각의 기계의 총운전시간수로 나누어 1단위 운전시간당 제조간접비 부담액을 계산한 비율

machine hours 기계작업시간

산출물의 특정수준을 통제하기 위하여 기계에 의해 사용된 시간의 측정

macro accounting 거시회계

국민경제순환을 다루는 회계분야

macro analysis 거시적 분석

개별 경제주체들로 구성된 국민경제 전체를 대상으로 한 분석

main books 주요장부

회계장부의 기본이 되는 장부로 분개장과 원장을 의미함

main materials 주요재료

주된 재료를 형성하는 것으로 직접재료에 해당됨

main product 주산품

생산품 중 상대적인 총판매가치가 높은 제품

main production order 주제조지령서

일정한 제품제조에 관한 것으로 1매의 지령서를 발행하여 종류 및 수량을 지정하여 특정의 제품제조를 지시하는 서류

maintenance of financial capital 화폐자본유지, 재무자본유지

화폐단위로 측정한 자본을 유지해야 한다는 개념

maintenance of general purchasing power capital 일반구매력자본유지

당기의 이익인식을 위해서는 기말자본이 기초자본의 일반구매력 등가액보다 커야 한다는 개념

maintenance of nominal financial capital 명목화폐자본유지

기초의 명목화폐액에 해당하는 자본이 유지되면 자본유지가 달성된 것으로 간주하며 그 이상의 추가 증가분을 당기이익으로 보는 개념

maintenance of physical capital 실물자본유지

기말의 실물생산능력이 기초의 실물생산능력을 초과할 때 이익이 발생된 것으로 보는 개념

major category basis 조별기준

유사한 재고자산의 평가에 대하여 저가기준의 재고자산평가를 적용하는 것

major market index(MMI) MMI지수

뉴욕증권시장에서 상장·거래되고 있는 종목 중 시장을 주도하고 있는 가장 우량주로 꼽히는 20종목으로 이루어진 미국에서 산출되는 주가지수

make or buy decision 제조구입 의사결정

어떤 항목을 자체적으로 제조할 것인지 외부에서 구입할 것인지를 결정하는 행동

managed currency system 관리통화제도

합리적인 통화공급목표를 설정하여 통화당국이 자유재량에 의해 인위적으로 통화를 관리통제하는 제도

management accounting 관리회계

기업내부의 정보이용자인 경영자집단에게 합리적인 의사결정을 할 수 있도록 유용한 재무적 정보를 제공하는 것을 목적으로 하는 회계분야로 내부회계라고도 함

management by exceptions(MBE) 예외에 의한 관리

상부경영자는 통상범위를 벗어나는 예외적인 현상에 대해서만 집중적으로 관리하는 방법

management by objectives(MBO) 목표에 의한 관리

표준설정에 있어서 참여의 효과를 이용한 관리기법

management competence 경영능력

경영자의 기업경영에 관한 종합적인 자질과 능력

management control 경영통제

경영자가 조직의 정책이나 전략이 실제로 준수되고 있는가의 여부를 확인하기 위하여 사용하는 모든 방법과 절차 및 수단

management control system(MCS) 경영통제시스템

당초 계획한 대로 결과가 이루어지도록 경영계획, 목표설정, 조정 및 수정적 행동에 관한 일종의 피드백과정

management discussion and analysis(MD&A) 경영자 토의 및 분석

연례보고서에 영업결과에 대한 분석내용과 기업의 미래성과에 관한 경영자의 의견들을 토의한 내용을 공시사항에 포함하도록 하는 미국의 증권거래위원회에서 요구하는 사항

management group 간사회사

☞ manager

management index 경영지표

기업의 경영상태를 판단하는 재료가 되는 것으로서 일반적으로 기업의 재무상태, 수익성, 생산성을 나타내는 지표

management information system 경영정보시스템

내부의 운영과 외부의 지식에 관련된 과거, 현재, 미래의 정보를 제공하는 경영관리시스템

management process 경영과정, 경영절차

기업의 전략과 운영을 집행해나가는 경영의 과정

manager 경영자, 간사회사

주어진 권한 내에서 경영을 책임지는 사람 또는 증권발행업무를 총괄하는 기관

managerial accounting 관리회계

☞ management accounting

mandatory accounting changes 강제적 회계변경

회계기준이 변경되어 반드시 회계변경을 해야 하는 경우의 변경

manufactured parts 자가제조부분품

제품의 생산에 필요한 구성품을 기업내부에서 자체 제작하는 부품

manufacturing 제조

노무 및 공장의 설비를 활용하여 재료를 다른 상품으로 변환시키는 행위

manufacturing cells 생산 셀

공정기능이 작업중심점 단위로 통합되어 나타나는 생산단위

manufacturing company 제조업

직접 제품을 제작하여 판매하는 기업

manufacturing cost 제조원가, 공장원가

공장내부의 제조과정에서 발생한 일체의 원가요소를 합한 원가

manufacturing department 제조부문

기업의 제품생산에 관련되는 부서

manufacturing expenses 경비, 제조경비, 제조간접비

☞ factory overhead cost

manufacturing margin 생산공헌이익

매출액에서 변동제조원가를 차감하여 나타나는 금액

manufacturing or factory supplies 공장저장품

생산공정에 부수적으로 사용되는 윤활유, 못 등과 같은 물품

manufacturing overhead 제조간접비

☞ factory overhead cost

manufacturing statement 제조원가보고서

제조기업이 당기의 제조에 관계하는 제품의 제조원가에 대한 내용명세를 보고하기 위하여 작성한 보고서

manufacturing strategy 제조전략

제조업체의 경쟁우위확보를 위한 목적으로 제조와 관련된 모든 자원의 활용을 다루는 통합된 활동 및 의사결정의 집합체

margin 수익, 이익

자본참여자의 출자관련 증가분을 제외한 자본의 증가를 수반하는 것으로서 회계기간의 통상적인 활동에서 발생하는 경제적 효익의 총유입

margin of safety 안전한계

실제 또는 예산 매출액이 손익분기점의 매출액을 초과하는 금액

margin percent on sales 매출액이익률

영업이익을 매출액으로 나눈 금액

margin requirement 증거금

선물거래의 참여자가 선물거래 단위당 일정액을 청산소에 예탁하는 금액

marginal analysis 한계분석

재고를 1단위 구입하여 판매함으로써 얻는 추가이익(공헌이익)의 기댓값과 재고를 1단위 구입하여 보관하였으나 판매되지 않을 경우에 입는 손실의 기댓값을 구하여 이 두 가지 기댓값이 동일하게 되는 수준의 재고보유량을 선택하는 방법

marginal cost 한계비용

재화 또는 용역의 한 단위를 추가적으로 생산할 때 발생하는 경제학적 원가개념

marginal costing 변동원가계산

☞ variable costing

marginal income 한계이익

경제학의 개념에서는 한계수익과 한계원가의 차액을 말하며 회계학에서는 공헌이익을 의미하기도 함

M

marginal revenue 한계수익

추가로 제품 한 단위를 더 생산 · 판매함으로써 획득할 수 있는 수익

marginal tax rate 한계세율

초과수익에 대하여 세금으로 지불되는 비율

markdown 인하

최초판매가격 아래로 판매가격이 감소된 금액

markdown cancellation 인하취소

인하 후 최초판매가격보다 높지 않은 범위 내에서 인상된 금액

marked to market 일일정산제도

계약이행에 따른 위험을 감소시키기 위하여 선물가격변동에 따른 각 계좌별 손익을 매일 평가하여 거래의 실현기간을 1일로 하는 제도

market condition 시장조건

지분상품의 행사가격, 가득 또는 행사가능성을 좌우하는 것으로 기업 지분상품의 시장가격에 관련된 조건

market failure 시장실패

효율적인 자원분배가 이루어질 수 없는 상태

market-if-touched orders(MIT) MIT 주문

board 주문이라고도 하며 선물의 시장가격이 주문내용에 제시된 지정가격에 도달했을 때 거래체결을 시작하고, 거래체결이 시작되었을 때 시장주문(market orders)으로 전환되는 지정가주문(stop orders)과 유사한 주문

market interest rate 시장이자율

이자와 원금의 현재가치를 계산하는 데 사용되는 할인율

☞ effective interest rate, yield rate

market method 시가법

☞ market value method

market price approach 시장가격접근법

이전가격결정시 시장에서 형성되는 가격을 기준으로 설정하는 방법

M

market research 시장조사

시장의 추세 및 고객의 선호도에 관한 정보의 수집행위

market risk 시장위험

시장가격의 변동으로 인하여 금융상품의 공정가치나 미래현금흐름이 변동할 위험

market segment 시장영역

수익성의 판단을 위하여 매출액, 원가, 비용을 사용하여 분석되는 사업의 영역

market-share variances 시장점유율차이

실제시장규모에서 실제시장점유율과 예산시장점유율 간의 차이에 따른 예산공헌이익의 차이를 측정하는 것

market size variances 시장규모차이

종합예산편성시의 시장점유율이 그대로 유지된다고 가정할 때 실제시장규모와 예산시장규모 간의 차이에 따른 예산공헌이익의 차이를 측정하는 것

market value 공정가치, 시장가치

현시점에서 동일한 자산을 구매하거나 생산하는 데 필요한 현행원가

market value added(MVA) 시장부가가치

기업의 자본시장에서 총자산을 초과하는 총주식의 가치

market value method 시가법

투자회사가 투자주식을 보유하는 경우 피투자회사의 경영에 중대한 영향력을 미치지 않는 경우에는 취득원가로 계상한 후 평가시점의 공정가액으로 평가하는 방법

marketability 시장성

공개적인 증권시장에서 매매될 수 있는 성질

marketable debt securities 시장성채무증권

일시 소유하는 시장성이 있는 사채 또는 국공채

marketable equity securities 시장성지분증권

일시 소유하는 시장성이 있는 주식

marketable securities 유가증권

일시 소유하는 시장성이 있는 증권

marketing costs 마케팅원가

고객으로부터 주문을 받아 고객에게 제품을 제공하는 데 소요되는 비용

markup 이윤, 이익가산

판매가격과 원가의 차이

markup cancellation 인상취소

인상 후 최초 판매가격 이하로 내려가지 않는 범위 내에서 인하된 금액

master budget 종합예산

기업전체를 예산대상으로 하여 통상적으로 1년 단위로 편성한 예산

master netting arrangement 일괄상계계약

동일한 상대방과 복수의 금융상품거래를 수행한 기업이, 이 일괄상계 계약에 포함된 계약 중 하나의 계약이 불이행되거나 중단되는 경우에, 모든 금융상품을 단일의 금액으로 차액 결제할 수 있는 계약

master production schedule(MPS) 종합생산일정계획

품목별 생산량을 생산일정(월별 또는 주별)에 맞추어 설정하는 계획

master valuation approach 종합평가법, 총괄평가법

원가가 취득한 순자산의 공정가치를 초과할 때 이 차액을 영업권으로 계상하는 방법

matching of costs with revenues 수익에 원가를 대응

동일한 거래나 그 밖의 사건에 따라 직접 그리고 공통으로 발생하는 수익과 비용을 동시에 또는 통합하여 인식하는 것

matching principle 대응의 원칙

회계기간의 이익을 계산할 때 먼저 그 기간에 인식되어야 할 수익을 인식하고 이러한 수익을 획득하기 위해 희생된 자원, 즉 비용을 인식

하여 대응시켜야 한다는 것

material cost 재료비

제조원가 중 재료의 사용액

material ledger 재료원장

재료의 입출고 내용을 파악할 수 있는 회계장부

material loading charge 재료부가액

재료의 주문·운반·저장에 따른 원가뿐만 아니라 기업이 재료소비를 통하여 획득하고자 하는 이익도 포함한 금액

material mix variance 재료배합차이

실제배합비율과 표준배합비율 사이의 차이가 재료비에 미치는 영향을 나타내는 차이

material purchase book 재료매입장

재료의 매입을 정리하는 장부

material purchase requisition 재료매입청구서

생산부서에서 생산에 필요로 한 재료의 구매를 요구하는 서류

material requirement planning 원재료소요계획

원재료의 구매시점 및 부속품의 제조시점을 결정하기 위하여 제조회사들이 활용하는 재고계획 설정의 한 접근법

material requisition 재료출고요청

생산에 필요한 재료의 출고를 요청하는 것

material resource planning(MRP) 원재료소요계획, 자재소요량계획

제품의 생산수량 및 일정을 바탕으로 하여 그 제품생산에 필요한 원재료, 부속품 등의 소요량과 안전재고를 고려하여 효율적인 재고관리를 모색하는 방법

material returned note(MRN) 재료환납표

재료불출요청서에서 담고 있는 내용과 유사한 정보를 가지고 있으며 창고로 재료가 되돌아 와서 보관되는 것을 기록하는 문서

material transfer note 재료대체표

재료를 한 계정에서 다른 계정으로 옮기는 것을 기록하는 양식

material transport system 자동자재운송시스템

자동이송라인과 때로는 로봇을 활용하여 자재를 생산공정에 투입하는 시스템

material usage variance 재료사용차이, 재료수량차이

☞ direct material quantity variance

material velocity 재료의 속도

공장에서의 작업경로를 통한 재료의 이동속도

material yield 재료수율

공정에 투입되는 재료량에 대하여 산출된 제품에 포함된 재료량의 비율로 공정 중 재료의 손실 또는 소실의 정도를 파악할 수 있는 비율

material yield variance 재료수율차이

실제생산량에 허용된 총표준재료수량의 변동이 재료원가에 미치는 영향을 나타내는 것으로 표준배합비율은 일정한 것으로 보고 표준원가를 이용하여 계산하며 순수재료수량차이라고도 함

materiality 중요성

정보가 누락되거나 잘못 기재된 경우 특정 보고기업의 재무정보에 근거한 정보이용자의 의사결정에 영향을 줄 수 있는 속성

materials inventory 재료재고자산

제조공정에 투여되기 전 기업이 소유하고 있는 원재료재고

materials management 재료관리

원재료, 소모품 및 완제품들의 공장 내의 이동을 규제하는 기능

mathematical managerial accounting 수학적 관리회계

수학을 분석도구로 하는 관리회계

MBE 예외에 의한 관리

☞ management by exception

MBO 목표에 의한 관리

☞ management by objectives

MBS 주택저당증권

☞ mortgage backed securities

MCS 경영통제시스템

☞ management control system

MD&A 경영자 토의 및 분석

☞ management discussion and analysis

mean 평균

모든 관찰수치들의 값을 합계한 후에 그 전체의 값을 관찰수치로 나눈 값

measure of activity 활동의 측정치

특정 활동원가를 구조적으로 결정하는 요소로 원가동인을 의미

measurement 측정

재무상태표와 포괄손익계산서에 인식되고 평가되어야 할 재무제표 요소의 화폐금액을 결정하는 과정

measurement attributes 측정속성

취득원가, 공정가치, 기업특유가치, 상각후가액 및 순실현가능가치 등과 같은 재무제표의 항목의 측정에 따른 당해 항목의 성격

measurement of expenses 비용의 측정

당해 기간 중 소멸한 자산에 대한 금액을 결정하는 것

measurement of revenue 수익의 측정

수익의 금액을 결정하는 것

measures of central tendency 대푯값 측정

분포된 것의 중심단위를 나타내 주는 것

measures of dispersion 산포도 측정

분포의 퍼진 정도를 나타내 주는 것

median 중앙값

평균치의 일종으로 서열분포에서 중앙에 위치한 값

member firms 거래원

증권거래소가 개설한 상설시장에서 유가증권의 매매거래를 할 수 있는 일정한 자격을 갖춘 증권업자

memorandum entry 비망기록, 비망계정

잠정적으로 기록하는 계정

merchandise 상품

재판매를 목적으로 구입한 재화

merchandising company 상품매매업

다른 기업이 생산한 제품을 구입하여 판매하는 기업

merger 흡수합병

한 기업이 다른 기업의 자산과 부채를 승계하고 피합병회사는 해산하여 소멸하는 합병

merger & acquisition(M&A) 인수합병

대상기업들이 합쳐 단일회사가 되는 합병(merger)과 경영권 획득을 목적으로 주식을 취득하는 인수(acquisition)를 합한 개념

method of discounting excess earning 초과이익할인법

초과이익을 할인율로 나누어 자본화하는 방법

migrating along a path 경로를 따른 이동

기업들이 그들의 제조활동을 JIT와 CIM으로 변경시키는 경우 필요한 변화를 설명하는 방법

minimum lease payments 최소리스료

리스기간에 리스이용자가 리스제공자에게 지급해야 하는 금액

minimum required rate of return 최저필수수익률, 최소요구수익률

자금을 투자할 때 기업이 필수적으로 획득해야 하는 수익률

mining rights 광업권

광업법에 의하여 일정한 광구에서 등록을 한 광물과 부존하는 다른 광물을 독점적으로 채굴하여 취득할 수 있는 권리

minority interest 소수주주지분

지배기업이 직접으로 또는 다른 종속기업을 통하여 간접으로 소유하지 않는 지분에 귀속되는 종속기업의 순자산과 손익의 해당 부분

MIP 적금형 투자계획

☞ monthly investment plan

mirror type 완전연동형

리스에서 발생할 수 있는 이자율변동과 환율변동의 위험을 리스이용자에게 부담시키는 리스계약

miscellaneous pay 잡급

규정된 급료 이외에 추가로 받는 금액

mix of production factor 생산요소의 배합

제품의 생산에 투입된 전체 생산요소의 양 가운데 특정 생산요소의 양이 차지하는 상대적 비율

mix variance 배합차이

실제생산과정에서는 상황에 따라 표준배합과는 다른 배합을 사용하여 나타나는 배합의 변화에 따른 수량의 차이

mixed accounts 혼합계정

자산증감과 손익발생이 혼합되어 기록되는 계정

mixed costs 혼합비

준변동비와 같은 의미로 고정비적 요소가 포함된 변동성이 강한 비용의 형태

mixed transactions 혼합거래

교환거래와 손익거래가 혼합되어 있는 거래

MMC 시장금리연동부 정기예금

☞ money market certificate

MMF 실적배당부 단기자유금리상품

☞ money market fund

MM's theorem MM 정리

1958년에 밀러와 모딜리아니가 제시한 이론으로, 완전시장에서 이성적 투자자들이 존재하고 법인세효과가 존재하지 않는다면 자본구조는 기업의 자본비용과 시장평가에 아무런 영향을 미치지 않는다는 것

mode 최빈수

빈도수가 제일 많은 것을 대푯값으로 택하는 평균치의 일종

model 모형

실제의 상황을 추상적으로 대표한 것을 말함

modified cash basis 수정현금주의

유형자산에 대해서는 발생주의를 적용하고 그 외의 계정에 대해서는 현금주의를 적용하는 방법

modified perpetual inventory system 수정계속기록법

재고자산의 매입과 매출시에 수량만 기록하고 단가는 기록하지 않고 원가계산은 기말에만 함으로써 회계절차를 간소화시키는 방법

monetary asset 화폐성자산

보유하고 있는 현금과 확정되었거나 확정가능한 화폐금액으로 받을 자산

monetary items 화폐성항목

기간이 경과하거나 화폐가치가 변동하여도 수취금액 또는 지급금액이 확정되어 있는 자산이나 부채항목

monetary liabilities 화폐성부채

미래의 재화나 서비스의 가격과 관계없이 고정된 화폐액으로 표시되는 부채

monetary-nonmonetary method 화폐성 · 비화폐성법

화폐성 자산과 부채에 대해서는 현행환율을 적용하며, 비화폐성 자산

과 부채 및 자본에 대해서는 역사적 환율을 적용하는 환율결정방법

money market certificate(MMC) 시장금리연동부 정기예금

금리를 고정하지 않고 시장금리에 따라 변동시켜 시장금리를 보장해주는 정기예금

money market fund(MMF) 실적배당부 단기자유금리상품

고객의 자금을 모아 단기금융상품에 투자하여 수익을 얻는 단기금융상품

month-rate wage 월급

월별로 지급되는 고정급여

monthly investment plan(MIP) 적금형 투자계획

소액의 자금으로 증권투자를 할 수 있도록 하기 위한 방법의 일환으로서 일정금액을 매월 계속적으로 투자하여 수익증권을 구입해 가는 방식의 투자계획

moral hazard problem 도덕적 해이 문제

경영자(대리인)의 노력투입 정도를 직접 관찰할 수 없으므로 노력에 대한 불완전한 대용물을 기준으로 보상계약을 체결할 때에는 동기부여 문제와 갈등이 발생하는 현상

mortality 폐기

자산의 사용목적이 소멸되어 처분하는 행위

mortgage backed securities(MBS) 주택저당증권

금융기관이 주택자금대출의 대가로 확보한 주택저당권을 근거로 발행한 증권

mortgage loan 장기주택담보대출

주택을 담보로 하여 장기 대부를 받는 것

most critical event 가장 결정적 사건

수익의 가득기준을 충족시키는 중요한 활동

most likely time estimate 통상적 시간추정

어떤 활동을 완성시키는 데 소요되는 통상적인 시간

motivation 동기부여

사람들로 하여금 바람직한 방향으로 행동하도록 동기를 촉진시키는 것

motivation for local management 하부경영자에 대한 동기부여

하부경영자의 독립적인 의사결정이 전체조직의 목표와 부합할 수 있도록 유도하는 것

moving average cost method 이동평균원가법

재고자산을 구입할 때마다 새로운 단위당 이동평균원가를 계산하고 판매할 때 판매량에 곱하여 매출원가를 계산하는 방법

moving baseline 기준선의 이동

신규투자안을 어떠한 대안과 비교하는가가 매우 중요해진 오늘의 현실을 반영할 뿐 아니라 신기술의 투자안이 갖는 편익을 보다 크게 잡을 것을 강조하는 것

MRN 재료환납표

☞ material returned note

MRP 원재료소요계획, 자재소요량계획

☞ material resource planning

multi-employer plans (for an employee benefit plan) 복수사용자제도

동일지배하에 있지 않는 복수기업에 의해 출연된 자산을 공동관리하는 확정급여제도나 확정기여제도

multi-period cvp analysis model 다기간 cvp분석모형

자본예산을 이용한 cvp모형

multi-skill workers 다기능공

여러 가지의 기술을 수행할 수 있는 기능공

multiple production department factory overhead rate method 다중배부율법

제품에 대한 제조간접비의 배부시 각 생산부서별로 제조간접비의 배부비율을 상이하게 적용시키는 방법

M

multiple rates of return 복수수익률

투자기간중에 두 번 이상의 현금흐름의 부호변동이 발생하게 되어 여러 개의 수익률이 존재하게 되는 것

multiple regression analysis 다중회귀분석

특정한 변수 값의 변화를 다른 변수의 변화에 의해 설명하는 것

multiple-step income statement 다단계 손익계산서

손익의 계산을 여러 단계로 구분하여 작성한 것으로 크게 영업활동과 주된 영업활동 이외의 활동, 특별한 활동 등으로 구분하여 작성되는 손익계산서

mutual entity 상호실체

투자자에게 소유된 기업이 아니며, 보험계약자나 참여자에게 직접적이고 비례적으로 원가를 감소시키거나 그 밖의 경제적 효익을 제공하는 상호 보험 기업이나 상호조합과 같은 기업

mutual fund 회사형 투자신탁, 뮤추얼펀드

투자자들의 자금을 모아 전문자금운용역(펀드매니저)에게 주식투자를 맡기는 간접투자로 자금의 하나하나가 주식회사의 형태를 취하고 투자자들이 주주로 참여하는 방식

mutual holding 상호소유

종속회사가 지배회사의 주식을 소유하거나 종속회사 상호간에 상대회사의 주식을 소유하는 형태

mutually exclusive investments 상호배타적 투자안

하나의 투자안이 채택되면 다른 투자안에는 투자를 할 수 없는 성격을 갖는 둘 이상의 투자안

MVA 시장부가가치

☞ market value added

N

NAFTA 북미자유무역협정

☞ North America Free Trade Agreement

NASDAQ 나스닥

☞ national association of securities dealers automated quotation

national association of securities dealers automated quotation (NASDAQ) 나스닥

미국의 장외주식시장에서 컴퓨터를 이용한 호가자동통보시스템

natural expense category 자연적인 비용의 분류

보편적이며 기업과는 독립적인 기본적인 원가의 분류

natural resources 자연자원, 천연자원

광산, 삼림, 유전 등과 같이 채굴이나 벌채 등으로 고갈되는 유형자산

NCD 양도성예금증서

☞ negotiable certificates of deposit

near-panic market 공포장세

악재가 속출하여 주가가 어디까지 하락할지 모르는 장세

negative cost driver 부정적 원가동인

불필요한 작업을 야기하고 이익을 감소시키는 원가의 발생요인

negative goodwill 부의 영업권

합병회사의 매입가가 피합병회사의 순자산의 공정가치보다 작을 때에 나타나는 차액

negative reserves 소극적 적립금

미래의 손실이나 순자산의 감소에 대비하여 설정되는 부채성 적립금

negotiable certificates of deposit(NCD) 양도성예금증서

1960년대 미국의 상업은행이 예금시장점유율을 회복하고 유동성을 부

여하여 양도가능한 정기예금

negotiated price approach 협정대체가격결정방법

이전가격의 결정시 공급부서와 구매부서의 책임자가 협의하여 최적가격을 설정하는 방법

negotiated transfer price 협정대체가격

상황을 적절히 고려하여 이전가격을 공급부서와 구매부서가 합의하여 설정한 금액

net assets 순자산

사용가능한 자산 또는 사용중인 총자산에서 부채를 차감한 자산의 개념

net assets approach 순자산접근방법

☞ capital maintenance approach

net book value 순장부가액

총장부가액에서 감가상각누계액을 차감한 후의 금액

net debts 순부채

부채에서 현금 및 현금등가액을 차감한 금액

net fair value 순공정가치

공정가치에서 처분비용을 차감한 금액

net income 당기순이익, 순이익

이익의 개념을 기간손익의 계산을 위한 이익측정의 관점에서 산출하는 것으로 당기의 총수입이 총비용을 초과하는 차액

net income on shareholders' equity 자기자본순이익률

자기자본의 효율적 이용 정도를 파악하는 지표로 당기순이익을 평균자기자본으로 나눈 비율

net income on total asset 총자본순이익률, 총자산이익률

조달된 자본의 수익창출에 대한 효율성을 나타내는 지표로 당기순이익을 평균총자본으로 나눈 비율

N

net investment in a foreign operation 해외사업장에 대한 순투자, 해외사업장순투자

해외사업장의 순자산에 대한 보고기업의 지분 해당 금액

net investment in a lease 리스순투자

리스총투자를 내재이자율로 할인한 금액

net invoice price 순송장가액

표시가격이 아닌 실제로 청구된 금액

net liquidation value 순청산가치

비통상적인 처분을 가정하여 당해 자산의 처분에 따른 추정 수취가액

net loss 당기순손실, 순손실

손실의 개념을 기간손익의 계산을 위한 손실측정의 관점에서 산출하는 것으로 당기의 총비용이 총수입을 초과하는 차액

net markdown 순인하

총인하에서 총인하취소를 차감한 금액

net markup 순인상

총인상에서 총인상취소를 차감한 금액

net method 순액법

총매출에누리와 환입, 매출할인 등을 매출에서 직접 차감하여 기록하는 방법

net present value 순현재가치

투자로 인한 총현금유입액과 투자에 지출된 총현금유입액 각각의 현재가치의 차이

net present value index 순현재가치지수

특정투자안의 순현재가치를 그 투자안의 투자금액으로 나눈 것

net present value method 순현재가치법

투자로 인한 총현금유입액의 현재가치에서 투자에 지출된 총현금유출액의 현재가치를 차감하여 순현재가치를 계산한 후 그 순현재가치를

N

기준으로 투자안의 수익성을 평가하는 기법

net profit or loss for the period 당기순손익

기타포괄손익의 구성요소를 제외한 수익에서 비용을 차감한 금액

net realizable value 순실현가능가치

통상적인 영업과정의 예상판매가격에서 완성을 위한 추가적인 예상원가와 예상판매원가를 차감한 금액

net working capital 순운전자본

일상적인 영업활동을 수행하는 데 필요한 자금으로 유동자산에서 유동부채를 차감한 금액

net worth 순자산

☞ net assets

Network firm 네트워크 회계법인

당해 회계법인이 국내외적으로 통제와 소유 또는 경영의 통일성에 있어 특정 회계법인의 일부로 간주될 수 있는 회계법인이나 경제적 실체

neutrality 중립성

재무제표에 포함된 정보에 편의가 없음

new inventory 기말재고

☞ ending inventory

newly industrializing countries(NICs) 신흥공업국가

경제발전에서 선진국과 후진국의 중간에 위치하여 급속한 공업화를 추진하고 있는 신흥공업국가

newly industrializing economies(NIEs) 신흥공업경제체제

☞ newly industrializing countries

next-in first-out(NIFO) 차입선출법

재고자산 평가에 인플레이션 개념을 도입한 것으로 매출원가를 판매된 자산을 대체하는 데 발생될 원가로 재고자산을 평가하는 방법

NICs 신흥공업국가

☞ newly industrializing countries

NIEs 신흥공업경제체제

☞ newly industrializing economies

NIFO 차입선출법

☞ next-in first-out

NIFs 증권인수보증

☞ note issuance facilities

no-par value stock 무액면주식

액면가액이 명시되어 있지 않은 주식

nominal accounts 명목계정, 일시계정

☞ temporary account

nominal interest rate 명목이자율

어음의 액면에 표시되어 있는 이자율

nominal rate of discount 명목할인율

화폐의 순수한 시간적 가치를 나타내는 실질이자율과 물가상승률을 모두 포함하고 있는 할인율

non-cancellable lease 해지불능리스

특정의 경우를 제외하고는 해지할 수 없는 리스

non-cash expenses 현금의 유출이 없는 비용

현금지출을 수반하지 않는 비용

non-cash revenue 현금의 유입이 없는 수익

현금수입 없이 보고되는 수익

non-cash transactions 현금의 유입과 유출이 없는 투자 및 재무거래, 비현금거래

현금의 수입과 지출을 수반하지 않는 거래

N

non-counter balancing errors 영구적 오류

두 기간이 경과하여도 오류가 상쇄되지 않는 오류

non-current liabilities 비유동부채

1년 이내에 상환되지 않을 부채

non-financial performance measure 비재무적 성과측정치

재고자산회전율, 고객만족도 등과 같이 금액 이외의 단위로 표현되는 성과측정치

non-interest bearing notes 무이자부어음

어음의 액면가에 원금과 이자가 모두 포함되어 어음의 액면에 이자가 별도로 명기되어 있지 않은 어음

non-linear regression 비선형회귀

☞ nonlinear cost function

non-reciprocal transfer 일방적 이전거래

두 기업간의 소송에서의 승소, 자산의 수증 또는 평가이익 등에 의한 내부거래와 같이 일방적으로 재무상태의 변동이 발생하는 거래

non-sampling risk 비표본위험

표본의 크기와 관계없이 모집단 전체에서 잘못된 결론이 나타날 가능성

non-sufficient funds checks 부도수표

☞ dishonored checks

non-value added activity 비부가가치활동

해당 활동을 제거하더라도 고객이 제품의 구매에 영향을 받지 않는 활동

non-value added cost 비부가가치원가

고객에 대한 가치창출에 영향을 미치지 않으면서 발생하는 비용

non-value added leadtime 비부가가치 생산소요시간

불필요하게 이동되거나 재고자산으로 존재하는 제품의 소요시간

nonbinding constrain 비구속적 제약

최적해에 영향을 미치지 않는 제약

noncancellable contract 취소불능계약

상당한 벌과금을 지급하지 않고서는 계약을 취소할 수 없는 약정

noncompensatory stock option 비보상적 주식매입선택권

임직원에 대한 보상이 목적이 아닌 임직원들로 하여금 주주지분을 확보하게 하거나 직원들의 자본참여를 확대하기 위한 주식매입선택권

nonconforming products 비적합제품

설계사양에 적합하지 않게 생산된 제품

noncontrollable cost 통제불능원가

주어진 경영자의 권한 범위 내에서는 의사결정에 영향을 미치지 않는 원가

nonconvertible bonds 전환불가능사채

주식으로 전환할 수 없는 일반사채

noncurrent asset 비유동자산, 고정자산

☞ fixed asset

nondetachable stock warrants 비분리형 신주인수보증권

해당 증권과 분리하여 처분할 수 없는 신주인수보증권

nonfinancial measure 비재무적 측정치

☞ nonfinancial performance measure

nonlinear cost function 비선형원가함수, 비선형회귀

독립변수에 관한 종속변수의 회귀로서 어떤 곡선을 적합시키는 것이 적당한 경우, 이와 같은 곡선을 접합시키는 것

nonmanufacturing costs 비제조원가

기업의 제조활동과 직접적인 관련 없이 단지 판매활동 및 관리활동과 관련하여 발생하는 원가

nonmonetary assets 비화폐성자산

시간의 경과에 따라 화폐액으로 표시된 가격이 변동하는 자산

N

nonmonetary items 비화폐성항목

일정액의 화폐액으로 확정되지 않고 화폐가치의 변화에 따라 변동되는 화폐액으로 표시되는 변동가능한 항목

nonmonetary liabilities 비화폐성부채

재화나 서비스, 또는 일정한 구매력만큼을 지급해야 할 의무

nonoperating expenses 영업외비용

기업의 주요 영업활동에 직접 관련되지 않은 부수적 활동에 따라 발생되는 비용

nonoperating income 영업외수익

경상적이고 반복적으로 발생하는 기업의 주요 영업활동과 관련 없이 발생하는 수익

nonquantitative data 비계량적 자료

숫자로 표시할 수 없는 자료

nonrandom variances 비무작위적 차이

재료와 시간의 부적절한 할당으로 인하여 야기된 차이

nonrecurring item 비반복적 항목

기업의 부수적 활동으로 발생빈도가 적은 경우의 항목

nontrade receivables 비매출채권

매출활동과 직접적인 관련성이 없이 발생하는 모든 수취채권

normal activity 통상조업도

☞ normal capacity

normal balance 평상잔액

특정일자까지의 해당 계정의 총증가액이 총감소액을 초과하는 부분

normal burden rate 통상배부율

통상조업도를 기준으로 하여 계산되는 원가배부비율

normal capacity 통상조업도

생산이나 판매의 능력이 통상적으로 이용되고 있는 조업상태

normal cost 통상원가

통상적인 조업도를 가정하여 산출되는 원가

normal distribution 정규분포

중앙값을 기준으로 하여 좌우대칭의 종 모형으로 나타나는 분포형태

normal efficiency level 통상능률수준

통상조업도 수준에서 나타나는 효율수준

normal operating cycle 통상적인 영업순환주기

현금을 재고자산에 투자하여 그것을 판매하여 현금으로 다시 회수하는 기간

normal price level 통상가격수준

통상조업도 수준에서 책정되는 가격수준

normal profit margin 통상이윤

통상조업도 수준에서 나타나는 이익률

normal rate of return 통상이익률

동일 업종 기업들의 평균이익률

normal spoilage 통상적 공손

변질이나 파손 등으로 인해 발생하리라고 예측된 공정상의 손상액

normal standard 통상표준

합리적인 노력으로 획득될 수 있는 통상적인 표준설정치

normal standard cost 통상표준원가

통상조업도 수준에서 책정되는 표준원가

normal stock 통상재고, 기준재고

☞ base stock

normal time 통상시간

하나의 활동을 통상적이고 능률적인 작업상태 아래에서 완성할 수 있는 평균적 기대시간

N

normal waste 통상적 감손

공정상 허용되는 제조공정에서 감소되는 재료의 손실액

North America Free Trade Agreement(NAFTA) 북미자유무역협정

미국, 캐나다, 멕시코 등 북미 3개국의 북미자유무역협정

not-sufficient fund checks 부도수표

☞ dishonored checks

note dishonored 부도어음

만기일에 어음발행인이 어음지급을 거절한 어음

note issuance facilities(NIFs) 증권인수보증

차입자는 단기증서발행을 통하여 자금을 조달하고 중장기의 신용기간의 자금조달은 인수단에 의해 항상 보장되는 새로운 금융기법

notes 어음

고객과의 일반적인 상거래시 재화나 서비스의 구입의 결과로서 제시되는 약속증서

notes payable 지급어음

고객과의 일반적인 상거래시 재화나 서비스의 구입의 결과로서 발생한 어음상의 채무

notes receivables 받을어음

일반적인 상거래에 어음을 받고 신용판매로 발생하는 매출채권

notes receivables discounted 할인어음

받을어음의 차감계정으로 받을어음을 할인한 경우 행하는 분개의 한 방안으로 사용하는 계정

NSF checks 부도수표

☞ not-sufficient fund checks

null hypothesis 귀무가설

설정한 가설이 진실될 확률이 매우 적어 처음부터 기각할 것으로 예상하여 세우는 가설

N

null set 공집합

부분집합 가운데서 가장 작은 것

number of authorized stock 수권주식수

기업이 발행할 수 있는 주식의 총수

number of day's sales in inventory 평균재고기간

☞ average number of day's for inventory

number of day's sales in receivables 평균수취채권기간

수취채권의 평균유지기간에 대한 추정치로 평균수취채권액을 평균매출액으로 나눈 값

number of shares authorized 수권주식수

☞ number of authorized stock

number of shares issued 발행주식수

수권주식수의 범위 내에서 기업이 발행한 주식의 수

number of times interest charges are earned 이자보상비율

☞ time interest earned ratio

O

O

objective of accounting 회계의 목적

회계가 지향하는 목표

objectives 목적

의사결정자가 궁극적으로 달성하고자 하는 목표

objectives of financial statement analysis 재무제표분석의 목적

재무제표를 분석하는 목표로 재무상태의 분석, 경영성과의 분석, 현금흐름의 분석의 3가지로 표현함

objectivity 객관성

직무의 수행에 있어서 요구되는 편견이나 이해의 상충이나 외부로부터의 부당한 영향을 받지 않는 것

obligating event 의무발생사건

법적 의무 또는 의제의무를 발생시키며 당해 의무를 이행하는 것 외에는 실질적인 대안이 없는 사건

obligation 의무

특정방법으로 실행하거나 수행할 책무 또는 책임

observation 관찰

타인에 의하여 이루어지는 절차를 직접 눈으로 확인하는 행위

obsolescence 진부화

기업의 기술환경의 변화가 자산수명에 주는 영향으로 더 이상 경제적으로 기능을 수행하지 못함으로써 자산수명이 종결되는 것

occurrence 발생사실

회계기간중 거래가 실제로 발생한 것

OECD 경제협력개발기구

☞ Organization for Economic Cooperation and Development

off-balance sheet financing 부외금융

기업의 미래에 부담할 가능성이 높은 부채를 객관적으로 측정할 수 없다는 이유로 대차대조표에서 누락시키는 항목

official discount rate 공정할인율

시중은행이 할인한 어음을 중앙은행이 다시 할인할 때 적용되는 할인율로 재할인율이라고도 함

official exchange rate 공정환율

정부가 인위적으로 정하여 자유로이 변하지 않는 환율 또는 국제통화기금(IMF)의 평가와 관련된 환율

offset account 상쇄계정, 차감계정

☞ contra account

offsetting 상계(하는)

☞ right of set-off

on balance volume(OBV) OBV 선

거래량은 항상 주가에 선행한다는 것을 전제로 거래량분석을 통해 주가를 분석하는 방법

oncost 추가비용

추가적으로 발생하는 비용. 때로는 간접비의 개념으로도 사용됨

one-line consolidation 단일계정연결

연결재무제표 작성과 같은 효과를 내는 지분법에 의한 회계처리

one touch exchange of dies(TED) 1회 작업에 의한 교체

1회 작업을 한 후 인원이나 시설물을 교체하는 것

one year rule 1년 기준

대차대조표 작성시 유동자산과 유형자산, 유동부채와 고정부채를 구분하는 기준을 1년으로 하는 것

one-way auction 일방경매

유가증권의 거래시 매도측 또는 매수측의 어느 한쪽이 단수이고 또 다른 한쪽은 복수일 때 이루어지는 매매

O

onerous contract 손실부담계약

계약상의 의무에 따라 발생하는 회피불가능한 비용이 그 계약에 의하여 얻을 것으로 기대되는 효익을 초과하는 경우 당해 계약

OPEC 석유수출국기구

☞ Organization of Petroleum Exporting Countries

open-end mortgage bonds 개방식 담보사채

먼저 발행한 사채의 담보물건에 차후에 추가담보로 하여 발행하는 사채

open inflation 개방형 인플레이션

수요가 공급을 계속적으로 초과함으로써 물가수준이 누적적으로 상승하는 상태로 통제가 없는 인플레이션이라고도 함

open market operation 공개시장조작

중앙은행이 화폐 및 증권시장에 자발적으로 참여하여 국채, 기타 유가증권을 매매하거나 재할인금리 및 지불준비율을 조절하여 간접적으로 통화량을 조절하는 금융정책수단

open-type investment trust 개방형 투자신탁

1주당 순자산가액을 기초로 투자자의 해약에 언제나 응할 수 있는 투자신탁

opening entry 개시기입

마감된 계정을 회기초에 다시 열어 나타나는 잔액

operating activities 영업활동

기업의 주요 수익창출활동, 그리고 투자활동이나 재무활동이 아닌 기타의 활동

operating audit 업무감사

회계통제나 재무제표와 관련이 없는 기업의 일반 행정업무에 대한 감사영역

operating budgets 영업예산

손익계정에 관계된 예산으로 매출예산, 매출원가예산, 판매 및 일반관리비예산 등이 포함됨

operating cycle 영업주기

영업활동을 위한 자산의 취득시점부터 그 자산이 현금이나 현금성자산으로 실현되는 시점까지 소요되는 기간

operating earning ratio 경영자본이익률

영업이익과 경영자본과의 비율을 나타낸 것으로 영업자본이익률이라고도 하는데 경영자의 업적을 평가할 수 있는 중요한 비율

operating grade 조업도

공장의 설비를 완전 가동할 경우에 나타나는 생산능력에 대한 실제 생산량의 비율

operating income 영업이익

기업의 통상적인 영업활동과정에서 창출된 이익의 개념으로 매출총이익에서 판매비와 관리비를 차감한 부분

operating lease 운용리스

금융리스 이외의 리스

operating leverage 영업레버리지

영업활동에 사용되고 있는 변동비에 대한 고정비의 상대적인 크기를 표현하는 것으로 공헌이익을 영업이익으로 나누어 나타나는 값

operating profits 영업이익

☞ operating income

operating statement 손익계산서, 영업계산서

☞ income statement

operation 운영, 작업공정

계획이나 통제목적을 위하여 사용되는 최소의 작업 단위 또는 부품에 대하여 작업이 수행되는 제조활동

operation research(OR) 작업연구, 생산관리

생산활동을 능률화하여 생산력을 최고로 나타내기 위한 방법을 모색하는 분야

O

operational internal audit 업무감사

☞ operating audit

operational planning 운영계획

기업의 일상적인 단기간의 계획

opinion paragraph 감사의견문단

감사결과에 대한 의견을 나타내는 문단

opinion shopping 감사의견구매

기업에 유리한 회계처리를 유도하기 위하여 회계감사인을 선택하는 것

opportunity cost 기회원가

재화, 용역 또는 생산설비를 현재의 용도가 아닌 차선의 용도로 사용하였더라면 얻을 수 있었던 최대금액의 상실부분

opportunity loss 기회손실

사전적 최적의사결정에 따른 보상과 사후적 최적의사결정에 따른 보상간의 차이

OPT 최적생산기술

☞ optimized production technology

optimistic time estimate 낙관적 시간추정

어떤 활동을 완성시키는 데 있어서는 가능한 한 가장 짧은 시간

optimization 최적화

조직전체의 목적과 부서경영자의 의사결정이 동일한 방향으로 흐르는 것

optimized production technology(OPT) 최적생산기술

생산작업장에서 흔히 볼 수 있는 주요 애로사항을 개선하기 위한 노력의 일환으로 등장한 개념

optimum output 최적조업도

최소의 평균비용을 달성하는 조업도

option 옵션

계약당사자간에 정한 약정에 의거 일정한 기간 내에 미리 정해진 행사

가격으로 상품이나 유가증권을 사거나 팔 수 있는 권리에 대한 계약

option premium 옵션프리미엄

계약자가 옵션을 부여하는 계약상대방에게 지급하는 일정한 금액

O

options to purchase 취득선택권, 구매선택권, 염가구매권

☞ bargain purchase option

order filling activity 주문이행활동

고객에게 재화나 용역을 인도하는 활동 및 고객으로부터 재화나 용역의 대금을 수취하는 활동

order getting activity 수주활동

구매자들로 하여금 재화나 용역을 주문하도록 유도하는 활동

order sheet 주문서

상품이나 제품에 대한 주문요구서 또는 견적요청서

ordering costs 주문원가

필요한 재고를 주문하여 창고에 입고할 때까지 발생하는 원가

ordinary annuity 통상연금

현금흐름이 매 기간의 말에 이루어지는 경우

ordinary income 경상이익

영업이익에서 영업외수익과 영업외비용을 가감하여 계산되는 이익

ordinary partnership 합명회사

모든 사원이 회사의 채무에 대하여 연대하여 무한책임을 지는 무한책임사원만으로 조직된 회사

ordinary profit and loss 경상손익

영업이익에서 영업외수익과 영업외비용을 가감하여 계산되는 이익이나 손실

ordinary repairs 일반수선

당초 예상된 기능을 회복하거나 유지하기 위한 유형자산에 대한 수선유지활동

O

ordinary share 보통주

다른 모든 종류의 지분상품보다 후순위인 지분상품

organization cost 창업비

기업을 설립하는 데 소요되는 비용으로 회사설립시점까지 발생한 설립비용과 회사설립 이후 개업준비기간에 발생한 비용을 포함한 비용

Organization for Economic Cooperation and Development(OECD) 경제협력개발기구

주요 선진공업국들이 경제성장, 저개발국원조, 세계무역의 확대를 추구하기 위하여 1961년 9월 30일 유럽경제협력기구를 발전적으로 해체, 창설한 국제기구

Organization of Petroleum Exporting Countries(OPEC) 석유수출국기구

석유가격의 안정을 위해 국제석유회사와 생산할당에 관해 협의하고 국제석유회사로부터 보다 많은 이익을 획득할 목적으로 석유수출국이 공동교섭에 임하기 위해 1960년 설립된 석유수출국가로 이루어진 조직

organizational learning 조직적 학습

시장상황을 근본적으로 변경시킬 수도 있을 미래의 제반 기술진보에 종업원과 경영자가 적절히 대처할 수 있는 능력을 키워나갈 수 있게 하는 신기술에 대한 투자를 나타내는 표현

organizational structure 조직구조

평가대상인 하부경영자가 가지는 책임과 권한의 관계

original cost 원시원가, 취득원가

자산의 취득시 지급한 금액

original selling price 최초판매가격

상품에 최초로 설정된 판매가격

originated loans and receivables 발생 대여금 및 수취채권

☞ loans and receivables

originating differences 발생차이

일시적 차이가 발생하는 연도의 차이

other comprehensive income 기타포괄이익

매도가능증권평가손익, 해외사업환산손익과 같이 손익계산서에 반영하지 않고 대차대조표에 직접 포함되는 부분

other employee benefits 복리후생비

임직원의 복리후생에 관계된 비용

other long-term employee benefits 기타장기종업원급여

급여 전부나 일부의 지급기일이 종업원의 관련 근무용역이 제공된 회계기간의 말부터 12개월 이내에 도래하지 아니하는 종업원급여로 퇴직급여와 해고급여는 제외됨

other manufacturing costs 제조경비

재료비와 노무비를 제외한 모든 제조원가를 포함

other payables 미지급금

일반적인 상거래 이외에서 발생하는 채무로 상품 이외의 자산을 구입하고 대금을 아직 지불하지 않는 경우에 발생하는 채무

other price risk 기타 가격위험

이자율위험이나 환위험 이외의 시장가격의 변동으로 인하여 금융상품의 공정가치나 미래현금흐름이 변동할 위험

other receivables 미수금

일반적인 상거래 이외에서 발생한 미수채권

other statutory reserves 기타법정적립금

상법 이외의 법령의 규정에 의해 적립된 금액

out-of-period liability 기간외부채

당기에 귀속되어야 하는 부채를 기록하지 않고 후속기간으로 미루어 기말부채를 과소계상하는 것

out-of-pocket cost 현금지출비용, 업무수행 부대비용

현금의 지출을 수반하는 비용으로 개인이 지출한 여비, 통신비 등으로

현금지출을 하고나서 사후에 정산하여 환급을 받는 비용

outlier 이상치

비통상적인 사건에 따른 측정값

outlier observation 이상관찰

비통상적인 최대치 또는 최소치에 대한 값

output 산출물, 활동의 산물

사용자들이 수령하는 것이거나 작업자들이 생산하는 것을 의미

output variance 산출물차이

실제의 제품배합 또는 매출수량이 당초 예상과 일치하지 않음으로 인하여 발생하는 차이

outstanding check 미결제수표

회사가 수표를 발행하여 장부에는 예금의 감소로 기록되지만 은행에서는 결제되기 전까지는 예금잔액의 감소로 기록되지 않아 두 잔액간의 차이가 발생하는 경우의 수표

over-the-counter(OTC) market 장외시장

증권거래소 밖에서 고객과 증권회사 간에 매매거래가 이루어지는 주식시장으로 점두거래라고도 함

over time 시간외 작업, 초과작업시간

정규시간을 초과하는 작업시간

overabsorbed overhead 제조간접비 과대배부

☞ overapplied factory overhead

overall audit plan 전반적 감사계획

감사대상회사의 사업에 대한 이해 및 회사의 회계제도에 대한 이해를 근거로 하여 감사를 실시할 감사절차의 성격, 시기 및 범위를 정하는 감사계획

overapplied factory overhead 제조간접비 과대배부

제조간접비의 발생액보다 많이 배부되어 대변잔액이 발생하는 경우

overhead absorption rate 간접비 배부율

☞ predetermined factory overhead

overhead cost 경비, 제조간접비, 제경비

☞ other manufacturing costs

overhead rate 간접비 배부율

제경비가 제품에 배부되는 비율

overhead value analysis 간접비가치분석

기업 간접비의 절감을 추구하는 분석기법

overtime premium 초과작업수당, 초과시간급

정규작업시간 이외의 초과작업시간에 대한 추가임금지급액

owner-occupied property 자가사용부동산

재화나 용역의 생산이나 제공 또는 관리목적에 사용하기 위하여 소유자나 금융리스의 리스이용자가 보유하고 있는 부동산

owner's equity 소유주지분

☞ capital

owner's residual claims 소유주의 잔여청구권

☞ capital

ownership 소유권

연결대상의 결정기준으로 혜택을 받을 수 있는 지분을 소유하고 있는가를 판단하는 기준

ownership costs 소유비용

☞ executory costs

P

Pacioli, Fran Luca 루카 파치올리

복식부기를 처음으로 체계화시켜 소개한 15세기 이탈리아 성 프란시스코 수도회의 수도사이며 위대한 수학자로 회계학의 아버지로 불림

paid-in capital 불입자본, 납입자본

주주가 기업에 불입한 금액으로 자본금에 자본잉여금을 가산한 금액

paid-in capital in excess of par 주식발행초과금

주식을 액면가액보다 높게 발행하는 경우 액면가액을 초과하는 발행가액의 부분

paid-in-capital from treasury stock transaction 자기주식처분이익

자기주식을 재매각할 경우 취득원가를 초과하는 처분가격의 부분

panic 공황

과잉생산으로 인한 경제위기 현상

paper profit 장부이익

☞ phantom profit

par value 액면가액, 액면금액

☞ face value

par value method 액면가액법

자기주식을 취득하거나 처분할 경우 액면가액을 기준으로 회계처리하는 방법

par value stock 액면주식

정관과 주식의 권면에 액면가액이 명시된 주식

parent 지배기업

하나 이상의 종속기업을 가지고 있는 기업

parent company 모회사, 지배회사

주식의 소유 또는 경영에 대한 영향력으로 다른 회사를 지배하는 회사

parent company theory 지배회사이론

연결재무제표가 지배회사 자체의 주주지분 및 종속회사의 지배회사지분에 대한 정보를 반영하는 지배회사의 주주지분을 강조하는 이론

parenthetical disclosures 주기

☞ parenthetical notes

parenthetical notes 주기

재무제표의 항목을 검토하고도 충분히 그 내용을 알 수 없을 때에는 해당 계정과목 옆에 괄호를 사용하여 공시하는 방법

Pareto chart 파레토도표

중요한 문제의 신속한 식별을 위하여 특정분류들의 특성을 나타내는 막대도표

parking transaction 주차거래, 제품차입

☞ product financing

part budget 부분예산

종합예산에 대한 대비 개념으로 부문 또는 항목별로 일정영역에 대한 한정된 예산

part per million(PPM) 피피엠

백만 개당 하나의 불량품이 나온다는 개념으로 불량품을 극소화시키는 개념

partially participating preferred stock 부분참가적 우선주

배당 분배의 참여에 한도가 정해져 있는 참가적 우선주

participating bonds 이익참가부 사채

정해진 이자 외의 이익배당에도 참여할 수 있는 조건의 사채

participating preferred stock 참가적 우선주

정해진 배당률을 배당받고 보통주에게도 동일한 배당률의 배당을 지급한 후에도 잔여분이 있는 경우에 보통주와 함께 배당의 분배에 참여할 수 있는 우선주

participatory budgeting 참여예산편성, 자가설정예산

조직의 구성원이 예산편성과정에 직접 참여하는 것

partly finished parts 반제품

제품의 재료로 사용하기 위하여 기초원료를 가공한 중간제품

P

partnership 조합기업

두 사람 이상이 조합계약을 체결하고 공동사업을 수행하기 위하여 만든 기업

parts 부분품

기계 등의 부분으로 사용되는 물건

past due 연체

금융자산의 거래상대방이 계약상 지급일에 지급하지 못하는 상황

past service cost 과거근무원가

퇴직급여나 기타장기종업원급여를 당기에 새로 도입하거나 변경함에 따라 종업원의 과거기간 근무용역에 대한 확정급여채무의 현재가치가 증가하는 경우 그 증가액

past transactions or events 과거의 거래나 사건

일반적인 회계거래 성립을 위한 과거사실에 대한 내용

patents 특허권

권리의 소유자가 타인의 간섭이나 침해가 없이 법령이 정한 기간 동안에 독점적으로 특정 제품이나 공정을 사용·제조·판매할 수 있는 권리

pay roll book 임금지급장

☞ pay roll sheet

pay roll sheet 임금지급장

작업자에 대한 임금을 지급한 내역을 기재한 장부

payables 지급채무

미래에 현금이나 재화 혹은 용역을 제공할 의무에 대한 포괄적 개념

payback method 회수기간법

회수기간을 중심으로 투자안을 평가하는 기법

payback period 회수기간

투자로부터 창출되는 순현금유입액이 소요된 투자액을 회수하는 데 소요되는 기간

payback reciprocal 회수기간의 역수

투자안의 순현금유입액을 최초투자액으로 나눈 것

payment date 배당지급일

배당금이 지급되기 시작하는 날

payoff 결과치

의사결정자가 선택한 행동대안과 실제 발생한 상황이 복합적으로 작용하여 얻어지는 결과로 총이익 또는 총비용 형태로 표시

payout ratio 배당성향

☞ dividend payout ratio

PBR 주가장부가치비율, 주가순자산비율

☞ price book value ratio

PCR 주가영업현금흐름비율

☞ price cash-flow ratio

peer review 상호감리

회계법인 상호간에 행하는 업무에 대한 검토 및 감독

penetration pricing 침투가격설정

시장침투를 좀더 쉽게 하기 위해서 신제품의 가격을 낮게 설정하는 방법

pension 연금

퇴직한 사람에게 주어지는 일련의 정기적인 금전상의 지급

pension accounting 연금회계

연금분야를 취급하는 회계영역

P

PER 주가수익률

☞ price earnings ratio

per contra account 대조계정

상호 관련된 두 개의 계정이 독립적으로 존재하지는 못하고 차변과 대변의 양쪽에 동일한 금액으로 동시에 발생하거나 소멸하는 계정

percentage analysis 백분율분석

일련의 관련항목들을 백분율로 변환시키는 분석

percentage-of-completion method 진행기준법

계약의 진행률을 기준으로 수익과 비용을 인식하는 방법

percentage-of-credit sales method 매출액비율법

매출액 또는 외상매출액을 기준으로 일정비율을 대손액으로 추산하는 방법

percentage-of-outstanding receivables method 채권잔액비율법

매출채권잔액의 일정비율을 대손액으로 추정하는 방법

perfect information 완전정보

의사결정과 관련된 불확실한 모든 정보를 완전히 제거하여 미래에 발생할 특정상황의 가능성을 확실하게 알려주는 정보

performance driver 성과동인

활동의 성과에 영향을 미치는 주된 요소

performance report 성과보고서

관련종업원이나 경영자에게 예산과 실제의 차이에 대한 정보를 제공함으로써 조기의 목적을 달성하는 데 도움을 주는 보고서

period 기간

☞ accounting period

period cost 기간비용, 기간원가

수익이 인식된 특정기간에 배분함으로써 수익과 간접적으로 관련이 있는 비용으로 발생하는 기간에 비용처리하는 원가

period expenses 기간비용

☞ period cost

period matching 기간대응

판매비와 관리비 등 당해 기간에 인식되는 수익과 동일한 거래나 사건에 직접 결부되지 않는 경우 대응시키는 개념

periodic inventory system 회기말 재고기록 체계

재고자산의 매입은 기록하나 기말에 재고실사를 통하여 기말재고의 수량과 금액을 결정하고 매출원가를 간접적으로 계산하는 방법

periodic matching 기간대응

손익계산과정에서 특정수익의 발생에 직접적으로 기여했다고 보기 어려운 비용을 그 기간 전체수익의 획득에 기여한 비용으로 처리하는 방법

periodic repair 정기수선

자산의 사용기간중 정기적으로 발생하는 수선행위

periodicity 기간별보고

기업의 존속기간을 일정한 인위적 기간으로 분할하여 기간별로 재무보고를 하는 것

permanent accounts 영구계정, 실질계정

자산, 부채, 자본 계정과 같이 잔액이 다음 회계기간에 이월되는 대차대조표계정

permanent differences 영구적 차이

회계이익과 과세소득의 차이가 영구적으로 존재하게 되는 차이

permanent working paper 영구조서

계속 사용할 중요한 자료를 새로운 정보가 있을 때마다 갱신하는 감사조서

perpetual inventory system 계속기록 체계

재고품 또는 재료의 종류별로 수량을 계속적으로 기록함으로써 매출원가와 기말재고자산을 산정하는 방법

perpetuities 영구연금

현금흐름이 영원히 계속되는 경우의 연금

perquisites 비금전적 혜택

자신의 사무실을 호화스럽게 장식한다거나 자신이 타고 다닐 업무용 승용차를 지나치게 비싼 것을 구입한 것과 같은 비금전적 효용

P

personal account 인명계정

보조원장에 사람이름이나 회사이름을 붙인 계정

PERT 사업계획 평가검토기법

☞ program evaluation and review technology

PERT/time 사업계획 평가시간 검토기법

프로젝트를 관리함에 있어서 시간요소를 주요 변수로 하여 일정을 계획한 것

pervasive constraints 포괄적 제약요인

회계정보의 유용성을 판단하는 과정에서 모든 경제재에 해당되는 효익이 비용을 초과해야 한다는 개념

pessimistic time estimate 비관적 시간추정

어떤 활동을 완성시키는 데 있어서 가능한 한 가장 긴 시간을 의미함

petty cash 소액현금

소액의 현금지출을 위하여 준비된 자금

petty cash fund 소액현금자금, 소액현금

☞ petty cash

petty cash fund system 소액현금제도

일정기간 동안에 소액의 현금지출을 위한 자금을 준비하여 놓고, 그 기간 동안에 이것으로 소액현금 지출을 분개없이 사용한 다음 일정기간 후 소액현금의 사용부분을 다시 충당할 때 그 기간 동안에 사용한 소액지출을 분개하는 방법

PFA 생산공정분석, 작업흐름분석

☞ production flow analysis

phantom profit 가공이익

실제로 현실화되어 있지 않은 계산상의 이익

physical evidence 물리적 증거

감사인이 직접 확인할 수 있는 감사증거

physical inventory method 실사법, 실지재고조사법

재고조사를 통하여 장부수량과 실제수량의 차이를 밝혀내는 방법

physical useful life 물리적 내용연수

경제성과는 관계없이 유형자산의 물리적으로 사용가능한 기간

piece rate system 성과급

성과에 비례하여 책정되는 급여

piece-rate wages 작업량급

도급제 또는 청부제라고도 하며 작업량을 기준으로 지급임금을 계산하는 방법

piece work report 작업량 보고서

☞ job card

piecemeal opinion 부분적 감사의견

재무제표의 특정항목에 대해서만 이루어지는 감사의견으로 현행의 감사기준으로는 수용되지 않는 방법

planned cost 계획원가

전략 및 운영 계획 시스템에서 도출된 원가

planning 계획

기업의 목표를 설정하는 전반적인 계획활동

plant asset turnover 유형자산회전율

유형자산의 효율적인 사용 정도를 산출하는 비율로 매출액을 평균유형자산으로 나누어 계산함

plant service department 생산지원부서

동력부, 수선부, 운반부, 검사부, 공구제작부 등과 같이 당해 부서에서 제조한 제품 또는 용역을 제조부문에 제공하는 부서

PLCB 제품수명주기 예산편성

☞ product life cycle budgeting

PLCC 제품수명주기 원가계산

☞ product life-cycle costing

pledged asset 담보자산

☞ hypothecated asset

pledging of accounts receivable 외상매출금의 담보

외상매출금을 담보로 하여 현금을 차입하는 경우

point & figure chart P&F 도표

점수도라고도 하며 의미 있다고 간주되는 주가변화만을 표시하여 주가의 장기추세를 파악하고 매매시점을 포착하기 위한 기술적 분석기법

point of sale(POS) system 판매시점 관리시스템

판매시점에서 모든 정보가 컴퓨터로 입력되어 처리되도록 하는 온라인 시스템

poison pill 포이즌필, 주주권보장, 독소조항

적대적 합병을 방어하기 위해 기존 주주에게 시가보다 싼 값에 주식을 살 권리를 부여하는 조항

policyholder 보험계약자

보험사건이 발생하는 경우 보험계약에 따라 보상을 받을 권리가 있는 당사자

political process 정치적 과정

회계기준의 제정이나 개정에 영향을 미치기 위하여 특정집단이 결집하여 회계기준 제정기관에 압력이나 로비를 행사하여 회계기준의 설정에 개입하는 행위

pooled LIFO 종합후입선출법

유사한 재고자산을 하나의 집단으로 묶어 각 집단에 대하여 후입선출법을 적용하는 방법

pooling of interest method 지분풀링법, 지분통합법

합병당시 회사의 지분을 장부가액대로 합산하여 영업권을 발생시키지 않는 방법

population 모집단

통계적 관찰의 대상이 되는 전체집단

position 건옥

청산거래제도에서 매매계약만 체결되어 있고 미결제 상태인 약정증권의 수량

positive cost driver 긍정적 원가동인

수익창출, 생산 또는 지원활동 등 이익을 창출하는 동인

positive performance model 실질적 성과모델

새로운 환경하에서의 기업성과에 관해 제기된 대부분의 문제에 대해 일관된 해답을 주기 위한 목적으로 제시된 성과모델

positive reserves 적극적 적립금

기업의 사업확장이나 투자 및 기술개발의 준비 등을 위한 적립금

post-balance-sheet events 대차대조표일 후사건, 후속사건

☞ adjusting events

post closing trial balance 결산후시산표

마감분개를 한 후 대차대조표계정으로만 작성되는 시산표

post-closing trial balances 이월시산표, 결산후시산표

☞ post closing trial balance

post deduct costing 역류원가계산시스템

☞ backflush accounting

P

post-employment benefit plans 퇴직급여제도

기업이 한 명 이상의 종업원에게 퇴직급여를 지급하는 근거가 되는 공식 또는 비공식 협약

post-investment audit 사후투자감사

투자결정 이후에 수행되는 회계감사

postdated checks 선일자수표

수표의 발행일이 미래시점으로 되어 있는 수표로 수표일자가 도래하기 전까지는 권리행사를 할 수 없음을 나타내는 수표

posterior probability 사후확률

특정정보를 사용하여 의사결정자의 사전적 확률을 수정함으로써 얻는 보다 개선된 확률

posting 전기

분개장의 분개사항을 원장의 계정계좌에 옮기는 절차

potential ordinary share 잠재적보통주

보통주를 받을 수 있는 권리가 보유자에게 부여된 금융상품이나 계약 등

practical capacity 실제 생산설비능력

제반 여건을 반영하여 실제로 생산할 수 있는 조업수준

preacquisition earnings 종속회사의 매수일전 순이익

기업결합이 이루어지는 회계연도의 기초부터 지배력획득일 직전까지의 종속회사의 순이익

predetermined costs 예정원가

이미 발생한 사건이 아니라 미래에 발생할 것으로 기대되는 사건에 의해 결정되는 원가

predetermined factory overhead rate 제조간접비 예정배부율

제조간접비를 배부하는 데 사용되는 사전에 결정된 비율

predetermined overhead rate 간접비 예정배부율

☞ predetermined factory overhead rate

predetermined price 예정가격

적용되는 기간에 있어서 재료의 실제구입원가를 예측할 수 있는 경우 사전에 결정된 가격

predetermined price method 예정가격법

예정가격에 의하여 재료의 소비가격을 계산하는 방법

predetermined rate 예정배부율

☞ predetermined factory overhead rate

prediction error 예측오차

미래의 불확실성으로 인하여 변수의 값을 정확하게 예측한다는 것이 거의 불가능하기 때문에 생기는 오차

predictive value 예측가치

정보이용자가 기업의 미래 재무상태나 경영성과 등을 예측할 수 있는 능력

preemptive rights 주식선매권

신주발생시 기존의 주주들이 지분비율에 따라 신주를 우선적으로 매입할 수 있는 권리

preference decisions 선택과정

심사과정을 통과한 여러 가지 대체적인 투자안 중에서 기업의 수익성을 극대화시킬 수 있는 최선의 대안

preferred stock 우선주

의결권은 없지만 보통주에 비하여 이익배당이나 잔여재산의 분배 등에 관하여 우선적인 지위를 가지는 주식

preferred stock with stock warrants 신주인수권부우선주

신주를 우선적으로 매입할 수 있는 권리가 부여된 우선주

premium 권리금, 할증금, 초과급

액면가액을 초과하여 지급하는 금액

P

premium on bonds payable 사채할증발행차금

액면가액보다 높은 금액으로 사채를 판매하였을 경우 그 차액

premium on common stock 주식발행초과금

주식발행시 액면가액을 초과하는 발행가액의 초과액

preoperating costs 개업비

기업의 설립일로부터 통상적인 영업활동을 시작하는 날까지 발생한 개업준비와 관련된 지출

prepaid expenses 선급비용

1년 이내에 소모되거나 사용될 비용에 대하여 현금을 미리 지급한 자산계정

prepaid purchases 선급금

상품 원재료 등의 매입을 위해 선급한 금액

present economic obligation 현재의 경제적 의무

현재시점에서 부담하는 재무적 부담액

present value 현재가치

미래시점에서 받거나 주게 될 일정금액을 현재시점의 화폐가치로 전환시킨 가치

present value concept 현재가치개념

현재가치를 총액에 대한 현재가치와 연금에 대한 현재가치로 구분하는 개념

present value of an annuity 연금의 현재가치

일정기간 계속적으로 발생되는 현금흐름에 대한 현재가치의 총합

present value of defined benefit obligation 확정급여채무의 현재가치

종업원이 당기와 과거기간에 종업원이 근무용역을 제공하여 발생한 채무를 결제하는 데 필요한 예상 미래지급액의 현재가치

presentation and disclosure 표시와 공시

재무제표의 구성항목을 일반적으로 인정된 회계기준에 따라 표시, 분류하여 공시하는 것

prevention cost 예방원가(비용)

재화나 서비스에 불량품질이 포함되는 것을 방지하기 위한 비용과 설계 시방서와 불일치하는 제품이 생산되는 것을 방지하는 데 소요된 비용

previous GAAP 과거 회계기준

최초채택기업이 한국채택국제회계기준을 채택하기 직전에 적용한 회계 기준

price book-value ratio(PBR) 주가장부가치비율, 주가순자산비율

주식가격이 순자산의 장부가치에 비해 얼마나 높게 형성되었는지를 나타내는 비율로 보통주 1주당 시가를 주당 장부가치로 나눈 값

price cash-flow ratio 주가영업현금흐름비율

주식가격에 보통주 1주당 영업현금이 얼마나 반영되는지를 보여주는 지표로 보통주 1주당 시가를 주당영업현금흐름으로 나눈 값

price discrimination 가격차별전략

동일한 제품을 고객간에 가격을 서로 다르게 설정하여 판매하는 방법

price earnings ratio(PER) 주가수익률

기업에 대한 투자가능성을 분석할 때 자주 사용되며 주식의 1주당 시장가격을 보통주 1주당순이익으로 나눈 값

price factor 가격요소

예산상의 단위당 판매가격이나 단위당 비용과 실제발생 단위당 가격이나 비용과의 차이로 인하여 나타나는 매출액이나 비용의 증감 효과

price index 물가지수

물가의 변동을 종합적으로 표현하는 지수

price-level accounting 물가수준변동회계

자산의 가치평가시 물가지수로 수정한 가액으로 처리하는 회계

price variance 가격차이

실제가격에 실제투입량을 곱한 금액과 표준가격에 실제투입량을 곱한 금액의 차이

pricing day 가격결정일

채권발행을 위한 계약체결 직전에 시장여건 및 발행자의 신용도 등을 고려하여 발행이율 및 발행가격 등 채권의 최종적인 조건이 결정되는 날

pricing meeting 가격결정회의

채권발행을 위한 계약체결 직전에 발행자와 간사회사가 회합을 갖고 이율 및 발행가격 등 채권의 최종적인 조건을 결정하는 것

primary earning per share 기본적 주당순이익

유통되고 있는 보통주와 희석화가 가능한 보통주상당증권의 한 주에 귀속될 수 있는 이익

primary financial instruments 본원적 금융상품

파생적 금융상품이 아닌 채권, 채무 및 지분상품 등의 금융상품

primary financial statements 기본재무제표

회계보고서 중 회계기준에서 인정하는 가장 기본이 되는 재무제표

prime cost 주원가, 기초원가, 소원가, 기본원가

직접재료원가와 직접노무원가의 합

prime cost method 기초원가법, 소가법

☞ direct cost method

prime material cost 소재비

강판, 목재 등과 같이 개개의 제품을 제조하기 위하여 소비되어 그 제품의 기본적인 실체를 형성하는 물품의 소비액

prime product 주제품, 주산품

☞ main product

prime rate 우대금리

우수고객에 대한 우대대출금리

principal 원금, 주인

이자계산에 있어서 초기의 차입원금 또는 대리인이론에 있어서 주주 또는 상급부서를 의미하는 용어

principal books 주요장부

☞ main books

principle based accounting 원칙주의 회계

거래의 경제적 실질을 반영하기 위하여 회계기준의 개념체계에 근거한 목적 또는 원칙을 중시하는 접근방법

P

principle of consistency 계속성의 원칙

기업회계기준에 의한 질적 특성 중의 하나로 회계기준, 절차, 방법을 매기 계속 기록하고 정당한 사유 없이 변경하지 않는다는 원칙

principle of duality 이원성의 원칙

복식부기의 원리로 자원이나 채무의 변동을 기록하면서 동시에 변동의 원천이나 원인을 기록하는 방법

principle of equilibrium 대차평형의 원리, 대차평균의 원리

차변의 합계와 대변의 합계가 항상 동일한 금액이 된다는 원리

principle of matching costs with revenues 수익비용대응의 원칙

☞ matching principle

prior period adjustments 전기오류수정

당기에서 발견된 전기 이전에 발생한 회계오류

prior period error 전기오류

과거기간 동안에 재무제표를 작성할 때 신뢰할 만한 정보를 이용하지 못했거나 잘못 이용하여 발생한 재무제표에의 누락이나 왜곡표시

prior probabilities 사전확률

새로운 정보가 전혀 없는 상황에서 의사결정자가 미래의 특정상황이 일어날 가능성에 대하여 부여한 주관적인 확률

prior working papers 전기감사조서

전기 재무제표에 대한 감사조서

priority of best quotation principle 가격우선의 원칙

유가증권시장의 경쟁매매에 있어서 호가의 우선순위를 결정하는 원칙

pro forma amounts 가상금액, 견적금액

예측하여 추정한 금액

pro forma financial statements 가상재무제표

실현되지 않은 상태에서 가상의 거래에 대한 효과를 제시하기 위하여 나타내는 수정된 재무제표

P

probability 확률

어떤 일이 발생할 가능성을 비율로 표현하는 것

probability distribution 확률분포

시행(실험)의 가능한 모든 결과를 수치로 표시하여 그에 대응되는 확률을 표시한 것

probability function 확률함수

확률분포를 함수의 형태로 표시한 것

probable future economic benefits 가능한 미래의 경제적 효익

미래에 수익창출을 할 수 있는 능력

process 절차, 과정, 공정

투입물에서 산출물로 전환하는 일련의 활동

process cost 전환원가, 가공원가

☞ conversion cost

process cost accounting 종합원가회계

☞ process cost system

process cost system 종합원가계산

동일 종류의 제품을 2개 이상의 공정을 경유하여 연속적으로 반복해서 생산하는 제조기업에서 이용하는 원가계산시스템

process costing 종합원가계산

☞ process cost system

process manufacturers 공정형 제조업체

대규모의 기계장치를 이용하여 원재료를 완제품으로 전환하는 과정의

제조업체

process oriented layout 절차중시배치

기업이 절차나 공정을 중심으로 작업하도록 되어 있는 구조

process production order 계속제조지령서

동종제품을 계속 반복하여 생산하는 경우 또는 동종작업을 연속적으로 실시하는 경우에 발행되는 것으로 일단 발행되면 변경 또는 중지명령이 있을 때까지 그 효력이 연속되는 제조지시서

process value analysis(PVA) 공정가치분석

고객의 욕구를 충족시키고 원가 및 사이클시간을 감소시키며 품질개선을 꾀하는 것에 중점을 두는 분석기법

product cost 제품원가

고객에 대한 판매를 위하여 재화와 용역의 생산에 직접적이거나 간접적으로 관여되는 원가로 제조원가를 의미함

product cost concept 제품원가개념

이익가산비율을 산정할 때 제품원가만을 원가로 계산하는 방법

product costing 제품원가계산

제품의 제조원가를 누적시켜 계산하는 전반적인 방법

product development 제품개발

생산될 제품들에 대한 정의, 설계, 개발, 시험, 공개 및 완벽한 설명을 유지하기 위하여 요구되는 모든 활동들

product financing 제품금융, 제품차입, 재취득조건부 판매

판매자는 구매자에 대하여 해당 상품을 특정가격으로 재구매하는 약정을 하고, 구매자는 매입한 상품을 담보로 자금을 조달하여 판매자에게 지불하는 행위

product life cycle budgeting(PLCB) 제품수명주기 예산편성

제품수명주기 동안 제품에 부과될 수 있는 원가를 사전에 측정하여 예산에 반영하는 것

product life-cycle costing(PLCC) 제품수명주기 원가계산

최초구입부터 최종처분에 이르기까지 해당 자산의 수명주기 전체의 원가를 측정 · 분석하는 원가계산방법

product oriented layout 제품중시배치

기업이 제품에 강조를 하면서 작업하도록 되어 있는 구조

product warranty 제품보증

☞ sales warranty

product warranty liability 판매보증충당금

판매된 제품에 대한 하자를 보증하기 위해 설정되는 부채성 충당금

production budget 생산량예산

회사가 차기중에 몇 개의 제품을 생산해야 하는가 하는 목표생산량을 나타내는 것

production center 생산중심점

기계의 종류별로 계산단위를 설정하는 것

production department 제조부문

경영의 목적으로 하는 제품을 직접 제조하는 부문

production department factory overhead rates 생산부문 제조간접비 배부비율

각 부서별로 추정제조간접비를 추정배부기준으로 나누어 나타나는 비율

production flow analysis(PFA) 생산공정분석, 작업흐름분석

생산의 효율성을 높이기 위하여 공정흐름을 분석하는 것

production lead time 생산소요시간

생산의 첫 단계에서 완제품이 생산라인에서 산출되는 때까지의 시간

production method 생산량비례법

자산의 이용 정도에 따라서 감가상각비를 계산하는 방법

production order 생산지령서, 제조지령서

생산제조부문에 특정한 작업이나 제품의 제조를 지시하는 문서

production planning and control system 생산계획 및 통제시스템

자원과 활동들 간의 균형을 보장하는 시스템

production setup cost 생산준비원가

☞ setup cost

production volume variance 조업도차이

☞ volume variance

professional accountant in business 비개업 공인회계사

공인회계사 자격증을 소유하면서 회계법인이나 회계사무소에서 전문회계사로 종사하지 않고 일반기업이나 교육 연구기관에 근무하는 회계사

professional behavior 전문가적 품위

전문가로서의 지켜야 할 관련법규의 준수와 품위손상을 할 수 있는 행동에 대한 금지행위

professional competence 전문가의 적격성

전문가들이 갖추어야 할 전문적 지식과 능력을 지속적으로 유지해야 하는 행위

professional skepticism 전문가적 의구심

재무제표를 왜곡표시할 수 있는 상황이 존재할 수 있다고 전문가로서의 감사인이 가지는 인식

Profit and Loss Statement 손익계산서

☞ income statement

profit and loss transaction 손익거래

수익이나 비용이 발생하는 거래

profit center 이익중심점

경영자가 수익과 원가 모두에 대해 책임을 지는 책임중심점

profit-center approach 이익중심점접근법

☞ sales warranty method

profit equation 이익방정식

수익에서 비용을 차감하여 이익을 구하는 방정식

profit from capital reduction 감자차익

과거에 발생한 결손금의 보전, 사업축소 등을 위하여 자본금을 감소시키는 감자액이 결손보전에 충당한 금액이나 주식의 소각 또는 주금의 반환에 필요한 금액을 초과한 부분

P

profit margin on sales 매출액이익률

당기순이익을 순매출액으로 나눈 비율

profit margin ratio 매출액이익률

☞ profit margin on sales

profit related pay(PRP) 급여연계이익

이익의 변화에 따라서 종업원의 급여가 직접적으로 변동하는 형태

profit sharing 이익공유

기업이 목표이익을 초과하는 경우 초과 달성한 이익을 기업과 구성원 간에 분배하는 기법

profit velocity 이익속도

생산소요시간에 대한 제품이익의 비율

profit volume chart 이익조업도도표

원가이익조업도를 분석할 때 이익에 초점을 맞추어 나타내는 도표법의 한 종류

profit-volume graph 이익조업도도표

이익과 조업도의 관계만을 표시한 도표로서 판매량이 증가함에 따라 회사의 이익 또는 손실이 어떻게 변하는지를 나타내는 도표

profitability 수익성

기업이 이익을 창출할 수 있는 능력

profitability ratios 수익성비율

당해 기간 동안 기업이 얼마나 경영을 잘 수행했는지를 나타내는 비율

profits on paper 가공이익

진실한 이익이 아닌데도 불구하고 회계상 이익의 외관을 갖추어 표시되고 있는 것

program evaluation and review technology(PERT) 사업계획 평가검토기법

하나의 프로젝트를 완성하기 위하여 소요되는 모든 중요한 활동들의 상호관계를 나타내는 망 혹은 계획공정도

progressive cost 체증비

조업도의 증감에 따라 원가요소의 발생액이 증감하지만 발생비율이 조업도의 증감비율보다 큰 원가요소

project 사업계획

완수하기에 수개월 혹은 수년간 소요되며 상이한 여러 부서, 부문이나 하도급자들의 작업을 요구하는 복잡한 작업

project management 사업계획관리

생산을 통제하기 위한 일정계획과 조직활동

projected daily operational expenditures 영업활동의 일상비용

매출원가, 판매비와 관리비, 기타 일상적인 현금비용을 합한 금액을 365일로 나눈 것

promissory note 약속어음

발행인이 수취인에게 특정의 기일에 일정금액을 지급할 것을 약속한 증서

proof of cash 현금검증표

기업의 현금장부잔액과 은행의 잔액의 차이를 조정하고 일정기간 동안의 기업과 은행의 현금수입과 지출을 모두 비교 검토해 볼 수 있는 표

property dividends 재산배당

☞ dividends in kind

property, plant and equipment 유형자산

재화나 용역의 생산이나 제공, 타인에 대한 임대 또는 관리 활동에 사

용할 목적으로 보유하는 물리적 형태가 있는 자산으로서 한 회계기간을 초과하여 사용할 것이 예상되는 자산

property rights 재산권, 광업권

천연자원의 채굴과 같이 특정재산의 사용 및 교환과 관련하여 특정재산의 소유주가 가지는 권리

P

property taxes 재산세

동산 및 부동산 등의 재산에 대하여 부과되는 세금

proportional cost 비례비, 변동비

☞ variable cost

proportional method 비례법, 상대적 공정가치법

증권의 혼합발행시 발생시점의 각 증권의 상대적인 공정가치에 비례하여 총발행가액을 각 증권에 배분하는 방법

proportionate consolidation 비례연결

공동지배기업의 자산, 부채, 수익, 비용에 대한 참여자의 지분을 참여자의 재무제표에서 유사한 항목과 결합하거나 별도의 항목으로 보고하는 회계처리방법

proprietary theory 자본주이론

자본주와 기업을 동일한 것으로 보는 관점에서 기업과 관련된 모든 의사결정이 자본주의 입장에서 이루어진다고 보는 이론

proprietorship 개인기업

기업과 기업주가 완전히 동일시되는 기업의 형태

prospective adjustments 전진적 조정

이미 보고된 과거의 결과는 조정하지 않고 미래의 기간에 걸쳐 조정하는 것

prospective application 전진적용

새로운 회계정책이나 회계추정의 변경효과를 변경일 이후에 적용하거나 당기 및 그 후의 회계기간에 인식하는 것

prospective approach 전진법

과거연도의 재무제표를 수정하지 않으며 당기의 기초잔액도 수정하지 않고 회계변경은 당기 이후의 기간에 대해서만 적용되는 방법

prospective control 전향적 통제

사후통제가 아닌 예방차원의 통제개념

provision 충당부채

지출의 시기 또는 금액이 불확실한 부채

provision for severance pay 퇴직급여충당금 전입액

기말퇴직급여충당금이 과소계상되어 부족한 경우 설정되나 현금지출을 수반하지는 않는 비용계정

PRP 급여연계이익

☞ profit related pay

prudence 신중성

불확실한 상황에서 요구되는 추정에 필요한 판단을 하는 경우, 자산이나 수익이 과대평가되지 않고 부채나 비용이 과소평가되지 않도록 상당한 정도의 주의를 기울이는 것

prudence cost 신중원가

취득원가가 공정가치를 초과한 경우 초과분을 손실로 인식하고 유형자산을 공정가치로 기록하는 것

psychic income 심리적 이익

계량적 이익이 아닌 질적 요소로 인한 부의 증가로 직원들의 기업에 대한 만족도나 충성도의 증가 등을 나타내는 개념

pub company 자회사

☞ subsidiary company

public bond 공채

국가 또는 지방자치단체, 공적기관이 재원충당을 위해 발행한 채권

public company 공개법인, 상장기업

모집설립 또는 공모증자를 통해 증권거래소에 주식을 상장하고 있는

법인

public goods 공공재

공원, 강, 호수 등의 사용과 같이 개별 경제주체에 의한 사용이 다른 경제주체의 소비에 영향을 주지 않는 재화

public offering 공모발행

유가증권의 발행자가 불특정다수의 투자자를 대상으로 균일한 조건하에 유가증권을 발행, 모집하는 것

public summon 공시최고

주권, 무기명증권 등에 있어서 도난, 분실, 멸실 등으로 인하여 권리를 행사할 수 없을 경우에 법원이 이해관계인의 신청에 따라 미지의 상대방에게 실권의 경고를 첨부하여 권리신고를 명령하는 행위

public utility issues 공공투자 관련주

공공투자가 늘어나면 회사의 업적이 좋아지는 주식으로 예산관련주 또는 재정관련주라고도 함

pull manufacturing 주문형 생산

주문이나 고객의 요구에 맞추어 생산해 재고자산을 최소화시키는 생산방식

purchase 매수, 구매, 매입

① 특정자산에 대한 대가를 지불하고 해당 자산을 구입하는 행위, ② 다른 기업에 대한 지배력을 획득하는 대가로 자산의 이전, 채무의 부담 또는 주식을 발행하여 기업결합을 하는 형태

purchase allowance 매입에누리

매입한 상품이 파손 또는 변질되었거나 도착이 지연되는 등의 여러 가지 이유로 구매자가 불만을 제기한 경우, 매입상품을 반환하는 대신 상품대금의 일부를 할인받는 것

purchase allowance and return 매입에누리와 환출

매입자가 구매한 상품에 대한 사소한 결함으로 인하여 에누리를 받거나 매출처로 되돌려 보내는 경우에 이용하는 계정

purchase discounts 매입할인

일정기간 내에 매입대금을 지불할 경우 할인받는 금액

purchase journal 매입장

상품의 외상매입만이 기록되는 특수분개장

purchase method 매수법, 매입법

합병회사가 피합병회사를 매수한다는 관점에서 합병하는 것으로 피합병회사의 자산과 부채를 공정시장가치로 평가하여 인수하는 방법

purchase order 구매주문서

물품의 내역, 수량, 가격, 선적조건, 지급조건 등이 명시되어 있는 공급자에게 보내는 주문서

purchase requisition 구매요청서

필요한 물품의 구입을 요청하는 회사내부서류

purchase return 매입환출

매입거래에서 구입한 재료나 상품이 품질불량으로 견본과 상이하여 매출처로 되돌려 보내는 부분

purchasing power bond 구매력 사채

소비자물가지수와 같은 인플레이션지수를 고려하여 이의 상승분만큼 높게 지불하는 채권으로 인플레이션으로부터 채권소유자를 보호하기 위하여 발행되는 사채

purchasing power gain & loss 구매력손익

물가수준의 변동으로 화폐성 자산이나 부채를 보유함으로써 발생하는 손익

purchasing power index 구매력지수

특정기준 시점의 구매력을 기준으로 하여 다른 시점의 구매력을 수치로 나타낸 지표

purchasing power loss 구매력손실

일반물가수준의 상승시에 화폐성 항목을 보유함으로써 입는 손실

purchasing power parity 구매력 평가설

환율의 결정을 각국 화폐의 구매력의 차이로 설명하는 이론

purchasing power risk 구매력변동위험

물가변동으로 인해 투자자산의 실질구매력이 감퇴할 가능성을 의미하는 것으로 화폐가치 변동위험이라고도 함

P

pure rate of interest 순수이자율

미지급의 위험이 없고 인플레이션이 예상되지 않는 경우에 부과되는 이자율

push manufacturing 공급형 생산

전통적인 생산방식으로 고객의 요구에 대한 기업자체의 계획에 의거하여 생산해나가는 방식

put option 풋옵션

일정기간 정해진 가격으로 보통주를 팔 수 있는 권리를 보유자에게 부여하는 계약

PVA 공정가치분석

☞ process value analysis

Q

q ratio q비율

자산을 시가 기준으로 수정한 투자지표의 하나로 M&A에서 많이 이용되는 용어

QA 품질보증

☞ quality assurance

QC 품질통제

☞ quality control

QI 품질개선

☞ quality improvement

QM 품질경영

☞ quality management

qualified opinion 한정의견

일정한 예외사항을 제외하고는 재무제표가 전체적으로 적정하게 작성되었다고 판단될 때 표명하는 회계감사인의 의견

qualifying asset 적격자산

의도된 용도로 사용하거나 판매가능한 상태에 이르게 하는 데 상당한 기간을 필요로 하는 자산

qualifying insurance policy 적격보험계약

보고기업과 특수관계자가 아닌 보험자와의 보험계약

qualitative characteristics 질적 특성

회계정보가 갖추어야 할 속성

quality 품질

상품과 용역에 대한 고객의 만족도

Q

quality assurance(QA) 품질보증

제품이나 제공된 용역이 설계사양에 적합하게 이루어졌음을 확신시키는 것

quality blue book 품질백서

실적 대 목표치, 과거기간과의 비교 그리고 3개월간의 예측에 관한 지표 등 3부분을 포함하는 성과지표를 나타내는 기업보고서의 일종

quality control(QC) 품질통제

제품이 요구되는 수준에 적합한지의 여부를 결정하기 위하여 행하는 절차나 정책

quality control activities 품질통제활동

제품에 대해서 이루어지는 점검, 물리적인 검사, 측정 및 시험 등의 활동

quality cost 품질원가

제품이나 서비스의 품질과 관련해서 발생되는 원가

quality cost report 품질원가보고서

조직단위, 제품 등 관심부문별로 품질코스트에 관한 정보를 정기적으로 요약·보고하는 데 이용되는 수단

quality management(QM) 품질경영

ISO가 요구하는 품질보증(QA)과 종전의 품질관리(QC) 그리고 품질개선(QI)을 종합한 총체적인 경영기법

quality of conformance 적합품질

제품이 그 제품의 설계명세를 얼마나 충실하게 따랐느냐를 나타내는 정도

quality of design 설계품질

제품에 기술적으로 내재하는 품질특성

quality of earnings 이익의 질

이익의 크기뿐만이 아닌 이익의 기간별 변동성, 이익의 지속성, 이익의 원천 등으로 나타나는 이익의 질적 속성

quantitative approaches to managerial accounting 관리회계의 계량적 접근

관리회계의 접근방법을 계량화된 모델을 중심으로 파악하는 방법

quantitative cost science 계량원가학

원가정보의 활용을 중심으로 한 계량적인 과목으로서의 새로운 학문의 명칭

quantitative data 양적 자료

숫자로 표시될 수 있는 자료

quantitative managerial accounting 계량관리회계

수학, 통계학 및 OR을 분석도구로 활용하여 관리회계를 연구하는 과목

quantity discounts 수량할인

☞ trade discount

quantity factor 수량요소

단위당 판매가격이나 단위당 비용의 변화가 없는 상태에서 판매량의 차이로 나타나는 효과

quarterly report 분기보고

매 3개월 단위로 작성되는 중간재무보고

quasi reorganization 의사갱생, 준정리

법적인 절차를 거치지 않고 기업의 자산, 부채, 자본을 새로운 가치로 재평가하여 마치 법적인 갱생절차를 거치는 것과 같은 효과를 가지는 절차

quick assets 당좌자산

유동자산 중에서 현금으로 전환가능성이 낮거나 현금으로 전환되는 기간이 상대적으로 오래 걸리는 선급금, 선급비용, 재고자산 등을 제외한 자산

quick ratio 당좌비율

유동성이 매우 높은 자산인 당좌자산만을 고려하여 유동성을 평가하고자 한 재무비율로 당좌자산을 유동부채로 나누어 계산함

quotation 가격고시

시세기준가격, 가격산정 등의 의미로 통용되는 개념

quoted company 상장기업

☞ public company

R

radio frequency identification devices(RFID) 주파수식별장치

제품의 즉각적인 위치파악을 통하여 관리하기 위하여 제품에 주파수를 발사하는 칩을 장착하는 장치

random variation 무작위적인 등락

특성에 의하지 않고 품질이나 수량이 변동하는 것

ratchet principle 톱니원리

당기에 생산성이 증가하면 다음 기에 이 증가된 생산성을 기준으로 새로운 목표를 설정하는 원리

rate earned on common stockholder's equity 보통주 주주지분수익률

☞ rate of return on common stock equity

rate earned on stockholder's equity 주주지분수익률

당기순이익을 평균자본으로 나눈 값

rate earned on total assets 총자산이익률

☞ rate of return on assets

rate of return on assets 총자산이익률

자산의 자금조달여부는 고려하지 않고 총자산에 대한 수익성을 파악하는 지표로 당기순이익과 이자비용의 합계금액을 평균자산총액으로 나눈 값

rate of return on common stock equity 보통주 주주지분수익률

이자비용과 세금, 우선주배당금을 공제한 후의 당기순이익을 평균보통주주주지분으로 나눈 값

rate of return on stockholder's equity 주주지분수익률

☞ rate earned on stockholder's equity

ratio analysis 비율분석

재무제표를 계정별로 대비시켜 계산된 재무비율을 특정의 기준과 비교하여 기업의 경영을 평가하는 것

ratio of current income to current expense 경상수지율

기업의 지불능력을 나타내는 지표로 이 비율이 높을수록 기업의 지불능력이 양호함을 의미함

ratio of fixed assets to long-term liabilities 고정부채 고정자산 비율

고정자산에 대한 저당권자의 안전한계를 측정하는 지표로 고정부채에 대한 고정자산 장부가치의 비율로 표시함

R

ratio of fixed liabilities to net worth 고정부채비율

자기자본에 대한 장기부채의 관계비율로 자본구성의 안전성을 판단하는 지표

ratio of liabilities to stockholder's equity 부채비율

☞ debt equity ratio

ratio of stockholders' equity to the sum of debt and stockholders' equity 자기자본비율

☞ shareholders' equity to total assets

ratio of total cost 총원가비율

총원가를 기준으로 한 각종의 비율

raw and in process 재공원료

☞ raw-in-process

raw deal 불공정 취급

공정하지 못하고 일방이 유리하게 적용되는 거래

raw-in-process(RIP) 재공원료

원재료가 공급업체로부터 생산공정에 직접 투입되는 적시생산시스템에서 재료와 재공품계정이 통합된 새로운 계정

raw materials 원재료

제품의 생산에 투여되는 재료

real accounts 실질계정

☞ permanent accounts

realistic expectations 현실적인 기대치

표준의 설정에 있어서 현실적으로 달성가능한 것으로 기대되는 값

realizable value 실현가능가치

자산을 통상적으로 처분하는 경우 수취할 것으로 예상되는 현금이나 현금성자산의 금액

R

realization of revenue 수익의 실현

수익이 실제로 발생되어 수익을 해당되는 계정에 계상할 수 있는 상태가 되는 것

realization principle 실현주의

수익은 그 가득과정이 완료될 때 인식된다는 원칙

realized 실현

수익창출과정에서 교환이 이루어져 현금유입이나 현금청구권이 발생함으로써 수익금액을 객관적으로 측정가능하게 되었다는 의미의 개념

realized holding gains 실현보유이익

판매된 자산의 취득원가와 판매시점의 현행원가의 차액으로 나타나는 이익

rearrangement 재배치

기존 장소 내에서 설비 및 기기 등의 배열을 재정리하는 것

reasonable assurance 합리적 확신

절대적 확신은 아니지만 높은 수준의 확신

rebate 리베이트

재화나 용역에 대한 지불금액의 일정부분을 되돌려 받는 금액

receipt 수입

현금의 수납

receivables 수취채권

고객이나 다른 실체에 대해서 보유하고 있는 화폐, 재화 또는 용역에 대한 청구권

receivables collection period 매출채권회수기간

매출채권을 회수하는 데에 소요되는 평균기간으로 365일을 매출채권회전율로 나누어 계산함

R

receivables turnover 매출채권회전율

순매출액을 평균매출채권으로 나눈 값

receiving report 인수보고서, 검수보고서

주문받은 상품이나 재료의 수량·품질 등을 검사한 후 내용을 기재하는 보고서

reciprocal method 상호배부법

보조부문 상호간에 수수된 용역을 인식하여 용역을 받은 다른 보조부문 및 제조부문에 대하여 용역의 정도에 따라서 배부하는 방법

reclassification 재분류

중요성의 원칙에 의거 과목명칭을 다른 명칭이나 포괄하는 명칭으로 바꾸는 것

recognition 인식

항목의 원가 또는 가치를 신뢰성 있게 측정할 수 있는 기준을 충족하는 항목을 재무상태표나 포괄손익계산서에 반영하는 과정

recognition of expenses 비용의 인식

비용이 속하는 회계기간을 결정하는 것

recognition of revenue 수익의 인식

수익이 속하는 회계기간을 설정하는 것

recomputation 계산검증, 재계산

산술적인 계산의 정확성을 확인하는 절차

reconciliation entry 조정기입

둘 이상의 관련 계정이나 계산서의 잔액을 일치시키기 위하여 필요한 항목을 결정하여 기록하는 행위

reconciliation method 조정법

당기순이익에 조정항목을 가감하여 영업활동으로 인한 현금흐름을 결정하는 방법

record date 배당기록일

배당을 받을 주주들이 확정되는 기준일

recourse 상환청구권

채무자가 대금을 지급하지 않거나 늦게 지급하는 경우에 외상매출금의 판매자로부터 지급을 요청할 수 있는 취득자의 권리

recoverable amount 회수가능액

자산(또는 현금창출단위)의 순공정가치와 사용가치 중 큰 금액

recovered overhead 회수된 간접비, 흡수간접비

☞ absorbed overhead

recovery rate 회수율

☞ absorption rate, overhead absorption rate

redeemable bonds 수시상환사채

사채권자가 수시로 만기액의 상환을 요구할 수 있는 사채

redeemable preferred stock 상환우선주

일정요건이 충족될 때 발행회사에게 우선주를 상환할 수 있는 권리가 부여된 우선주

reduction in purchase method 매입계정차감법

매입할인을 매입에 대한 차감계정으로 처리하는 방법

refunding 차환

새로운 사채를 발행하여 구사채를 상환하는 것

registered bonds 기명사채

발행회사가 사채원부에 채권자를 기명하고 채권자가 제3자에게 매각하는 경우 사채를 발행회사에 반환하고 새 채권자는 새로운 사채를 발행받는 사채

regression analysis 회귀분석

과거의 자료만을 이용하여 예측을 하는 방법으로 독립변수가 주어졌을 때 이것을 바탕으로 하여 종속변수를 예측하고 추정하는 방법

regressive method 역산법

제품 1단위당 표준소비량을 사전에 정하여 두고 이것을 제품완성량에 곱하여 소비량을 결정하는 방법

regular way purchase or sale 정형화된 매입이나 매도

관련 시장의 규정이나 관행에 의하여 일반적으로 설정된 기간 내에 당해 금융상품을 인도하는 계약조건에 따라 금융자산을 매입하거나 매도하는 것

regulatory approach 규제적 접근법

정보를 얻는 데 제한된 지식이나 자료를 가지고 있는 외부정보이용자들을 보호하기 위해서는 규제가 필요하다고 보는 견해

reimbursement 보상, 종업원급여

종업원이 당해 기업에 제공한 근무용역에 대한 대가로 당해 기업이 또는 당해 기업을 대신하여 지급하였거나 지급해야 하거나 혹은 제공하는 모든 종류의 대가

reinstallation 이전

기존 장소 내에서 기기나 설비 등의 유형자산의 설치위치를 변경하는 것

reinsurance contract 재보험계약

보험자(재보험계약자)가 발행한 하나 이상의 계약에서 발생한 손실을 보상하는 또 다른 보험자(재보험자)가 발행한 보험계약

reinsurer 재보험자

보험사건이 발생하는 경우 재보험계약에 따라 재보험계약자에게 보상할 의무를 부담하는 당사자

related party 특수관계자

직접적으로 또는 하나 이상의 중개자를 통하여 간접적으로 당해 기업을 지배하거나, 당해 기업의 지배를 받거나 당해 기업과 동일지배하에 있는 자 또는 당해 기업에 중대한 영향력을 행사할 수 있는 지분을 소유하는 자

related party transaction 특수관계자거래

대가의 부담여부에 관계없이 특수관계자 사이의 자원, 용역이나 의무의 이전

relationship management(RM) 거래처 종합관리

대기업이나 그룹을 주 대상으로 한 고객관리기법

relative current cost 상대적 현행원가

일괄구매한 원재료의 매입원가를 계산할 때 공정가치의 기준으로 하여 계산하는 현행원가

relative frequency 상대도수

어떤 사건이 장기적으로 발생하는 것

relative sales value 상대적 판매가치

일괄구매한 상품의 매입원가를 산정할 때 공정가치의 기준으로 하여 계산하는 판매가치

relevance 목적적합성

정보이용자의 의사결정에 차이가 나도록 하는 재무정보의 질적 특성

relevant costs 관련원가

특정 의사결정과 관련이 있는 원가로서 대체안간의 차이가 있는 미래원가

relevant range 관련범위

매출과 비용의 관계를 유효하게 적용할 수 있는 조업도의 범위로 현실

적으로 달성가능한 최저조업도와 최대조업도 사이의 범위

reliability test 신뢰도검사

reload feature 재부여특성

주식선택권 보유자가 이미 부여된 주식선택권을 행사하면서 행사가격 지불수단으로서 현금이 아니라 이미 자신이 보유하고 있던 기업의 주식을 이용하는 경우에 추가적인 주식선택권이 자동으로 부여되는 특성

reload option 재부여주식선택권

이미 부여된 주식선택권의 행사가격을 지불하기 위해 사용된 주식에 대하여 새롭게 부여되는 주식선택권

R

remittance advice 송금요청서, 송금확인서

고객이 회사에 송금할 경우 첨부하는 매출송장의 복사본

removing 제거

이미 인식된 금융자산이나 금융부채를 재무상태표에서 삭제하는 것

renewal of notes 어음의 개서

만기가 된 구어음과 새로 발행한 신어음을 교환하는 것

reorder point(ROP) 재주문점

추가주문을 할 때 유지되어야 할 재고수량

replacement cost 대체원가

현재 보유하고 있는 자산과 동일한 자산을 구입 또는 생산하는 원가

replacement method 대체법

소액의 자산이면서 유사한 종류로 수량이 많은 경우 적용되는 감가상각의 한 방법으로 새로 구입한 자산의 원가를 감가상각비로 계상하는 방법

replacement system 갱신법

구자산의 원가는 자산계정에 남아 있고 신자산의 원가는 비용으로 인식하는 방법

replacements 교체

기존의 자산과 동일한 성능의 자산으로 대체하는 것

report form 보고식

회계보고서를 계정식이 아닌 종렬의 형태로 작성하는 방식

report of the commission on money and credit CMC 보고

1958년에 미국의 금융제도와 금융정책의 바람직한 방향을 검토하기 위하여 설치된 위원회(민간기관)가 1961년 6월에 발표한 보고서

reporting currency 보고통화

재무제표를 보고할 때 사용하는 통화

reporting enterprise 보고기업

☞ reporting entity

reporting entity 보고기업

기업에 대한 재무정보의 주요 원천으로서 재무제표에 의존하는 정보이용자가 존재하는 기업

representational faithfulness 표현충실성

재무정보가 유용하기 위해서 나타내고자 하는 현상을 충실하게 표현하는 것

representations by third parties 제3자로부터의 확인

감사대상회사의 구성원이 아닌 제3자로부터 감사인이 직접 교신을 통하여 획득한 감사증거

repressed inflation 억압형 인플레이션

전시중과 같이 수요가 공급을 초과하더라도 물가통제를 위해 물가를 일정수준에서 고정, 물가상승이 일어나지 않는 상태

research 연구

새로운 과학적·기술적 지식이나 이해를 얻기 위해 수행하는 독창적이고 계획적인 탐구활동

research and development costs 연구개발비

신제품이나 신기술 등의 연구개발과 관련하여 발생한 비용으로서 개별적으로 식별가능하고 미래의 경제적 효익을 기대할 수 있는 것

reserve 적립금, 준비금

이익잉여금의 처분형태의 하나

reserve currency 준비통화

중앙은행과 같은 공공기관에 의하여 공적 대외준비로 보유되는 통화

reserve for business expansion 사업확장적립금

장래에 사업을 확장하기 위한 적립금

reserve for business improvement 기업합리화적립금

소득공제나 세액감면, 투자세액공제를 받은 경우 그 금액만큼 기업합리화를 목적으로 적립하는 적립금

reserve for deficit recovery 결손보전적립금

재무구조를 양호하게 하기 위하여 결손을 보전하기 위한 적립금

reserve for dividend equalization 배당평균적립금

이익배당을 평균적으로 일정한 수준에서 유지하도록 하기 위한 적립금

reserve for fluctuation 가격변동준비금

투자신탁회사가 수익금이 많이 발생하였을 때 일부를 소정의 적립률에 비례해서 적립하는 것

reserve for improvement of financial structure 재무구조개선적립금

상장법인으로서 자기자본비율이 30/100에 미달하는 회사가 일정액을 재무구조개선적립을 목적으로 적립하는 금액

reserve for technology development 기술개발준비금

특정의 새로운 기술을 개발하기 위하여 적립하는 금액

residual cash flow 잔여현금흐름

현금흐름－(투자액×최저필수수익률)

residual equity 잔여지분

순자산 또는 자본에 대한 다른 명칭으로 자산으로부터 자산에 대한 우선적 청구권을 가진 채권자지분인 부채를 차감한 후에 남는 잔여금액의 의미

residual equity theory 잔여지분이론

소유주이론과 실체이론의 결합에서 나온 이론으로 기업의 다른 모든 청구권자들의 권리가 행사된 후에 남는 자산에 대해서 보통주주주들이 권리를 행사한다는 이론

residual income(RI) 잔여이익

투자자산에 대한 최저수익을 초과한 이익분

residual interest 잔여지분

☞ residual equity

residual value 잔존가치

자산이 이미 오래되어 내용연수 종료시점에 도달하였다는 가정하에 자산의 처분으로부터 현재 획득할 금액에서 추정처분부대원가를 차감한 금액의 추정치

resources 자원

노무, 과학기술 및 재료와 같은 생산요소들

responsibility accounting 책임회계

기업의 수입과 지출의 특정항목들에 대한 개별 관리자의 책임에 근거하여 조직의 모든 단위에 대하여 정보를 제공할 수 있도록 설계된 관리회계 시스템

responsibility center 책임중심점

특정경영자에 의해 통제되는 개별활동이나 활동의 집합을 의미하는 것으로 수입이나 원가에 대하여 특정의 관리자의 책임으로 귀속시킬 수 있는 분야나 영역

responsibility center approach 책임중심점 접근방법

책임이 부여된 단위별로 그 책임자가 통제가능한 요소들에 대하여 예

산을 편성하는 방법

restatement 재작성

회계변경으로 인해 영향을 받은 회계연도의 재무제표를 새로 적용된 회계처리방법에 따라 소급하여 작성하는 것

restricted cash and deposit 특정 현금과 예금

특별히 그 사용이 지정되어 있는 현금과 예금

restriction of price range 가격제한폭

증권시장에 있어서 유가증권의 공정한 가격형성과 급격한 시세변동에 따른 투자자의 피해방지 및 시장질서의 혼란방지를 위하여 당일 입회 중에 변동할 수 있는 증권가격의 상하폭을 제한하는 것

result of operation 경영성과

일정기간 기업의 경영활동의 결과로 나타난 영업성적

retail inventory method 소매재고법, 매출가격환원법

재고자산의 소매가와 원가의 일정한 관계를 이용하여 기말재고의 원가를 추정하는 방법

retained earnings 이익잉여금

기업의 활동에 의해 획득된 이익 중에서 사외로 유출되지 않고 사내에 유보된 금액

retirement benefit plans 퇴직급여제도

종업원이 퇴직한 때 또는 퇴직한 후에 일시불이나 연금의 형식으로 급여를 지급하기로 하는 약정

retirement method 폐기법

자산이 처분될 때 폐기되는 자산의 원가에서 처분액을 차감한 금액을 감가상각비로 인식하는 방법

retroactive approach 소급법

회계변경이 일어난 기간의 기초시점에서 새로운 회계방법의 채택으로 인한 누적효과를 계산하여 이에 해당되는 자산이나 부채를 수정하고 기초이익잉여금을 수정하는 방법

retrospective adjustment 소급조정

회계처리방법의 변경시 변경누적효과를 전기이월이익잉여금에서 소급하여 수정하는 행위

retrospective application 소급적용

새로운 회계정책을 처음부터 적용한 것처럼 거래, 기타 사건 및 상황에 적용하는 것

retrospective restatement 소급재작성

전기오류가 처음부터 발생하지 않은 것처럼 재무제표 구성요소의 인식, 측정 및 공시를 수정하는 것

R

return on asset 총자산이익률

순이익을 총자산으로 나누어 나타내는 수익성과 활동성을 복합적으로 평가하는 재무비율

return on equity 자기자본이익률

수익성과 활동성 및 안전성을 복합적으로 평가하는 재무비율로 총자산이익률에 자기자본비율의 역수를 곱하여 계산

return on investment(ROI) 투자수익률

투하된 자본금액을 고려하여 투자액에 대한 이익의 비율을 나타내는 수익성지표

return on sales 매출액이익률

매출로부터 이익을 얻고 있는 정도를 나타내는 재무비율

returnable deposits 예수금

일반적인 상거래 이외에서 발생하는 것으로 계약이행의 보증금이나 미래의 채무지급을 이행한다는 보증금으로 부채로 분류

revaluation 재평가

자산과 부채의 재작성

revalued amount of an asset 자산의 재평가금액

재평가일의 공정가치에서 이후의 감가상각누계액과 손상차손누계액을 차감한 금액

revenue 수익

자산의 유입이나 증가 또는 부채의 감소에 따라 자본의 증가를 초래하는 특정 회계기간 동안에 발생한 경제적 효익의 증가

revenue bonds 수익사채

특정한 수익의 원천으로부터 이자를 지급하는 사채

revenue center 수익중심점

원가와의 대응관계를 고려함이 없이 다만 수익의 창출에 대해서만 책임을 지는 책임중심점

R

revenue cycle 수익순환, 수익주기

재화나 용역의 판매와 이러한 판매활동에서 현금을 회수하는 기업의 활동

revenue expenditures 수익적 지출

유형자산과 관련하여 지출된 원가가 미래기간에 경제적 효익을 제공하지 못하고 그 지출의 효과가 당기에 한정되는 지출로 당기비용으로 처리하는 일반적인 비용

revenue-expense matching principles 수익비용대응의 원칙

☞ matching principle

revenue function 이익함수

제품시장의 경쟁 정도에 의해 결정되는 함수

revenue realization 수익실현

수익이 교환거래가 발생할 때뿐만이 아니라 획득과정이 실질적으로 완성되고 객관적이고 신뢰성 있는 금액으로 측정가능할 때 수익으로 인식하는 것

revenue recognition principle 수익인식기준

수익은 가득되고 실현되었을 때 인식하는 기준

revenues receivables 미수수익

당기에 속하는 수익 중 미수액

reverse acquisition 역취득

자신의 지분이 취득되는 기업을 취득자로 하고, 발행기업을 피취득자로 하는 사업결합

reverse stock splits 주식병합

여러 주식을 하나의 주식으로 통합하는 것

reversing differences 역전차이

일시적 차이가 소멸되는 기간에 발생하는 차이

reversing entries 재수정분개, 역분개

기말에 실시한 수정분개를 다음 회계기간의 기초에 행하는 반대분개

revised probability 수정확률, 사후확률

☞ posterior probability

rewards associated with a leased asset 리스자산과 관련된 보상

경제적 내용연수 동안 자산의 수익성 있는 운용에 대한 기대 및 가치 증대나 잔존가치의 실현에서 발생하는 이익 등에 대한 기대

RFID 주파수식별장치

☞ radio frequency identification device

RI 잔여이익

☞ residual income

right of set-off 상계권리

계약 등에 따라 채권자에게 지급할 금액의 전체 또는 일부를 당해 채권자에게서 받을 금액으로 충당으로써 결제하거나 소멸시킬 수 있는 채무자의 법적 권리

rights and obligation 권리와 의무

특정일자 현재 자산과 부채에 대한 소유의 귀속성을 주장하는 성질

RIP 재공원료

☞ raw-in-process

ripple effect 파장효과

특정상황이 다른 상황이나 요소에 미치는 영향

risk 위험

손실 및 경제적 상황 변화에 따른 이익변동의 가능성이 존재하는 성질

risk attitude 위험태도

동일한 정도의 위험에 대해 의사결정자들이 나타내는 회피나 선호도를 나타내는 것

risk aversion 위험회피형

위험을 회피하려는 경향

risk loving 위험선호형

위험을 선호하는 경향

risk neutral 위험중립형

위험에 무차별적이며 효용이 부의 수준에 정비례하는 형태

risks associated with a leased asset 리스자산과 관련된 위험

자산의 운휴나 기술적 진부화로 인한 손실 및 경제여건의 변화에 따른 이익의 변동가능성을 포함하는 위험

ROA 총자산이익률

☞ return on asset

ROE 자기자본이익률

☞ return on equity

ROI 투자수익률

☞ return on investment

rolling budget 순환예산

☞ continuous budget

ROP 재주문점

☞ reorder point

routing 절차계획

어떤 일을 처리해 나가는 절차나 일정에 대한 계획

rover operation 문제해결자

문제발생시 이를 해결하는 책임을 지는 부서 및 관리자

rule-based accounting 규칙주의 회계

회계기준의 실무상의 적용에 따른 혼란방지를 위하여 구체적인 회계처리기준을 제정하는 방법

run tests 런 검정, 런 검증

특정변수가 연속적으로 나타나는 집단을 런이라고 하며 이러한 런의 규칙성을 검정하는 기법

S

sacrifice of long-run profitability 장기적 수익성의 희생

경영자의 잦은 교체로 인하여 사업부경영자는 자신의 행동이 그 사업부에 미치는 장기적 영향을 고려하지 않거나 의도적으로 무시하는 것

safety harbor rule 안전보장규칙

일정한 방법에 따라서 유가증권신고서에 표기된 예측정보에 대한 손해배상책임을 면제하는 규정

safety margin 안전도

채권자에게 지급해야 할 이자비용의 지급능력

safety ratio 안정성비율

☞ leverage ratio

safety stock 안전재고

재고부족에 대비하여 여유로 보유하는 재고

sale and leaseback transaction 판매후리스거래

리스이용자가 리스제공자에게 자산을 판매하고 다시 그 자산을 리스하는 거래

sales 매출액

상품판매나 용역의 제공으로 실현된 금액

sales allowance 매출에누리

매출한 상품 중 품질의 불량이나 파손 등으로 상품대금을 줄여주는 경우의 차감액

sales allowance and returns 매출에누리와 환입

매출액의 차감계정으로 매출에누리와 매출환입을 합한 것

sales basis 매출기준, 판매기준

수익의 실현을 판매행위에 관련시키는 것으로 수익을 판매시점에서 인식하는 기준

sales budget 판매예산

다음 기에 판매될 것으로 예상되는 예상판매량과 예상매출액에 대한 예산

sales discounts 매출할인

상품의 구매자가 외상대금을 신속하게 지급할 경우 판매자가 상품대금을 감액시켜 주는 금액

sales discounts forfeited 매출할인 경과이익

순액법으로 매출을 기록하는 경우 구매자가 매출할인기간을 경과하여 대금을 지불할 경우 판매자가 처리하는 순매출액과 대금수취액의 차이부분을 수익으로 계상하는 금액

sales invoice 송장, 매출송장

고객이 주문한 물품에 대하여 기업이 작성하여 고객에게 보내는 대금지급청구서

sales journal 매출장

매출순서에 따라 상품매출을 기입하는 장부

sales-leaseback 판매후리스

리스자산의 소유자가 이를 타인에게 판매하는 동시에 새로운 소유주에게 그 자산을 다시 임차하여 사용하는 경우의 리스거래

sales margin 판매마진, 매출총이익

☞ gross profit

sales mix 매출배합

전체매출수량 중에서 각 제품이 차지하는 상대적인 비율

sales mix variance 매출배합차이

실제의 전체매출수량에 있어서의 실제매출배합과 예산매출배합의 차이가 공헌이익에 미치는 영향

sales on approval 시용판매

고객이 상품을 일정기간 사용한 후 매입의사를 표시하는 경우에 매매거래가 형성되는 판매

sales on installment 할부판매

상품을 판매한 후에 판매대금을 일정기간에 걸쳐서 분할하여 회수하는 조건으로 판매하는 것

sales order 판매지시서

고객주문서에 기재된 물품의 내역을 기록하는 기업내부에서 작성된 서류

sales return 매출환입

매출한 상품을 고객이 반환하는 경우 처리하는 계정

sales revenue 매출수익

상품판매를 통해 발생하는 수익

S

sales transaction 매각거래

외상매출금의 이전이 이루어지는 즉시 이득이나 손실을 인식하는 거래

sales-type lease 판매형리스

제조업자나 판매업자가 금융리스계약의 형태로 판매하는 리스

sales value 거래대금

거래소 안에서 매매된 유가증권의 가격에 거래량을 곱한 금액으로 약정대금이라고도 함

sales volume variance 매출조업도차이

실제매출수량과 예산매출수량 간의 차이로 인한 공헌이익의 차이

sales warranty 판매보증, 제품보증

판매한 상품 또는 서비스에 대하여 품질이나 성능 및 수량에 이상이 있거나 고객이 불만을 표시하는 경우 특정기간 내에 판매한 상품이나 서비스를 대체하거나 수리해준다는 약정

sales warranty method 보증수익처리법

보증이 상품과 함께 판매된다고 보고 미래에 판매보증이 제공될 때에 수익으로 인식하는 방법

sales with buyback agreement 재취득조건부 판매

기업이 필요한 자금을 조달하기 위하여 재고자산을 재취득하기로 약속하고 판매하는 것으로 제품금융계약의 형태

sales with high rates of return 고환입률 매출

반품이 용이한 조건으로 판매함으로써 환입률이 높은 상품의 판매

salvage value 잔존가액

자산의 내용연수가 경과된 후에 받을 것으로 추정되는 처분가액

sample 표본

전체집단의 특성을 추론하기 위하여 전체집단에서 추출된 일부 구성요소

sample space 표본공간

시행의 모든 가능한 결과

sampling risk 표본위험

표본에 근거한 감사의 결론이 모집단 전체에 대하여 동일한 감사절차를 적용할 경우의 결론과 차이가 날 가능성

Sarbanes-Oxley Act 회계개혁법안, 사베인스 옥슬리법

2001년 엔론사의 회계부정 사건 이후 2002년 미국에서 제정된 감사의 독립성강화, 재무정보의 공시강화, 내부관리회계제도에 대한 통제 등 회계개혁에 관한 법률

save as you earn(SAYE) 정기적립저축제도

영국에서 1980년에 도입한 제도로 약정에 의해 5~7년 기간 동안 급여의 일부를 공제하여 마련한 기금으로 특정일 이후에 특정의 가격으로 기업의 주식을 살 수 있는 선택권을 부여한 기법

SAYE 정기적립저축제도

☞ save as you earn

scatter diagram method 산포도법

그래프용지 위에 원가와 조업도에 대한 관측을 표시한 후, 전문적인 판단력을 사용하여 원가추정선을 그린 다음에 이 선을 토대로 원가를 추정하는 방법

S

SCF 현금흐름표

☞ statement of cash flow

schedules of cost of goods manufactured 제조원가명세서

☞ manufacturing statement, statement of cost of goods manufactured

SCM 전략적 원가관리

☞ strategic cost management

scope paragraph 범위문단

감사보고서에서 감사인이 적용한 감사기준과 감사업무에 대한 내용을 기술하는 영역

scrap 작업폐물

제조작업중에 발생하는 사용재료의 폐물

S

screening decisions 심사과정

특정투자안이 기업에서 설정한 투자요건을 만족시키는가를 검토하는 과정

scrip 배당증서

부채배당시 주주에게 발행하는 일종의 약속어음

scrip dividend 가증권배당, 어음배당

배당금을 수개월 후에 지급하겠다는 약속증서를 발행하여 배당에 대신하는 경우를 말하는 것으로 미국 등지에서 유행되고 있는 현금의 사외유출을 방지하기 위한 배당형태

SCS 전략적 통제시스템

☞ strategic control system

SEAQ 런던증권거래소의 시황정보시스템

☞ stock exchange automated quotation

seasonal stock 계절주

상장기업 중 계절에 따라 매출, 이익 등 영업실적에 큰 변화가 생기는 기업의 주식

SEC 증권거래위원회

☞ Securities and Exchange Commission

second cost 제2원가

공장내부의 제조과정에서 발생한 일체의 원가요소로 공장원가, 생산원가, 또는 제조원가로 불림

secret reserves 비밀적립금

자산의 과소평가나 부채의 과대평가로 회사의 실제가치가 장부에 표시되어 있는 자본가치보다 높은 경우에 존재하는 비가시적인 적립금

secured bonds 담보부사채

부동산이나 기금, 다른 회사의 유가증권 등을 담보로 하여 발행되는 사채

securities 유가증권

액면금액단위로 발생되어 증권시장에서 거래되거나 투자의 대상이 되는 재산적 가치를 가지는 증권

Securities and Exchange Commission(SEC) 증권거래위원회

1934년에 설립된 미국자본시장의 질서유지 및 규제를 목적으로 하는 증권감독기구

securities available for sale 매도가능증권

기업이 소유하고 있는 유가증권 중 만기보유증권이나 단기매매증권으로 분류되지 않은 모든 유가증권

securities held to maturity 만기보유증권

만기가 확정된 채무증권으로 상환금액이 확정되었거나 확정가능한 채무증권을 만기까지 보유할 적극적인 의도로 소유하고 있는 유가증권

Securities Industry Association(SIA) 미국증권업자연맹

NASD(전미증권업협회)과는 별도로 1972년에 창설된 미국증권업자연맹

securities of affiliated companies 관계회사 유가증권

지배 또는 유리한 거래를 목적으로 하여 취득한 타회사의 유가증권

segment 사업부문

기업의 영업활동을 적절히 반영할 수 있도록 구분한 단위

segmental reporting 부문별보고

한 기업의 지역별 또는 상품별과 같이 부문별로 수익과 비용을 나누어 보고하는 것

selection decisions 선택과정

심사과정을 통과한 투자안 중에서 가장 바람직한 투자안을 결정하는 과정

self-checking function 자기검증기능

차변의 합계액과 대변의 합계액이 일치하지 않는 경우 기록의 오류나 누락을 예상할 수 있도록 되어 있는 회계시스템의 기능

S

self-control function 자기통제기능

☞ self-checking function

self insurance 자가보험

보험에 가입하지 않고 자체적으로 손실에 대비하는 것

self reverting 자기역전

한 회계기간에 보수주의 입장에서 인식한 손실을 나중에 다시 이익으로 인식하는 보수주의의 반대현상

selling & general administrative cost 판매 및 일반관리비

☞ selling and administrative expenses

selling and administrative expenses 판매비와 관리비

판매활동과 기업의 관리와 유지에 따라 발생하는 비용

selling cost 판매원가

총원가의 개념으로 제조원가에 판매 및 일반관리비를 가산한 원가로 제3원가라고도 함

selling expense 판매비

판매활동과 관련하여 발생하는 비용

selling price variance 판매가격차이

실제판매가격과 예산판매가격 간의 차이로 인한 공헌이익의 차이

semi-fixed cost 준고정비

특정범위의 조업도수준에서는 일정한 금액이 발생하지만, 이 범위를 벗어나면 원가총액이 일정액만큼 증가하거나 감소하는 원가요소

semi-variable cost 준변동비

조업도의 변화와 관계없이 발생하는 일정액의 고정원가와 조업도의 변화에 따라 단위당 일정비율로 증가하는 변동원가의 두 부분으로 구성된 원가요소

senior accountant 상급회계사, 선임회계사

경력이 풍부한 책임회계사

sensitivity analysis 민감도분석, 감도분석

확률을 이용한 감도분석으로 처음에 예측된 수치가 얻어지지 않는다면, 결과가 어떻게 변화할 것인가를 측정하는 분석방법

separability 분리가능성

무형자산이 기업전체나 일부 자산과 분리되어 판매가능한 속성

separable costs 분리원가

결합제품이 분리점에서 개별제품으로 분리된 이후에 추가가공이 이루어지는 경우 추가가공과 관련하여 발생하는 원가

separate financial statements 별도재무제표

지배기업, 관계기업의 투자자 또는 공동지배기업의 참여자가 투자자산을 피투자자의 보고된 성과와 순자산에 근거하지 않고 직접적인 지분투자에 근거한 회계처리로 표시한 재무제표

serial bonds 연속상환사채

원금의 상환이 일시에 이루어지는 것이 아니고 여러 기간에 걸쳐 일정액씩 상환하기로 약정한 사채

service 용역

활동에서 나타나는 산출물의 한 형태

service and support activity 서비스 및 지원활동

판매나 생산이 원활히 수행되도록 기업내부적으로 서비스 및 지원을 제공하는 활동

service center 지원중심점

다른 부서에 대하여 특성화된 지원을 제공하는 주된 임무를 띠고 있는 작업중심점

service company 서비스업

용역을 제공하는 기업

service department 보조부문

제조부문의 활동을 보조하기 위하여 보조부문 자신이 제작한 제품 또는 용역을 제조부문에 제공하는 부문

S

service department charges 보조부문비용 부담액

제조부서를 지원하는 보조부서에서 발생한 비용을 일정한 기준에 의거하여 제조부서별로 배부하는 금액

service industry 서비스산업

유형의 재화를 생산하는 제조업과 판매하는 판매업을 제외한 업종에 대한 통칭적 개념

service life 내용연수

☞ useful life

service potential 용역잠재력

자산의 성격을 설명하는 개념으로 미래에 수익을 창출할 수 있는 능력

settlement currency 결제통화

민간에 의하여 보유되어 주로 국제결제에 사용되는 통화

settlement value 이행가치

통상적인 영업과정에서 부채를 상환하기 위해 지급될 것으로 예상되는 현금이나 현금성자산의 할인하지 아니한 금액

settling 결제

증권시장에서 유가증권의 매매거래가 성립된 뒤 매도증권과 매수대금을 수수하는 것

setup 작업준비

제조공정을 위하여 기계나 작업 중심점을 처음으로 준비하는 과정

setup costs 생산준비원가

제품생산을 위한 준비과정에서 발생하는 원가

shadow prices 그림자 가격

자원에 한 단위가 변화가 있을 경우에, 그것이 원인이 되어 총공헌이익 및 이익에 변화를 가져오게 될 액수

share-based payment arrangement 주식기준보상약정

주식기준보상거래를 하는 기업과 거래상대방 사이의 계약

share-based payment transaction 주식기준보상거래

기업이 재화나 용역을 제공받는 대가로 기업의 지분상품을 부여하거나 기업이 재화나 용역을 제공받는 대가로 기업의 주식이나 다른 지분상품의 가격에 기초한 금액만큼의 부채를 부담하는 거래

share option plan 주식선택권

보유자에게 특정기간 고정가격 또는 결정가능한 가격으로 기업의 주식을 매수할 수 있는 권리를 부여하는 계약

shareholder rights plan 주주권보장, 주주권리계획

☞ poison pill

shareholders' equity 자본

☞ capital

shareholders' equity to total assets 자기자본비율

총자산 중에서 자기자본의 비중을 표시하는 비율

shipping document 적송서류

적송시점에서 발송부서가 작성하는 문서로서 품명, 선적수량과 기타

S

관련 자료가 표시

shop floor 작업현장, 공장

개별원가계산 시스템에서의 작업현장

short covering 환매수, 환매

보유중인 미결제 선물매도약정을 정리하기 위해 특정선물을 매수하는 거래

short investments 단기금융상품

☞ short-term financial instruments

short position 선매도

선물거래에 있어서 특정대상을 미리 판매하기로 약정한 내용

S

short range planning 단기적 계획설정

1년 이하의 계획설정

short sale 공매도

주가가 하락하였을 때 재매입하여 시세차익을 얻거나 현재 보유하고 있는 주식의 가격하락에 따른 위험을 방지하기 위한 목적으로 현재 보유하고 있지 않은 주식을 타인으로부터 빌려 매도하는 것

short sale ratio 공매도비율

타인으로부터 빌린 대주 잔고를 전체 거래량으로 나눈 비율

short-term debts 단기차입금

☞ short term loan payable

short-term employee benefits 단기종업원급여

종업원이 관련 근무용역을 제공한 회계기간의 말부터 12개월 이내에 지급기일이 전부 도래하는 해고급여를 제외한 종업원급여

short-term financial instruments 단기금융상품

현금등가물 이외에 금융기관이 취급하는 예금 중에서 기업이 단기적인 자금운용을 목적으로 하거나 기한이 1년 내에 도래하는 정기예금, 정기적금 또는 사용이 제한되어 있는 예

short-term investments in securities 유가증권

시장성 있는 유가증권 중 단기적 자금운용의 목적으로 소유한 것

short-term loan notes payable 단기금융어음

일반적인 상거래 이외의 결과로 발행된 어음으로 자금을 차입하기 위하여 은행이나 채권자에게 발행하는 어음

short-term loan payable 단기차입금

1년 이내에 상환될 차입금

short-term loans 단기대여금

일반적인 상거래 이외에서 발생한 채권으로 회수기간이 1년 이내에 도래하는 대여금

short-term loans receivables 단기대여금

☞ short term loans

shortage costs 재고부족원가

수요를 충족하는 데 필요한 충분한 양의 재고를 보유하지 못함으로 인하여 발생하는 원가

shut down cost 조업중단비

조업중단에 따른 이익상실분의 기회비용을 포함하여 조업중단으로 인하여 발생하는 관련된 비용

SICOVAM 시코밤

프랑스 대체결제제도의 중앙수탁기관

signaling 자발적 신호행위, 자기규제행위

☞ bonding

significant influence 중대한 영향력

기업의 재무정책과 영업정책에 관한 의사결정에 참여할 수 있는 능력

similar asset 동종자산

동일한 영업 또는 생산목적을 위해 사용되는 자산

simple interest 단순이자

원금에만 이자가 적용되는 이자계산방법

simple linear regression analysis 단순선형회귀분석

원가를 추정하는 데 사용되는 독립변수가 단 하나인 경우의 회귀분석의 계산절차

simple profit sharing plan 단순이익배분방법

경영성과로서의 산출의 일정부분을 소유주가 갖고 나머지 일정부분을 경영자가 갖는 단순한 보상방법

simplex method 심플렉스법

미지수가 여러 개 등장하고 상황이 복잡해질 경우에 반복적인 과정을 통하여 선형계획법에서 문제를 계량적으로 푸는 방법

S

single entry bookkeeping 단식부기

체계적인 원칙 없이 거래발생사실을 수입이나 지출 어느 한쪽 난에만 기록하는 방법

single minute exchange of dies(SMED) 작업대 1분내 교환

다음 작업을 위하여 신속하게 작업대 변경을 하는 것

single period inventory control model 단일기간 재고관리모형

재고보유량을 얼마로 할 것인가의 결정을 해결하기 위한 모형

single plan 단기법, 단일기입법

원자재의 투입 또는 소비시점에 있어서 표준원가를 산정하고 실제투입액 또는 실제소비액과 비교하여 원가차이를 계산하는 계정기입법

single plantwide factory overhead rate method 공장전체 단일배부율법

제품에 대한 제조간접비의 배부시 사업부 전체적으로 단일의 배부비율로 계산하는 방법

single process cost system 단순종합원가계산

동일 종류의 제품이 단일공정에 의하여 연속적으로 반복 생산되는 경우에 사용되는 종합원가계산방법

single step income statement 단일단계손익계산서

경상이익을 계산하는 데 크게 수익항목과 비용항목으로만 구분하는 손익계산서

single sum 단일금액

미래에 한 차례만 발생하는 현금흐름

sinking bonds 감채기금부사채

☞ sinking fund

sinking fund 감채기금

사채의 상환을 위하여 미리 적립하는 특별기금

sinking fund method 상각기금법

이자수익을 인식하지 않고 원금의 회수에 해당하는 감가상각비만을 기록하는 감가상각의 체증상각법의 하나

sinking fund reserve 감채적립금

사채의 상환을 위하여 매기 이익의 일부를 적립하는 임의적립금

six sigma 식스시그마

제품의 품질과 공정을 개선하기 위하여 모토롤라사에서 개발된 식별, 측정, 분석, 개선, 통제의 5단계로 구성된 품질개선 시스템

skimming pricing 초기고가정책

신제품의 도입기에는 높은 가격을 설정하였다가 시간이 경과하거나 시장이 확대됨에 따라 점차로 가격을 인하하는 방법

slack time 여유시간

표준작업시간을 설정할 때 합리적 작업시간보다 여유가 있게 설정한 시간

slack variable 여유변수

표준치의 설정시 합리적 기준치보다도 여유가 있도록 설정한 변수

social accounting 사회회계

기업이 조직내부와 외적 측면에서 사회에 영향을 미치는 정도를 계량

화하여 측정하고자 하는 회계학의 분야

social benefit 사회기여액, 사회적 효익

사회회계에서 사회적 가치를 증진시키는 부분

social cost 사회적 비용

사회회계에서 사회적 자원의 낭비 또는 사회적 가치를 감소시키는 부분

social resources 사회적 자원

☞ economic resources

social responsibility 사회책임

기업의 활동이 사회에 미치는 영향

soft budget 변동예산

☞ variable budget

soft currency 연화

국제적으로 널리 유통되고 있는 통화와 직접 자유롭게 교환할 수 없는 통화

sole proprietorship 개인기업

자연인인 개인이 소유하는 기업

solvency 지급능력

만기가 도래한 금융약정을 이행하기 위한 보다 장기적인 현금가용성

source and application of funds 자금의 원천 및 사용

자금의 획득원인과 그 운용처

source document 증빙서류, 원천서류

경제적 사건이 발생하였음을 입증하는 증거자료

special drawing rights(SDR) 특별인출권

국제통화기금(IMF)의 특별인출권

special journal 특수분개장

현금수입분개장, 매출분개장, 매입분개장, 현금지출분개장 등과 같이

동일한 유형의 거래를 별도로 분류하여 기록하는 분개장

special order 특별주문, 작업주문, 작업지시서

기업이 고객으로부터 예상치 못한 경우에 이루어지는 주문 또는 job order의 다른 명칭

special order costing 개별원가계산

주문 또는 시장의 특별수요에 따라 종류, 성질, 길이 등 이른바 규격이 다른 제품을 제조하는 경우에 적용되는 원가계산방법

special production order 특정제조지령서

특정수량의 생산 또는 특정작업에 대하여 개별적으로 발행되는 생산지시서

specific assignment 지정담보차입

외상매출금의 추심, 금융수수료, 채무자에 대한 통보 등에 관하여 약정을 하면서 외상매출금을 담보로 현금을 차입하는 것

specific identification method 개별법

재고자산을 개별적으로 식별하여 매입가격별로 판매분과 재고분을 구별하여 재고자산의 가액을 결정하는 방법

specific price level 개별물가수준

비화폐성자산의 가치가 서로 다른 수준으로 변동된다는 가정

specification 사양서

특정제품의 특징을 설명한 문서

specified cash and deposits 특정 현금과 예금

사용이 제한되어 있는 현금과 예금

spending 지출

현금의 소비

spending variance 소비차이, 예산차이

실제로 발생한 제조간접비에서 실제투입량에 기초하여 발생할 것으로 추정되는 금액을 차감한 금액

split of executive responsibility 경영자 책임분리

장기계획의 입안업무와 실행업무를 분리하고 최고경영자로 하여금 이 중 어느 하나에 대해서만 책임을 지게 하는 것

split off points 분리점

결합제품이 개별제품으로 식별될 수 있는 시점

spoilage 공손품

공손에 의하여 완전한 제품이 되지 못한 불합격품

spoiled work 공손품, 불량품

☞ defective work

spot exchange rate 현물환율

즉시 인도가 이루어지는 거래에서 사용하는 환율

spot fund 스폿펀드

주식형 수익증권의 일종으로 대체로 1년 이내의 정해진 기간에 목표 수익률을 달성하면 곧바로 해지하여 원금과 수익금을 돌려주는 펀드 상품

St. Petersburg's Paradox 세인트 피터즈버그의 역설, 기대가치의 모순

불확실성하에서 단순히 기대이익의 비교를 통하여 의사결정을 내리게 되면 현실과 일치되지 않는 잘못된 의사결정을 내리는 경우

stability in monetary value 화폐가치의 안정

화폐가치가 일정기간 허용되는 범위 내에서 변동성을 가진다는 개념

stability ratio 안정성비율

☞ leverage ratio

staff department 지원부서, 참모부서

다른 책임부서에 도움을 주거나 조언을 해주는 부서

stakeholder 이해관계자

조직의 행동에 의해 영향을 받거나 조직의 행동에 영향을 미치는 개인 또는 집단

standard 표준, 기준

원가통제나 성과평가기준으로서 특정작업의 효율적 수행여부를 판단하는 근거가 되는 기준

standard cost 표준원가

일정한 조업도수준에서 합리적으로 계산된 특정제품에 대한 예상된 원가

standard costing system 표준원가계산제도

공식적인 회계제도 내에 표준원가를 도입하여 이를 기준으로 제품의 원가를 계산하는 방법

standard deviation 표준편차

분산의 제곱근으로 나타내며 자료의 산포도를 측정하는 값

standard direct costing 표준직접원가계산

원가관리기능을 가진 표준원가계산과 이익관리기능을 가진 직접원가계산을 결합시킨 원가계산제도

standard error 표준오차

표준편차를 표본크기의 제곱근으로 나눈 값으로 분산의 제곱근으로 나타내며 평균의 정확성을 측정하는 값

standard error of estimate 추정의 표준오차

회귀방정식 주변에 위치한 종속변수의 관찰값이 어떻게 분포되어 있는가를 측정하는 것

standard error of the coefficient 회귀계수의 표준오차

추정된 회귀계수의 값이 진정한 계숫값에 대하여 얼마나 정확한 추정치인가를 측정하는 값

standard form 표준식

지면을 양쪽으로 똑같이 나누어 왼쪽은 차변, 오른쪽은 대변으로 구분하는 원장의 형식

standard hours 표준작업시간

특정량의 제품을 생산하기 위해서 표준원가계산에서 필요로 하는 노무작업 또는 기계작업시간

standard normal distribution 표준정규분포

평균값이 0이고 표준편차가 1인 정규분포

startup costs 개업비

☞ preoperating cost

state plan 공공제도

법령에 따라 모든 기업을 참여기업으로 하여 수립되고 국가나 지방정부 또는 보고기업의 통제나 영향을 받지 않는 다른 기구에 의해 운영되는 제도

stated interest rate 표시이자율, 사채이자율

☞ coupon rate

S

statement of bank reconciliation 은행계정조정표

☞ bank reconciliation statement

statement of cash flow(SCF) 현금흐름표

일정기간 동안 기업실체의 현금유입과 유출에 관한 정보를 제공하는 재무제표

statement of cash receipts and payments 현금수지계산서

현금의 수입과 지출을 나타내는 계산표

statement of changes in equity 자본변동표

회계기간 동안 발생한 자본의 변동을 표시하는 재무보고서

statement of changes in financial position 재무상태변동표

순운전자본 중심으로 재무상태의 변동을 나타낸 표

statement of comprehensive income 포괄손익계산서

일정기간 기업의 경영성과에 대한 정보를 순이익, 기타포괄이익, 총포괄이익의 형태로 제공하는 재무보고서

statement of cost of goods manufactured 제조원가명세서, 제조원가계산서

제조원가가 집계되는 과정을 나타내는 표

statement of disposition of deficit 결손금처리계산서

전기로부터의 이월이익잉여금 또는 이월결손금에 당기순이익 또는 결손금을 가감하여도 결손금이 생기는 경우 이를 보전하기 위하여 작성된 계산서

statement of earnings 손익계산서

☞ income statement

Statement of Financial Accounting Concepts 재무회계개념보고서

미국의 FASB에서 발간한 기업재무보고와 관련된 개념체계를 기술한 보고서

statement of financial position 재무상태표

특정시점 기업의 재무상태에 대한 정보를 제공하는 재무보고서

☞ balance sheet

S

statement of income and retained earnings 손익이익잉여금계산서

손익계산서와 이익잉여금계산서를 결합한 재무보고서

statement of retained earnings 이익잉여금처분계산서

이익잉여금계정의 기초잔액과 기말잔액의 차이를 설명해 주는 보고서

statement under oath 회계책임인증서

경영자의 회계책임을 확약하기 위하여 주요 경영자들이 서명하는 증서

Statements on Accounting Theory and Theory Acceptance(SATTA)

회계이론과 이론수용에 관한 보고서

미국의 AAA에서 발간한 회계이론 구조의 개발의 어려움을 강조한 보고서

states 상황

☞ states of nature

states of nature 상태, 상황

어떤 안을 택함으로써 일어날 수 있는 사건 또는 결과

static analysis 정태분석, 수직적 분석

☞ vertical analysis

static budget 고정예산

특정기간 동안의 생산수량이나 기타조업도의 변화여부를 고려하지 않고 하나의 조업도수준을 기준으로 편성한 예산

static ratio 정태비율

대차대조표 항목간의 비율

static statement 정태보고서, 대차대조표

☞ balance sheet

stationary point 정지점

함수의 변화에 있어서 증가와 감소가 정지되는 점

statistical process control(SPC) 통계적 공정관리

인간적 직관으로 판단하는 것이 아니라 과학적인 자료를 근거로 각 공정에서 품질규격에 맞는 제품을 생산할 수 있는 상태로 관리하는 기법

statistical sampling 통계적 표본추출

모집단에 대한 결론의 도출을 위하여 확률이론을 적용하여 표본을 추출하는 것

steady state conditions 안정된 상태

어떤 학습효과도 일어나지 않는 상태

step costs 계단원가, 준고정원가

특정범위의 조업도수준에서는 일정한 금액이 발생하지만 이 범위를 벗어나면 원가총액이 일정액만큼 증가 또는 감소하는 원가

step-ladder calculation 계제식 계산법

거래의 발생순서에 따라 계산해나가면서 잔액을 계산하는 방법

step method 계단식 배부법, 단계별 배부법

보조부문비 가운데에서 가장 다수부문에 용역을 제공하는 부문을 제1순위로 설정하여 이를 다른 보조부문 및 제조부문에 용역제공의 비율

에 따라 배부한 뒤 다음 순위의 보조부문비를 다른 부문에 배부하는 방법

stewardship 수탁책임

☞ stewardship responsibility

stewardship focus 수탁기능목적

기업 자원이 경영자에 의해 잘 보전되고 효율적인 운영이 되고 있는지의 여부를 파악하기 위한 재무보고목적의 하나

stewardship function 수탁기능

주주로부터 경영자가 위임받은 사항에 대하여 재무정보를 준비하여 주주에게 보고하는 기능

stewardship responsibility 수탁책임

경영자가 기업에 경제적 자원을 제공해 준 이해관계자들을 대신하여 기업을 경영하고 그 성과를 보고하는 책임

stochastic simulation 확률적인 시뮬레이션

어떤 모형의 독립변수에게 어떤 값들을 반복적으로 무작위할당하고 여기에 따른 종속변수들의 값을 계산하는 것

stock 주식

기업소유자들로부터 자금을 출자받고 발행하는 증서

stock dividends 주식배당

배당을 자기회사의 주식으로 지급하는 것

stock exchange automated quotation(SEAQ) 런던증권거래소의 시황정보시스템

런던증권거래소의 증권시세를 나타내는 자동시스템

stock issue cost 신주발행비

유상 또는 무상증자를 실시하는 데 소요되는 제비용

stock ledger 제품원장, 재고조사표

☞ finished goods inventory

stock option 주식매입선택권

회사의 일부 임직원들에게 자기회사의 주식을 일정기간 동안 일정한 가격으로 매입할 수 있는 권리

stock out 재고고갈

수요를 충족시킬 수 있을 정도로 재고를 보유하지 못하는 현상

stock out costs 재고부족원가

수요를 충족시키는 데 필요한 충분한 양의 재고를 보유하지 못함으로 인하여 발생하는 비용

stock redemption fund 주식상환기금

우선주의 상환을 위한 기금

S

stock rights 신주인수권

유상증자를 실시하는 경우 기존의 주주에게 그들의 소유지분율에 미칠 영향을 감안해서 우선적으로 주식을 매입할 수 있도록 하는 권리

stock sold on a subscription basis 청약에 의한 주식발행

계약금만 지급하고 잔액은 미래에 지급할 것을 약정하고 주식을 발행하는 것

stock splits 주식분할

회사의 자산과 자본에 대한 변화는 없이 기존의 주식을 분할하여 발행주식의 수를 증가시키는 것

stock warrants 신주인수보증권

일정기간 내에 정해진 가격으로 신주를 매입할 수 있는 권리

stockholders' equity 자본, 주주지분

☞ capital

stop limit order 가격역지정주문

투자자가 주식의 매매주문을 할 때 시장의 주가가 특정가격을 상회하면 매입하고 반대로 특정가격을 하회하면 매도할 것을 위탁하는 주문형태

stop order 가격지정주문

증권 또는 상품의 거래에 있어 고객이 중개인회사에 거래가격에 대하여 특정의 상한 또는 하한가격을 제시하여 시장가격이 제시된 가격에 도달하였을 때에 거래를 성사시킬 것을 요구하는 거래주문방식

stored supplies 저장품

연료나 부분품 등과 같이 저장한 후에 사용하여 소모되는 물품

stores requisition 재료출고요청

☞ material requisition

straight line method 정액법, 직선법

매기간 동일한 금액을 상각하는 방법

strategic control system(SCS) 전략적 통제시스템

조직전략이 기업목적에 갖는 관련성을 평가하고 만약 괴리가 존재한다면 관심을 가져야 할 영역을 지적해 주는 시스템

strategic cost management(SCM) 전략적 원가관리

전통적인 원가관리의 개념에서 벗어나 원가자료를 이용하여 새롭고 혁신적인 기법으로 관리하는 시스템

strategic plan 전략적 계획

최고경영층에서 행하는 조직을 위한 기본적인 운영 과업, 목적, 목표 및 전략을 요약하고 명료화시키는 계획과정

strategies 전략

보통 5~10년 정도의 장기적 계획

stratification 계층화

모집단을 동일한 특성을 가진 몇 개의 하위 모집단(계층)으로 구분하여 각 계층별로 서로 다른 규모의 표본을 무작위로 추출하는 방법

strengthen the staff 스태프 강화

분권화를 위한 조직의 재편성보다는 기존조직의 스태프진을 강화시키는 방안을 고려하는 것

strictly fixed costs 순수고정원가

조업도수준에 관계없이 항상 일정하게 발생하는 원가로 가격변화와 같은 외부요인의 변동이 없는 한 조업도가 증가하거나 감소하더라도 이에 영향을 받지 않고 총액이 항상 일정하게 발생하는 원가

strictly variable costs 순수변동원가

조업도수준의 변동에 따라 직접적으로 비례하여 변동하는 원가로 조업이 중단되었을 경우에는 전혀 발생하지 않는 원가

structure 구축물

교량, 부교, 궤도 등과 같이 토목설비 또는 공작물로 처리되는 계정

sub-optimization 준최적화

개별중심점 입장에서는 최적의 의사결정이지만 그 의사결정이 조직전체의 관점에서는 최적이 아닌 경우

S

sub-production order 부제조지령서

하나의 특정지령서에 따른 제조를 수개의 작업으로 세분하고, 제조원가를 계산할 필요가 있는 경우에 각각 구분된 작업에 대하여 발행되는 지령서

subdivision of problem 문제의 세분화

모든 문제를 경영자 한 사람이 해결하기보다는 문제를 세분화하여 이를 능률적으로 처리할 수 있도록 의사결정을 위임하는 것

sublease 하청리스, 재리스

리스기간 동안에 자신이 임차한 자산사용권을 다른 사람에게 다시 임대하는 경우

subscription 청약

주식을 구매하고자 하는 사람과 기업 간에 이루어지는 주식구입약정

subscription sales 예약매출

☞ contract sales

subscriptions receivable 주식청약미수금

주식청약일 현재 계약금을 제외한 미래에 납입될 잔액을 나타내는 것

으로 유동자산 또는 자본의 차감계정으로 처리

subsequent event 후속사건

재무제표일과 감사보고서일 사이에 발생한 사건 및 감사보고서일 후 감사인이 알게 된 사실로서 감사대상 재무제표에 중대한 영향을 주는, 즉 재무제표에 수정을 가하거나 새로운 정보를 주석으로 공시해야 하는 사건

subsidiary account 보조계정

총괄계정을 보조하기 위하여 세부적인 사항을 기록·관리하는 계정

subsidiary book 보조장부

☞ auxiliary book

subsidiary companies 종속회사, 자회사

지배회사인 모회사에 의해 지배를 받는 회사

subsidiary ledger 보조원장

총계정원장의 계정의 일부를 보조하여 원장계정의 명세를 기입하는 장부

subsidiary register 보조기입장

거래를 발생순서에 따라 기입하는 장부

substance over form 형식보다 실질의 우선

특정거래나 그 밖의 사건에 대해 단지 법률적 형식만이 아니라 그 실질과 경제적 현실에 따라 회계처리하고 표시하는 원리

substantive procedures 입증절차

재무제표상의 중요한 왜곡표시를 찾기 위하여 감사증거를 수집하는 절차

substitute approach 대체법

대체된 자산의 남아 있는 장부가액은 유형자산처분손실로 인식하고 새로운 자산은 취득원가로 기록하는 방법

substitution method 대체법

☞ substitute approach

S

successful efforts method 성공원가법

성공적인 탐사원가만을 자본화하고 실패한 탐사원가는 비용으로 처리하는 방법

sum-of-the-years' digits(SYD) method 연수합계법

잔여내용연수를 분자로 하고 잔여내용연수의 총합을 분모로 하는 비율로 감가상각을 하는 가속감가상각 방법

summation symbol 합산기호

주로 Σ로 나타나는 일정영역의 합산을 나타내는 부호

sunk cost 침잠원가, 기발생원가, 매몰원가

미래의 수익을 창출하지는 않으면서 이미 발생한 원가로서 현재 혹은 미래의 의사결정에 관련성이 없는 원가

S

supersession 대체

기존의 자산을 다른 자산으로 교체하는 것

supplementary burden rate 보충률

배부차액을 추가배부하기 위한 배부율로 배부차액을 총배부기준량으로 나누어 산출함

supplementary information 보충정보

재무제표에서 채택된 회계처리방법 이외의 다른 방법으로 회계처리를 할 경우 회계정보의 변화모습을 보여주는 정보

supplier 부품공급업체

부품을 조달하는 업체

supplies 소모품

사용하면서 소멸되는 물품

supply chain management 공급망관리

공급업체와 고객을 장기적 파트너로 고려하면서 공급자에서 소비자에게 연결되는 과정에서 필요한 재료, 서비스, 정보 및 자금을 조정하고 통제하는 경영방식

supplying unit 공급부서

재화나 용역을 이전시키는 경우 재화나 용역을 제공하는 사업부

support center 지원중심점

☞ service center

supporting schedules 부속명세서

재무제표의 계정과목 중에서 중요한 항목에 대하여 구체적인 내용을 나타내는 보고서

surplus 잉여금

자본 중 법정자본인 자본금을 초과하는 부분

surrogate driver 대용동인

1차적인 원가동인을 활용하기가 곤란한 경우에는 원가항목 등을 같은 방향으로 움직이는 원가동인을 갖는 몇 개의 원가집합으로 묶는 2차적 원가발생 요인

surveillance 감시

예외적 사항을 끊임없이 찾는 활동

surveillance issues 감리대상종목

상장종목 중 주가 및 거래량의 움직임 등과 관련하여 일반투자자의 주의를 환기하여 투자에 유의시킬 필요가 있다고 판단되어 지정한 종목

suspense payments 가지급금

계정과목과 금액을 확정할 수 없는 상태에서 지급된 현금을 일시적으로 처리하기 위한 자산계정

suspense receipts 가수금

계정과목과 금액을 확정할 수 없는 상태에서 받은 현금을 일시적으로 처리하기 위한 부채계정

swap 교체매매

포트폴리오에 포함되어 있는 자산을 매각하여 그 자금으로 다른 자산을 구입하여 포트폴리오를 재구성하는 것

sworn statement 회계책임인증서

☞ statement under oath

SYD method 연수합계법

☞ sum-of-the-years' digits method

S

T

T account T계정

T자형의 계정으로 지면을 두 개의 선에 의해 왼쪽과 오른쪽으로 나누어 학습용으로 사용하는 계정의 형태

T account method T계정법

T계정을 설정하여 현금흐름표를 작성하는 방법

t distribution t-분포

곡선의 모습이 표준정규분포와 비슷하기도 하지만, 그 분포가 표본의 수와 자유도에 따라 다르게 나타나는 확률분포

take over bid 공개매수

회사의 지배권 획득 또는 강화를 목적으로 주식의 매수희망자가 매수기간, 가격, 수량 등을 공개적으로 제시하고, 유가증권시장 외에서 불특정 다수의 주주로부터 주식을 매수하는 방법

tangible assets 유형자산

☞ tangible fixed asset

tangible fixed aset 유형고정자산

건물, 기계장치, 토지 등 기업경영을 위하여 사용되는 형체가 있는 자산

target cost 목표원가

기업이 경쟁업체와의 경쟁을 통해 수익을 실현하는 가운데 시장에 계속 머물러 있거나 새로이 진출할 수 있도록 해주는 장기추정원가 목표시장점유를 위한 판매가격과 기대이익 간의 차이

target income 목표이익

기업이 목표로 제시하는 기대이익

task 과업

활동을 구성하는 작업요소 또는 작업의 결합물

tax accounting 세무회계

회계 및 관련법규에 따른 세무신고를 적절하게 수행할 수 있도록 지원해주는 회계의 분야

tax base of an asset or liability 자산이나 부채의 세무기준액

세무상 당해 자산 또는 부채에 귀속되는 금액

tax basis 세무기준액, 과세표준

법인세법에서 정한 기준금액

tax expense (tax income) 법인세비용(수익)

당기법인세 및 이연법인세와 관련하여 당해 회계기간의 손익을 결정하는 데 포함되는 총액

tax loss carryforward 결손금이월공제

결손금을 차기 이후의 기간으로 이월하여 과세소득에서 공제하는 제도

T

tax reduction method 세금차감법

투자세액공제금액을 유형자산의 취득시기의 세금에서 차감하는 방식으로 회계처리를 하는 방법

tax shield effect of depreciation 감가상각비의 감세효과

감가상각비와 법인세율의 곱으로 계산되는 값

taxable income 과세소득

법인세법과 관련규정에 의해 인정되는 익금과 손금의 차이로 결정되는 이익

taxable profit (tax loss) 과세소득(세무상결손금)

과세당국이 제정한 법규에 따라 납부할(환급받을) 법인세를 산출하는 대상이 되는 회계기간의 이익(손실)

taxable temporary difference 가산할 일시적 차이

자산이나 부채의 장부금액이 회수나 결제되는 미래 회계기간의 과세소득결정시 가산할 금액이 되는 일시적 차이

TCM 총괄적 원가관리

☞ total cost management

technical bulletin 기술공보

미국의 FASB에서 발간하는 회계실무에서 발생하는 특정문제에 대한 지침을 제시하는 보고서

technical competence 기술적 능력

정보이용자들이 기업의 경제적 행위에 익숙하고 회계정보를 이해한다고 가정하는 것

technological coefficient 기술계수

이용가능한 기술수준에 의하여 결정되는 선형계획모형의 제약조건식에서 각각의 변수 앞에 붙은 계수

technology accounting 과학기술회계

과학기술관련 원가를 간접비 항목에서 별도로 측정하여 관리하는 것을 강조하는 새로운 회계분야

temporal method 시제법, 속성법

시간적 속성에 따라 측정기준을 선택하여 계정과목별로 환산환율을 결정하는 방법

temporary account 일시계정, 가계정, 임시계정

① 손익계산서계정 또는 명목계정이라고 불리며 결산기말에 마감되어 다음기로 이월되지 않고 당해 회계기간에만 존재하는 계정, ② 현금의 수수가 실제로 있었어도 그 상대계정 또는 금액이 확정되지 않았을 때 이것이 확정될 때까지 일시적으로 설정하여 처리하는 계정

temporary difference 일시적 차이

재무상태표상 자산 또는 부채의 장부금액과 세무기준액의 차이

tender notice 이행통지서

금융선물거래에서 부채를 청산하거나 계약상의 의무를 이행하겠다고 통지하는 것

tender offer 공개매수

☞ take over bid

term bonds 단일만기사채, 일시상환사채, 만기상환사채

만기에 일시로 상환되는 사채

terminal value 잔존가치

☞ residual value

termination payment 해고급여

통상적인 퇴직시점 이전에 종업원을 해고하고자 하는 기업의 결정이나 일정한 대가와 교환하여 자발적 명예퇴직을 수락하고자 하는 종업원의 결정에 의해 지급되는 종업원급여

terms of trade 교역조건

수출상품 1단위와 교환되는 수입상품수량, 즉 수출입상품의 교환비율

T

test marketing 시험판매

몇 개의 지역을 표본으로 선택하여 각 지역마다 서로 다른 가격으로 신제품을 판매하는 것

test of control 내부통제의 시사

내부통제의 이해과정을 통하여 평가한 통제위험의 수준을 지지해줄 감사증거를 수집하여 입증절차의 성격과 시기를 결정하기 위하여 감사증거를 수집하는 것

tests of transactions 거래에 대한 검증

거래과정에 포함되는 개별적인 회계기록과 관련서류를 감사가 검토하는 행위

theoretical standards 이상적 표준, 이론적 표준

☞ ideal standards

theory of constraints(TOC) 제약이론

기업의 제조공정과정에서 병목현상이 발생하는 부분을 해결하기 위한 관리이론

third cost 제3원가

☞ selling cost, total cost

three way analysis 삼분법

제조간접원가의 차이를 예산(소비)차이, 능률차이, 조업도차이로 구분하여 계산하는 방법

threshold for recognition 인식을 위한 최소요건

정보로 제공될 수 있는 회계항목이 갖추어야 할 최소한의 요건으로 중요성에 대한 개념

throughput 일괄처리

일정시간 내의 작업처리량

throughput time 생산소요시간, 조달기간

☞ lead time

tick 외상거래

주식거래시 외상거래에 대한 명칭

time adjusted rate of return 시간조정수익률, 내부수익률

☞ internal rate of return

time limit for clearing 결제시한

유가증권의 매매거래가 성립된 후 매도측은 증권을, 매수측은 대금을 거래소의 결제기구에 납부하도록 정한 시한

time method 시간법

제품제조를 위하여 필요한 작업시간을 배부기준으로 삼는 방법

time rate wages 시간급

노무비의 산정시 작업시간에 따른 비례로 계산하는 방법

time recorder 자동시간기록기

작업시작과 종료시간을 계산하여 자동으로 작업시간을 기록하는 장치

time report 작업시간보고서

☞ work ticket

time series analysis 시계열분석

시간변동에 따라 재무비율이 변동하는 추세를 파악하여 미래를 예측하는 방법

time study 시간연구

작업시간을 분석하여 해당 작업별로 필요한 합리적인 작업시간을 책정하기 위하여 행하는 분석

time tickets 작업시간기록표

개별원가계산시 노무비산정의 근거가 되는 작업별 근무시간과 임률을 함께 나타내는 표

time value of money concept 화폐의 시간가치개념

현재 투자되는 현금은 미래의 시간에 대하여 가치를 가지고 있다는 개념

time variance 작업시간차이

표준작업시간과 실제작업시간의 차이에 근거한 직접노무비의 차이

T

timeliness 적시성

의사결정에 영향을 미칠 수 있도록 의사결정자가 정보를 제때에 이용가능하게 하는 것

timeliness of response 시의적절한 대응

문제가 발생 즉시 현장에서 의사결정을 내려 현장에서 해결하는 것이 시간절약 측면에서 효율적이라는 것

times interest earned ratio 이자보상비율

채권자에게 지급해야 할 고정비용인 이자비용의 안전도를 측정하는 지표로 이자비용과 법인세차감전순이익의 합을 이자비용으로 나눈 값

timing differences 시간적 차이, 일시적 차이

☞ temporary differences

timing indicator index(TII) TI지수

일본의 니코경제연구소가 개발한 주가지수

Tobin's q 토빈의 q, q비율

☞ q ratio

TOC 제약이론

☞ theory of constraints

Tokyo Stock Price Index(TOPIX) 토픽스, 동경주가지수

동경증권거래소의 시장 제1부 전 종목을 대상으로 산출되는 지수

TOPIX 토픽스, 동경주가지수

☞ Tokyo Stock Price Index

total assets available 사용가능한 총자산

투자중심점이 보유하고 있는 모든 자산을 포함하는 자산개념

total assets in use 사용중인 총자산

사용가능한 총자산에서 현재의 영업활동에 사용하고 있지 않은 건설중인 유형자산이나 유휴자산을 차감한 자산개념으로서 영업자산과 동일한 개념

T

total assets turnover 총자산회전율

기업이 총자산을 효율적으로 사용하는지 여부를 파악하기 위하여 매출액을 총자산으로 나누어 산출하는 비율

total average method 총평균법

구입원가가 상이하더라도 보관상 구별 없이 전기이월과 당기구입의 합계액을 수량의 합계로 나누어 단가를 구하여 매출원가와 기말재고액을 계산하는 방법

total comprehensive income 총포괄손익

거래나 그 밖의 사건으로 인한 기간중 자본의 변동

total contribution margin 총공헌이익

☞ contribution margin

total cost 총원가

제조원가에 판매비 및 일반관리비를 가산한 원가로서 제품의 판매가격

을 결정하는 기초자료가 됨

total cost concept 총원가개념

이익가산비율을 계산할 때 원가에 제조원가와 판매 및 일반관리비를 포함하여 계산하는 방법

total cost management(TCM) 총괄적 원가관리

회사의 모든 자원과 동 자원을 소비하는 활동을 중점적으로 관리하는 경영철학

total fixed cost budget 고정비예산

일정한 조업도를 전제로 하여 어느 특정예산기간에 있어서 부문별로 설정된 고정비 예정액

total inventory basis 총액기준

저가기준을 적용하여 재고자산을 평가할 때 전체 재고자산에 대해서 적용하는 방법

T

total inventory costs 총재고원가

기업의 재고정책과 관련하여 나타나는 모든 원가

total inventory management cost 총재고관리원가

재고주문원가와 재고유지원가를 합계한 것

total project approach 총프로젝트 접근방법

각 투자안별로 일일이 총현금유입액과 총현금유출액을 모두 파악한 후 투자안의 순현재가치를 계산하고 이 중 순현재가치가 보다 큰 투자안을 선택하는 방법

total quality control(TQC) 전사적 품질통제

☞ total quality management

total quality management(TQM) 전사적 품질관리, 총체적 품질관리

제품에 대한 품질의 구축을 위하여 기업의 모든 기능들이 합동하여 작업하는 경영전략

total revenue 총수익

수익의 총합

total sales variance 매출총차이

판매가격이나 매출수량의 차이에 의해 발생하는 것으로 보며 그 크기는 실제공헌이익과 예산공헌이익의 차이로 측정

total variable cost 총변동비

제조원가와 판매 및 관리비에 내재되어 있는 변동비의 총합으로 조업도 수준에 비례하여 총액이 변동하는 비용

total variance 총차이

실제투입원가와 실제생산량에 허용된 표준원가의 차이

TQM 전사적 품질관리, 총체적 품질관리

☞ total quality management

traceability 추적가능성

개별제품 또는 한 책임중심점의 활동을 위하여 발생하였다는 것을 확인할 수 있는 것

tracing 전진법, 추적

부외부채와 부외자산의 존재나 누락여부를 검증하는 등 거래기록의 완전성을 검증하기 위하여 원시증빙철에서 시작하여 분개장, 전표, 총계정원장으로 추적하는 문서검증방법

trade cycle 영업주기

☞ business cycle

trade discount 매매할인, 거래할인, 수량할인

상품의 표시가격에서 일정률을 감해주는 것

trade loading 도매상 판매

시장점유율을 높이기 위하여 거래하는 도매상에게 상품의 구매를 강요하는 것

T

trade notes payables 상거래지급어음, 진성어음

일반적인 상거래에서 나타나는 어음상의 채무

trade notes receivables 받을어음

☞ notes receivables

trade payables 매입채무

상품이나 용역 등을 매입하는 일반적인 상거래에서 발생하는 채무

trade receivables 매출채권

고객에게 재화를 인도하거나 용역을 제공함으로써 발생하는 청구권으로 일반적인 상거래에서 발생한 외상매출금과 받을어음을 말함

trademark 상표권

기업을 식별하여 주는 명칭이나 상징 등에 대한 법적 권리

tradeoff relationship 상반관계

두 가지의 성질이 재무제표의 유용성에 대하여 상반된 관계를 나타내는 것

trading profits 거래이익, 영업이익

☞ operating income

trading securities 단기매매증권

단기간의 매매차익을 목적으로 취득한 유가증권

trading value 거래대금

☞ sales value

trading volume 거래량

증권거래소 시장에서 매매거래가 성립된 수량

training for local managers 하부경영자의 훈련

하부경영자에게 의사결정을 수행하는 기법을 훈련시켜 최고경영자의 자질을 배양하는 것

transaction 거래

재무상태에 변동을 가져오는 모든 사항

transaction approach 거래적 접근방법

일정기간 동안에 발생한 활동에 초점을 맞추어 거래를 분석하여 수익과 비용의 인식시점을 결정하는 이익결정과정

transaction costs 거래원가

금융자산이나 금융부채의 취득, 발행 또는 처분과 직접 관련된 증분원가

transaction on stock exchange 거래소 거래

이미 발행된 유가증권이 증권거래소가 개설되어 있는 시장에서 매매되는 거래

transfer price 이전가격, 내부거래가격, 대체거래가격

기업내부의 사업부간에 이루어지는 재화와 용역의 이전을 내부거래라 하고 여기에 부여되는 가격

transfer transaction 대체거래

현금이 전혀 수반되지 않거나 일부만 수반되는 거래

transfer with recourse 상환청구권부 이전

외상매출금의 이전시 고객이 대금을 지급하지 않았을 경우에는 팩토링회사가 판매회사에게 대금지급을 요청할 수 있는 조건의 이전계약

transfer without recourse 무상환청구권부 이전

외상매출금의 이전시 고객이 대금을 지급하지 않았을 경우에 팩토링회사가 판매회사에게 대금지급을 요청할 수 없는 조건의 이전계약

transferee 외상매출금 양수인

외상매출금의 이전에 있어서의 취득자로 팩토링회사를 의미

transferred costs 전공정비

종합원가계산에서 이전 공정에서 발생한 원가

transferred-out cost 차공정비

종합원가계산에서 차기공정으로 이전하면서 계산된 원가

transferred-to-next process 당해 공정완료품

종합원가계산에서 해당 공정에서 작업이 완성되어 차기 공정으로 이전

시키는 재공품

transit account 미착계정

운송중인 상품을 처리하는 계정

translation adjustment account 환산조정계정

외화환산시 개별계정을 환산한 후 대차대조표의 차변과 대변을 일치시킬 때의 조정항목

translation exposure 환산노출

대차대조표상의 자산과 부채를 외화로 환산할 때 발생하는 위험

translation of foreign currency statements 외화재무제표의 환산

외화표시의 재무제표를 자국의 화폐표시로 바꾸는 것

translation of foreign currency transactions 외화거래의 환산

외화로 표시된 거래를 환산하는 것

T

transnational corporation 다국적기업

각 국가의 계열회사는 별도의 법인으로 등록되어 경영전반에 대한 독립성을 가지면서 여러 나라에 계열회사를 거느리고 세계적 규모로 생산판매하는 세계적인 대기업

transportation-in 매입운임

매입상품의 원가에 산입하는 매입운반비

transportation-out 매출운임

판매자가 부담하는 운반비로 판매비로 분류됨

treasurer 재무담당이사

기업의 재무조달 및 집행관계를 담당하는 최고책임자

treasury bill rate TB 레이트

미국정부의 단기자금 조달의 중심을 이루고 있는 재무성증권의 조달금리

treasury bills 미국정부발행 단기어음

미국정부가 발행하는 만기 1년 이내의 무이자부채무로 액면가보다 낮은 가격으로 발행되어 만기일에는 액면가로 상환되는 어음

treasury bonds 미국정부발행 국채, 자기사채

① 미국정부가 발행하는 무이자부채무증권, ② 발행한 회사가 자기회사의 사채를 취득하여 소각하지 않고 보유하고 있는 사채

treasury notes 미국정부발행 어음

액면가보다 낮은 가격으로 발행되어 만기일에는 액면가로 상환되는 미국정부가 발행하는 무이자부 채무증서

treasury shares 자기주식

회사가 자기의 계산으로 취득하였거나 질권의 목적으로 받은 자사의 주식

treasury stock method 자기주식법

주식매입선택권과 신주인수보증권을 행사하는 경우의 주당순이익의 계산방법

trend analysis 추세분석

두 개 이상의 연속된 회계기간에 대해 재무제표의 금액을 비교하여 분석항목에 대한 여러 기간의 추세를 분석하는 것

trial balance(TB) 시산표

총계정원장의 모든 계정을 열거하고 잔액을 차변과 대변으로 구분하여 기록한 표

trouble shooter 문제해결자

☞ rover operation

turnover ratio 거래량회전율

유가증권 거래량의 기중 평균 발행잔고에 대한 비율

turnover ratio of total operating capital 경영자본회전율

☞ operating earning ratio

two-bin system 이고제

두 개의 창고를 준비하여 첫 번째 창고가 비게 되면 재주문을 하고 조달기간 동안에는 두 번째 창고의 재고를 사용하는 재고관리기법

two transactions approach 이중거래접근법

수익과 비용이 발생되는 주거래에 따른 손익과 외화의 환율변동에 따른 손익을 구분하여 처리하는 방법

two variance analysis 이분법

☞ two way analysis

two way account 상호계정

해외의 본·지점간에 주로 이루어지는 거래형태로 거래할 때마다 개별 결제를 하지 않고 일정기간에 이루어진 채권, 채무를 상계처리하는 방법

two way analysis 이분법

제조간접비차이를 예산차이와 조업도차이의 두 가지로 구분하는 방법

T

U

UCM 단위당 공헌이익

☞ unit contribution margin

unadjusted misstatements 미수정 왜곡표시사항

감사인이 권고한 오류수정사항을 피감사기업이 받아들이지 않고 재무제표에 나타내는 항목

unadjusted trial balance 수정전시산표

모든 거래가 분개되고 총계정원장에 전기된 후에 수정분개사항이 반영되기 전에 회계기말에 작성되는 시산표

unappropriated retained earnings 처분전이익잉여금

전기이월이익잉여금과 회계변경의 누적효과, 전기오류수정손익 및 당기순이익을 합한 항목으로 회사가 임의적으로 사용할 수 있는 금액

uncertainty 불확실성

미래에 어떤 상황이 어떻게 발생할 것인가에 대하여 전혀 알 수 없거나 또는 정확하게 알 수 없는 상태

uncollectable accounts 회수불능채권

매출채권 중 회수가 불가능한 것으로 추정되는 채권

uncollected income 미수수익

☞ accrued income

uncollected revenue 미수수익

☞ accrued income

uncontrollable costs 통제불능원가

특정경영자수준에서는 그 발생을 통제할 수 없는 원가

under absorbed 과소배부

☞ under applied

under applied 과소배부

간접비의 실제발생액이 예정배부액보다 큰 경우

underabsorbed overhead 제조간접비 과소배부

☞ underapplied factory overhead

underapplied factory overhead 제조간접비 과소배부

제조간접비의 발생액보다 적게 배부되어 차변잔액이 발생하는 경우

underlying assumptions 기본가정, 회계공준

☞ accounting postulates

understandability 이해가능성

합리적인 회계지식을 가지고 있으며 합리적인 노력을 기울일 의지가 있는 이용자가 재무제표 정보를 명확하고 간결하게 분류하고, 특정지으며 표시하는 것

unearned finance income 미실현이자수익

리스총투자와 리스순투자의 차이

U

unearned revenues 선수수익

일반적인 상거래에서 재화나 서비스를 제공하기로 하고 받은 판매대금 중에서 차기 이후의 수익에 해당되는 금액의 부채계정

unexpired costs 미소멸원가

어떤 희생을 치름으로써 미래의 경제적 효익을 획득할 수 있는 것으로 기대되는 경우, 그 희생은 미래로 이연되는 원가

unfavourable variance 불리한 차이

표준원가계산에 있어서 예산상의 이익을 감소시키는 경우의 예산상의 성과와 실제발생 간의 차이

☞ adverse variance

unguaranteed bonds 무보증사채

보증이 없이 발행되는 사채로 일반사채로도 불림

unguaranteed residual value 무보증잔존가치

리스제공자가 실현할 수 있을지 확실하지 않거나 리스제공자의 특수관계자만이 보증한 리스자산의 잔존가치 부분

uniformity 통일성

유사한 거래나 사건을 한 가지의 방법으로 회계처리하는 것

unintentional liquidating dividends 비의도적 청산배당

이익의 과대계상이나 다른 회계상의 오류로 인해 이익잉여금이 과대계상된 경우에 발행하는 청산배당

unit based cost system 단위기준 원가시스템

매번 생산될 때마다 수행되지 않는 활동을 마치 생산할 때마다 수행되는 것처럼 간주하여 배부하는 원가계산방법

unit contribution margin(UCM) 단위당 공헌이익

단위당 판매가격에서 단위당 변동비를 차감한 금액

unit of account 표시채권

액면이 유럽계산단위(European unit of account)나 유럽통화단위(European currency unit)로 표시되는 채권

United States International Trade Committee(ITC) 미국국제무역위원회

미국대통령 직속의 준사법적 권한을 가진 임기 9년의 6명의 위원으로 구성된 국제통상문제를 담당하는 기구

units of output method 생산량비례법

내용연수를 기준으로 하지 않고 생산량 또는 사용량에 비례하여 감가상각액을 계산하는 방법

units of production method 생산량비례법

☞ units of output method

universal banking system 겸업은행제도

일반 상업은행의 예대업무와 증권관계업무를 함께 수행할 수 있는 은행제도

unperformed contract 미완성계약

☞ executory contract

unqualified opinion 적정의견

재무제표가 기업회계기준이 정하는 바에 따라 적정하게 표시되었음을 표명하는 감사의견

unrealized holding gains or loss 미실현보유손익

자산을 판매하지 아니하고 계속 보유하고 있는 상태에서 가격상승과 하락에 따른 시가와 취득원가의 차액으로 계산되는 손익

unrealized inventory profit 미실현재고이익

보유중인 재고자산의 시장가치가 취득가액을 상회하는 경우에 발생하는 시장가치와 취득가액의 차액

unrealized loss 미실현손실

자산을 판매하지 아니하고 계속 보유하고 있는 상태에서 가격하락에 따른 시가와 취득원가의 차액으로 계산되는 손실

U

unsecured bonds 무담보사채

담보가 없이 발행되는 사채

unsettled account 미결산계정

현금의 수급이 없고 거래 자체가 완료되지 않아서 처리할 계정과목이나 금액이 미확정인 경우 임시로 처리하는 계정

up-stream sale 상향판매

종속회사가 지배회사에 판매하는 거래형태

up to bottom 상의하달식

상부층의 의견을 일방적으로 하부층으로 지시하는 의사전달의 한 방법

usage or consumption 사용 또는 소비

실제로 활동을 수행함에 있어서 소모된 자원

use method 사용량비례법

☞ production method

useful life 내용연수

기업에서 자산이 사용가능할 것으로 기대되는 기간 또는 자산에서 얻을 것으로 예상되는 생산량이나 이와 유사한 단위 수량

utility 효용

의사결정자가 특정대상으로부터 얻는 주관적인 만족의 정도

utility function 효용함수

효용을 그 대상과의 관련하에 함수로 나타낸 것

utility theory 효용이론

위험에 대한 의사결정자의 태도를 분석하는 이론

V

V bottom formation V자 바닥형

주가가 장기간의 하락으로 바닥권에 이르렀다고 판단되는 시점에서 일시에 강력한 매수세의 증가와 함께 나타나는 현상

V top formation V자 천장형

대부분의 주가가 하락하고 있음에도 불구하고 일시적으로 급속한 상승세를 보인 후 다시 급반락하게 되는 현상

valuation 평가

각 계정과목에 대하여 적절한 가치로 계상하는 것

valuation account 평가계정

자산과 부채의 계상금액을 증감시키는 계정

valuation approach 평가접근법

기말 자산을 평가하여 자산가치의 감소분을 감가상각비로 계상하는 동태적 방법

V

value 가치

품질, 가격, 서비스 및 기타 관련요소들을 총망라하는 개념

value added 부가가치

생산 및 판매가 이루어지는 각 단계에서 새로이 창출되는 가치

value added activity 부가가치활동

고객의 가치를 증가시키는 활동으로 고객의 제품에 대한 가치에 영향을 미치지 않고는 제거할 수 없는 활동

value added cost 부가가치 원가

전반적으로 가장 낮은 원가에서 요구된 과업을 수행하기 위한 활동의 증분원가

value added lead time 부가가치 소요시간

한 개의 제품을 실제로 생산하기 위해 요구되는 시간

value added perspective 부가가치관점

가치사슬이 공급업체에 대한 대금지급에서 출발하여 고객으로부터의 대금회수로 종결된다고 보고 양 금액의 차이(부가가치)를 최대화하고자 하는 관점

value added ratio 부가가치비율

총생산소요시간에서 부가가치 소요시간이 차지하는 비율

value analysis(VA) 가치분석

최저원가 달성의 순서를 통하여 가치분석 담당자들의 지식과 통찰력을 요구하는 1947년 GE사의 마일즈에 의해 개발된 원가절감과 품질향상을 위한 경영기법

value chain 가치사슬

주요원자재의 공급원에서 고객에게 전달되는 최종적인 제품 또는 서비스에 이르기까지 상호 연결되는 일련의 가치창출활동

value chain analysis 가치사슬분석

경쟁사와 차별화되는 가치창출의 원천을 분석하기 위하여 주요활동과 지원활동 간의 상호작용을 체계적으로 분석하여 기업의 경쟁력을 창출하고자 하는 분석기법

value engineering(VE) 가치공학

설계제조단계에서부터 가치개선에 초점을 두는 것

value in use 사용가치

자산이나 현금창출단위에서 창출될 것으로 기대되는 미래현금흐름의 현재가치

variable budget 변동예산

매출조업도 및 기타 활동동인의 변동에 적합시켜 복수의 조업도 또는 활동동인별로 편성하는 예산

variable cost 변동비

조업도의 변동에 따라 총액이 비례하여 증감하는 원가

variable cost concept 변동원가개념

이익가산비율을 계산할 때 원가에 변동비만을 포함시키는 방법

variable cost plus subsidy basis 보조금가산변동원가기준

구매부서는 공급부서가 고정원가를 보상하고 일정액의 이익을 얻을 수 있게 하기 위하여 공급부서에 보조금으로 일정액을 지급하는 것

variable costing 변동원가계산

제조원가를 계산할 때 변동제조원가만을 제품원가에 포함시키는 방법으로 매출액에서 변동비를 먼저 차감하여 공헌이익을 계산하고 다음에 고정비를 차감하여 영업이익을 계산하는 손익계산의 한 방식

variable manufacturing overhead cost 변동제조간접비

생산량에 비례하여 발생하는 제조간접비

variable overhead efficiency variance 변동제조간접비 능률차이

실제작업시간에 대한 표준변동제조원가와 허용된 작업시간에 대한 표준변동제조간접원가의 차이

variable overhead spending variance 변동제조간접비 소비차이

실제원가와 실제조업도에 대한 변동제조간접원가의 차이

V

variable overhead total variance 변동제조간접비 총차이

실제변동제조간접비와 변동예산에서 허용된 변동제조간접비 차이

variable production overheads 변동제조간접원가

간접재료원가나 간접노무원가처럼 생산량에 직접적으로 변동하는 간접제조원가

variance 분산, 차이

위험을 측정하는 데 사용하는 지표 또는 실적과 예산의 차이

vector autoregressive(VAR) 벡터자동회귀

경제변수들간의 관계를 설명하려는 통계적 방법론의 하나

vendor invoice 판매자송장

물품공급자가 고객에게 대금지급을 요청하기 위하여 작성하는 서류

venturer 참여자

조인트벤처에 대한 당사자이며 그 조인트벤처에 대하여 공동지배를 가지고 있는 자

verifiability 검증가능성

합리적인 판단력이 있고 독립적인 서로 다른 관찰자가 어떤 서술이 표현충실성이라는 데 대체로 의견이 일치하는 것

vertical analysis 수직적 분석

한 기간 동안의 재무제표상의 항목의 일정기준가치에 대한 비율을 표시하는 분석기법

vest 가득

무조건부 권리로 확정되는 것

vested employee benefits 가득된 종업원급여

종업원의 미래 계속근무와 관계없이 퇴직급여제도에 따라 받을 권리가 있는 급여

vesting conditions 가득조건

주식기준보상약정에 따라 거래상대방이 현금, 그 밖의 자산이나 기업의 지분상품을 받을 무조건부 권리를 얻기 위하여 충족해야 하는 조건

visible hand 보이는 손

미국의 챈들러가 언급한 내용으로 거대기업을 경영하는 최고경영자의 의사결정이 경제에 미치는 영향과 정부의 개입, 중앙은행의 금리인하 등과 같이 인위적으로 경제발전에 영향을 미치는 정책

volume variance 조업도차이

100%의 통상조업도에서의 고정제조간접비와 실제생산량에 대한 표준고정제조간접비의 차이

voluntary accounting changes 자발적 회계변경

변화된 기업환경에 따라 기업의 재무상태나 경영성과를 보다 적정하게 보고하기 위해서 회계변경을 하는 경우의 변경

voluntary reserve 임의적립금

기업의 필요에 의거 배당가능액 중에서 일부를 임의적으로 설정하는 적립금

voucher 증빙

서류에 번호를 부여하여 현금이나 예금지출의 증거가 되는 서류

voucher payable 증빙채무

증빙시스템을 채택할 때 발생하는 현금지출을 수반하게 될 부채

voucher system 증빙시스템

현금지출에 대한 내부통제목적으로 증빙을 중심으로 회계처리를 하는 시스템

vouching 역진법

자산의 과대계상이나 부채의 실재성을 검증하기 위하여 총계정원장에서 분개장, 전표, 원시증빙철로 역추적하는 문서검증방법

V

W

wage 임금

종업원의 노동에 대하여 지급된 급여

wait and see attitude 관망세

향후 주가에 대한 전망이 불투명하여 투자자들이 매매를 망설이는 상태

walk-through test 추적조사

회계제도 안에서 거래가 이루어지는 과정을 추적하는 조사

wash sale 가장매매

동일인이 동일종목의 매도와 매수주문을 동시에 냄으로써 그 주식의 매매가 활발한 것으로 보이게 하거나 자신의 의도대로 시세를 조종하는 매매

waste 감손

직접재료의 감소에 의하여 발생한 부분으로 공정의 산출물에서 우수한 공정의 산출물을 차감한 순액

watered capital 혼수자본

비밀적립금의 반대개념으로 장부상의 자본가치가 회사의 실제가치보다 높게 평가되는 경우에 존재하는 순자산의 과대평가액

watered stock 혼수주식

주주지분이 과대표시된 기업의 주식

weighted average contribution margin 가중평균공헌이익

주어진 매출배합에 따라 판매된 전 제품의 총판매량에서 각 제품의 판매량이 차지하는 비율을 해당 제품의 단위당 공헌이익에 곱한 다음 각 제품에 대하여 이와 같이 곱한 수치를 모두 합산한 것

weighted average cost formula 가중평균법

기초재고자산과 회계기간중에 매입 또는 생산된 재고자산의 원가를 가중평균하여 재고항목의 단위원가를 결정하는 방법

weighted average method 총평균법, 가중평균법

기말재고상품의 가액을 계산할 때 동일상품의 경우 기초재고상품을 포함하여 매입된 상품이 골고루 평균원가에 판매된다는 관점에서 재고자산의 가액을 계산하는 방법

weighted average number of common stock outstanding 가중평균유통보통주식수

기초의 유통보통주식수에 재취득된 자기주식수와 신규발행한 보통주식수와 그 주식 각각의 유통기간에 따른 가중치가 적용되어 조정된 보통주식수

welfare expense 후생복리비

임직원의 후생복리에 관련된 비용

whistle blower 내부고발자

조직의 불법사실이나 비윤리적 행위를 공개하는 조직의 내부구성원

whole life cost 총수명원가

제품의 도입에서 폐기까지의 고객에 대한 원가

whole units 총수량

완성여부와는 관계없이 일정기간 동안 생산에 투여된 전체 수량

windbills 융통어음

☞ accommodation bill

windfall 비기대이득

정보의 불균형으로 인하여 발생하는 예상하지 못한 초과기대이익

windmills 융통어음

☞ accommodation bill

window dressed accounting 분식회계

재무상태와 경영성과가 좋게 나타나도록 의도적으로 회계수치를 조절하는 행위

with recourse 상환청구가능

외상매출금이 회수되지 않을 경우 외상매출금의 양도자가 대금지급책임을 부담하는 것

withdrawal 인출

은행계정에서 돈을 찾는 것

withholding account 예수금계정

소득세예수금과 같이 일시적으로 맡아서 차후에 지급하는 부채

without recourse 상환청구불능

외상매출금의 매입자에게 모든 권리와 의무가 이전되는 것

work center 작업중심점

필수적으로 동일한 기능이거나 동일한 것으로 취급될 수 있는 기능을 수행하는 인력이나 기계들을 구성하는 공장이나 기업의 특정영역

work in process 재공품

생산중의 공정에 있는 미완성 제품

work in progress 재공품

☞ work in process

work measurement 작업측정

과업, 규모, 성과방법, 효율성에 대한 심도 있는 분석작업

work sheet 정산표

잔액시산표에서 정리분개를 하고 결산보고서가 작성되기까지 일목요연하게 표시하는 일람표

work sheet method 정산표법

많은 조정이 필요한 경우 정산표를 사용하여 현금흐름표를 작성하는 방법

work ticket 작업시간보고서

☞ time report

working capital 운전자본

유동자산에서 유동부채를 차감한 부분

working capital ratio 운전자본비율

유동부채의 총액에 대한 유동자산의 총액의 비율로 유동비율

working papers 감사조서

감사진행과 관련하여 감사가 작성하거나 감사인용으로 작성된 자료를 문서화한 것

working sheet(W/S) 정산표

회계정보의 산출과정과 관련된 모든 회계자료를 하나의 표에서 체계적으로 정리할 수 있도록 고안된 양식

W

Y

Yankee bond 미국채권, 양키채권

미국 내 거주법인이 아닌 기업에 의해 미국시장에서 발행된 채권

year-end adjustments 결산정리

기말에 회계장부를 마감하기 이전에 정리분개를 하여 기업의 일상적 거래에 대한 보충사항을 추가로 정리하는 절차

Yellow Book 상장회사 목록집

런던증권거래소의 위원회에서 발행한 상장회사의 목록집

yield 수율

생산요소의 표준투입량과 그로부터 산출되는 제품생산량의 비율

yield rate 산출이자율

☞ market interest rate

yield to maturity 만기이율, 응모자이율

yield variance 수율차이

☞ material yield variance

Z

ZBB 영기준예산, 원점예산

☞ zero base budget

zero balance check 대차일치검증

복식부기의 대변과 차변의 합이 일치하는 자기검증의 원리를 이용하여 시산표 등의 오류를 검증하는 방법

zero based budget(ZBB) 영기준예산, 원점예산

각 부서의 모든 활동계획이 처음 시작되는 것처럼 원점에서 새로 예산을 설정하는 것

zero coupon bonds 무이자사채

☞ zero interest debenture bonds

zero defect 무결점

불량제품이 없는 상태

zero interest debenture bonds 무이자사채

사채의 기간 내에는 이자를 지급하지 않고 만기까지의 이자에 해당되는 금액의 현재가치만큼을 할인하여 발행하는 사채

zero rated goods and services 영세율적용 상품 및 용역

부가가치세 목적상 과세대상이지만 특별목적으로 현재 세율 0% 적용을 받는 상품과 용역

zero rating 영세율

0%가 적용되는 세율

zero slack 영여유

자원의 적정배분을 나타내는 것으로 특정단계에서 여유가 남지 않은 상태

찾아보기

ㄱ

ㄴ

ㄷ

ㄹ

ㅁ

ㅅ

ㅇ

ㅊ

ㅋ

ㅌ

ㅍ

ㅎ

기타

저자소개

조 승 제　진주동명고등학교 졸업
조선대학교(법학사)
Truman State University(회계학석사)
세종대학교(경영학박사)
한국회계정보학회 회장
한국대학생활협동조합연합회 이사장
Visiting Scholar at University of Windsor, Canada
Visiting Scholar at University of Bologna, Italy
현, 조선대학교 경상대학장 겸 경영대학원장
　(주)아르네 코리아 감사
　사회복지법인 금정 감사

신 춘 우　조선대학교(경영학박사)
조선대학교 경상대학 경영학부 초빙교수
현, 광주대학교 세무경영학과장
　국무조정실 국세청 국정과제 자문 및 평가위원
　광주세무서 납세자보호위원

조 유 근　조선대학교(경영학박사)
조선대학교 경상대학 경영학부 강사
금오공과대학교 경영학과 강사
한국생산성본부 ERP공인강사
현, 광주대학교 세무경영학과 교수
　전라남도 함평군 지방세심의위원

영한대조 회계용어사전

2021년 1월 20일　제1판 1쇄 인쇄
2021년 1월 25일　제1판 1쇄 발행

저　　자　조승제 · 신춘우 · 조유근
발 행 인　권　영　섭
발 행 처　(주)신　영　사

경기도 파주시 심학산로 12(출판문화단지)
등　　록 : 1988. 5. 2 / 제406-1988-000020호
전　　화 : 031-946-2894(代)
F　A　X : 031-946-0799
e-mail : sys28945@naver.com
홈페이지 : http://www.shinyoungsa.co.kr

정가 **20,000**원　　ISBN 978-89-5501-741-0